Editor / Herausgeber:
Prof. Salomon Klaczko-Ryndziun, Frankfurt a. M.
Co-Editors / Mitherausgeber:
Prof. Ranan Banerji, Temple University, Philadelphia
Prof. Jerome A. Feldman, University of Rochester, Rochester
Prof. Mohamed Abdelrahman Mansour, ETH, Zürich
Prof. Ernst Billeter, Universität Fribourg, Fribourg
Prof. Christof Burckhardt, EPF, Lausanne
Prof. Ivar Ugi, Technische Universität München

Interdisciplinary Systems Research
Analysis — Modelling — Simulation

The system science has been developed from several scientific fields: control and communication theory, model theory and computer science. Nowadays it fulfills the requirements which Norbert Wiener formulated originally for cybernetics; and were not feasible at his time, because of insufficient development of computer science in the past.

Research and practical application of system science involve works of specialists of system science as well as of those from various fields of application. Up to now, the efficiency of this co-operation has been proved in many theoretical and practical works.

The series 'Interdisciplinary Systems Research' is intended to be a source of information for university students and scientists involved in theoretical and applied systems research. The reader shall be informed about the most advanced state of the art in research, application, lecturing and metatheoretical criticism in this area. It is also intended to enlarge this area by including diverse mathematical modeling procedures developed in many decades for the description and optimization of systems.

In contrast to the former tradition, which restricted the theoretical control and computer science to mathematicians, physicists and engineers, the present series emphasizes the interdisciplinarity which system science has reached until now, and which tends to expand. City and regional planners, psychologists, physiologists, economists, ecologists, food scientists, sociologists, political scientists, lawyers, pedagogues, philologists, managers, diplomats, military scientists and other specialists are increasingly confronted or even charged with problems of system science.

The ISR series will contain research reports — including PhD-theses — lecture notes, readers for lectures and proceedings of scientific symposia. The use of less expensive printing methods is provided to assure that the authors' results may be offered for discussion in the shortest time to a broad, interested community. In order to assure the reproducibility of the published results the coding lists of the used programs should be included in reports about computer simulation.

The international character of this series is intended to be accomplished by including reports in German, English and French, both from universities and research centers in the whole world. To assure this goal, the editors' board will be composed of representatives of the different countries and areas of interest.

Interdisziplinäre Systemforschung
Analyse — Formalisierung — Simulation

Die Systemwissenschaft hat sich aus der Verbindung mehrerer Wissenschaftszweige entwickelt: der Regelungs- und Steuerungstheorie, der Kommunikationswissenschaft, der Modelltheorie und der Informatik. Sie erfüllt heute das Programm, das Norbert Wiener mit seiner Definition von Kybernetik ursprünglich vorgelegt hat und dessen Durchführung zu seiner Zeit durch die noch ungenügend entwickelte Computerwissenschaft stark eingeschränkt war.

Die Forschung und die praktische Anwendung der Systemwissenschaft bezieht heute sowohl die Fachleute der Systemwissenschaft als auch die Spezialisten der Anwendungsgebiete ein. In vielen Bereichen hat sich diese Zusammenarbeit mittlerweile bewährt.

Die Reihe «Interdisziplinäre Systemforschung» setzt sich zum Ziel, dem Studenten, dem Theoretiker und dem Praktiker über den neuesten Stand aus Lehre und Forschung, aus der Anwendung und der metatheoretischen Kritik dieser Wissenschaft zu berichten.

Dieser Rahmen soll noch insofern erweitert werden, als die Reihe in ihren Publikationen die mathematischen Modellierungsverfahren mit einbezieht, die in verschiedensten Wissenschaften in vielen Jahrzehnten zur Beschreibung und Optimierung von Systemen erarbeitet wurden.

Entgegen der früheren Tradition, in der die theoretische Regelungs- und Computerwissenschaft auf den Kreis der Mathematiker, Physiker und Ingenieure beschränkt war, liegt die Betonung dieser Reihe auf der Interdisziplinarität, die die Systemwissenschaft mittlerweile erreicht hat und weiter anstrebt. Stadt- und Regionalplaner, Psychologen, Physiologen, Betriebswirte, Volkswirtschafter, Ökologen, Ernährungswissenschafter, Soziologen, Politologen, Juristen, Pädagogen, Manager, Diplomaten, Militärwissenschafter und andere Fachleute sehen sich zunehmend mit Aufgaben der Systemforschung konfrontiert oder sogar beauftragt.

Die ISR-Reihe wird Forschungsberichte — einschliesslich Dissertationen —, Vorlesungsskripten, Readers zu Vorlesungen und Tagungsberichte enthalten. Die Verwendung wenig aufwendiger Herstellungsverfahren soll dazu dienen, die Ergebnisse der Autoren in kürzester Frist einer möglichst breiten, interessierten Öffentlichkeit zur Diskussion zu stellen. Um auch die Reproduzierbarkeit der Ergebnisse zu gewährleisten, werden in Berichten über Arbeiten mit dem Computer wenn immer möglich auch die Befehlslisten im Anhang mitgedruckt.

Der internationale Charakter der Reihe soll durch die Aufnahme von Arbeiten in Deutsch, Englisch und Französisch aus Hochschulen und Forschungszentren aus aller Welt verwirklicht werden. Dafür soll eine entsprechende Zusammensetzung des Herausgebergremiums sorgen.

ISR 14

Interdisciplinary Systems Research
Interdisziplinäre Systemforschung

Alexander van der Bellen

Mathematische Auswahlfunktionen und gesellschaftliche Entscheidungen

Rationalität, Pfad-Unabhängigkeit und andere Kriterien
der axiomatischen Präferenztheorie

Springer Basel AG 1976

CIP-Kurztitelaufnahme der Deutschen Bibliothek

Bellen, Alexander van der
Mathematische Auswahlfunktionen und gesellschaftliche Entscheidungen:
Rationalität, Pfad-Unabhängigkeit u. andere Kriterien d. axiomat. Präferenztheorie
  (Interdisciplinary systems research; 14)

Nachdruck verboten
Alle Rechte, insbesondere das der Übersetzung in fremde Sprachen und
der Reproduktion auf photostatischem Wege oder durch Mikrofilm, vorbehalten
© Springer Basel AG 1976
Ursprünglich erschienen bei Birkhäuser Verlag Basel 1976

ISBN 978-3-7643-0814-8   ISBN 978-3-0348-5790-1 (eBook)
DOI 10.1007/978-3-0348-5790-1

Inhaltsverzeichnis

Einführung

Abstract

1.	**Formale Grundlagen der Auswahltheorie**	1
1.1.	Mathematische Vorbereitung	3
1.1.1.	Logische Zeichen und Konzepte	3
1.1.2.	Mengen	6
1.1.3.	Relationen und Funktionen	10
1.1.3.1.	Cartesische Produkte	10
1.1.3.2.	Binäre Relationen	11
1.1.3.3.	Eigenschaften von Relationen	14
1.1.3.4.	Maximale und beste Elemente	20
1.1.3.5.	Äquivalenz- und Ordnungsrelationen	22
1.1.3.6.	Funktionen	25
1.2	Auswählen und Präferieren	27
1.2.1.	Alternativenmengen und Auswahlfunktionen	27
1.2.2.	Präferenzen, Kollektive, Gesellschaften	31
1.2.3.	Über die Verbindung von Präferenzrelationen und Auswahlfunktionen	42
2.	**Typen von Auswahlfunktionen**	51
2.1.	Konsensfunktionen	52
2.2.	Mehrheitsfunktionen einschließlich Condorcet-Funktionen	55
2.3.	Pluralität und verwandte Funktionen	67
2.4.	Rangsummenfunktionen	76
2.5.	Andere Funktionen	89
2.6.	Über Inklusionsbeziehungen zwischen den Auswahlfunktionen	95
2.7.	Appendix: Zur Reform des § 218 im Deutschen Bundestag	113
3.	**Transitivität offenbarter Präferenzrelationen und andere Rationalitätsbedingungen**	119
3.1.	Freiheit von Armutsillusion oder die Rationalitätsbedingung «R1»	122
3.2.	Binäre oder Richter-rationale Auswahlfunktionen und die Rationalitätsbedingungen «R2» und «R3»	142
3.3.	Transitivität cum Binarität und die Rationalitätsbedingung «R4»	158
3.4.	Über die Kompatibilität von Rationalitätskonzepten mit Typen von Auswahlfunktionen	166
4.	**Pfad-Unabhängigkeit und verwandte Kriterien**	190
4.1.	Verfahren der sequentiellen Elimination	190
4.2.	Sequentielle Invarianz, Begrenzte Varianz, Pfad-Unabhängigkeit	194
4.3.	Divide et impera: Teilbarkeit und Ausscheidungs-Unabhängigkeit einer Auswahlfunktion	222
4.4.	Diskussion einiger konkreter Eliminationsverfahren	241

5	**Revaluations-Unabhängigkeit und andere Aggregationsbedingungen**	255
5.1.	Vorbemerkung	255
5.2	Kriterien der Revaluations-Unabhängigkeit	258
5.3.	Die Revaluations-Unabhängigkeit einiger Typen von Auswahlfunktionen	270
5.4.	Andere Aggregationsbedingungen	284
6.	**Schlußbemerkungen**	288
	Fußnoten	293
	Literatur	315
	Autorenverzeichnis	327
	Sachverzeichnis	329

EINFÜHRUNG

Die vorliegende Arbeit verwendet das Instrument einer Auswahlfunktion, um einige Beiträge zur Präferenztheorie zu entwickeln. Eine Auswahlfunktion ist eine Vorschrift, die jeder Menge von Alternativen eine eindeutige Untermenge dieser Alternativenmenge zuordnet; diese Untermenge repräsentiert die ausgewählten Alternativen und wird Auswahlmenge genannt.

Die verwendeten mathematischen Konzepte werden im ersten Kapitel erklärt. Im wesentlichen handelt es sich um einige Grundbegriffe der formalen Logik sowie um Konzepte der Mengentheorie, nämlich mengenwertige Funktionen und binäre Relationen als Untermengen Cartesischer Produktmengen. Unter den Relationen spielen Präordnungen eine besondere Rolle; diese definieren auf der Menge der Alternativen eine reflexive und transitive Ordnung.

Je nach Interpretation kann eine Auswahlfunktion zur Analyse der Auswahlhandlungen eines individuellen Konsumenten, der verschiedene Kriterien bei seiner Entscheidung berücksichtigt, oder zur Analyse der Auswahlhandlungen eines Kollektivs von Personen, die bei divergierenden Meinungen (Präferenzen) gemeinsam einen Entscheid zu fällen haben, dienen. Unter einer kollektiven Entscheidungssituation i.e.S. verstehen wir, daß eine Menge von Personen durch Verwendung einer besonderen kollektiven Auswahlfunktion (beispielsweise einer Form der Mehrheitsabstimmung) eine Wahl unter den zur Verfügung stehenden Alternativen trifft. Für jede dieser Personen wird im allgemeinen unterstellt, daß sie über eine Präferenz im üblichen Sinn, d.h. eine vollständige Präordnung, auf der Alternativenmenge verfügt. Jede Menge vollständiger Präordnungen auf der Alternativenmenge nennen wir eine Gesellschaft, und eine Indexmenge einer Gesellschaft nennen wir <u>Kollektiv.</u>

Im zweiten Kapitel werden zahlreiche <u>kollektive</u> bzw. <u>gesellschaftliche Auswahlverfahren</u> formalisiert, d.h. als Auswahlfunktionen definiert: Einstimmigkeits- und Mehrheitsabstimmungen, Pluralitäts-, Borda- und Copeland-Verfahren sowie gewisse Arten sogenannter Punktwahlen. Diese Verfahren sind Methoden der Präferenzaggregation, oder allgemeiner ausgedrückt, sie ordnen jeder Menge vollständiger Präordnungen eine und nur eine Auswahlmenge (die allerdings auch leer sein kann) zu. Anschliessend werden die Inklusionsbeziehungen dieser Verfahren untersucht, d.h. die Frage, inwieweit bei identischen Gesellschaften das Ergebnis des kollektiven Auswahlverfahrens je nach verwendeter Auswahlfunktion differiert. (So ist beispielsweise von Interesse, ob eine Alternative, die von der Mehrheit des Kollektivs allen anderen vorgezogen wird, durch die verwendete Auswahlfunktion tatsächlich der Auswahlmenge zugeschlagen wird.) Ein Anwendungsbeispiel, nämlich die Debatte um den Abtreibungsparagraphen im deutschen Bundestag und die Abhängigkeit des Resultats vom verwendeten Auswahlverfahren, illustriert diese Problematik.

Da also auch bei gegebenen Präferenzen des Kollektivs die Auswahlmenge von der Art der verwendeten Auswahlfunktion abhängen kann, stellt sich die Frage, nach welchen Kriterien die "Auswahl einer Auswahlfunktion" erfolgen könnte. In der Arbeit werden verschiedene Kriterien postuliert, ihre Implikationen untersucht, und schließlich wird gezeigt, welche Funktionen diesen Kriterien - wenigstens unter bestimmten Bedingungen - genügen. Im Zentrum stehen drei Gruppen von Kriterien: sogenannte Rationalitätskriterien, die vor allem aus der Konsum- bzw. Nachfragetheorie stammen; Kriterien für sequentielle Eliminationsverfahren; und Revaluationskriterien, das sind Varianten von Arrow's Bedingung der Unabhängigkeit von irrelevanten Alternativen.

Die <u>Rationalitätskriterien</u> betreffen im wesentlichen drei Fragen. Einmal, welche Eigenschaften die durch eine Auswahlfunktion offenbarte Präferenzrelation hat. (Ist sie z.B. vollständig, transitiv, zyklisch oder azyklisch?) Diese Relation ist determiniert durch das Verhalten der Auswahlfunktion auf zweiwertigen Untermengen der Alternativenmenge. Zweitens, in welchem Verhältnis stehen die Auswahlmengen von Ober- und Untermengen von Alternativen? Verändert sich z.B. die Auswahl, wenn die Alternativenmenge verkleinert wird? Schließlich, ist die Auswahlfunktion binär, d.h. enthält sie alle gemäß der offenbarten (binären) Präferenzrelation besten Elemente der Alternativenmenge?

Bei <u>sequentiellen Eliminationsverfahren</u> wird die Alternativenmenge in (häufig zweiwertige) Untermengen aufgespalten, und die Auswahl in der Gesamtmenge wird durch einen Vergleich der "Sieger" in den Untermengen getroffen. Unter Umständen hängt diese Auswahl (auch bei gegebener Präferenzstruktur und gegebener Auswahlfunktion) von der Reihenfolge dieser Vergleiche ab; d.h. manche Verfahren sind pfad-abhängig, wobei "Pfad" die Reihenfolge der Vergleiche heißt. Mehrere Kriterien von unterschiedlicher Stringenz werden für solche Eliminationsverfahren entwickelt; sie stehen, wie bewiesen wird, in logischer Interdependenz zu den Rationalitätskriterien.

Die <u>Revaluationskriterien</u> schließlich dienen zur Einschätzung von Auswahlfunktionen, die grob gesagt eine Änderung der Auswahlmenge zulassen, wenn sich Präferenzen bezüglich nicht unmittelbar zur Auswahl stehender Alternativen ändern.

Im Ergebnis stellt sich heraus, daß die einzelnen Typen von Auswahlfunktionen im Hinblick auf diese Gruppen von Kriterien durchaus unterschiedlich abschneiden.

So sind gewisse Auswahlfunktionen, die dezisiv sind
(d.h. bei nichtleerer Alternativenmenge stets auch
nichtleere Auswahlmengen erbringen) und strenge Rationalitätsbedingungen erfüllen, problematisch in Bezug
auf Revaluationskriterien. Dieses Ergebnis steht ganz
in Einklang mit Arrow's Theorem über die Unmöglichkeit
sozialer Wohlfahrtsfunktionen, die einige "vernünftige" Bedingungen erfüllen sollen; das Theorem wird im
sechsten Kapitel mit der hier verwendeten Notation
kurz rekapituliert.

Geschrieben wurde die Arbeit während meines Aufenthal-
tes als Research Fellow am International Institute of
Management and Public Administration (IIM), einem For-
schungsinstitut des Wissenschaftszentrums Berlin.
Professor Clemens-August Andreae und Professor Christian
Smekal vom Institut für Finanzwissenschaft der Universität Innsbruck danke ich für ihre wohlwollende Unter-
stützung während dieses Forschungsaufenthaltes. Professor Paul Kleindorfer, jetzt an der Wharton School of
Economics der University of Pennsylvania, und Privat-
Dozent Dr. Kuno Egle, Institut für Entscheidungstheo-
rie der Universität Karlsruhe, verfolgten meine ersten
Formulierungen mit Interesse und halfen bei meinen
zunächst eher unbeholfenen mathematischen Gehversuchen.
Außerordentlich viel gelernt habe ich aus der Zusammen-
arbeit mit Professor Murat R. Sertel vom Massachusetts
Institute of Technology, jetzt am IIM, dessen gedul-
dige Kritik und zähe Ermunterung unersetzlich für
das Entstehen dieser Arbeit waren. Die Direktoren des
IIM - zunächst Professor J.E. Howell (jetzt an der
Stanford University), dann Professor W. Goldberg
(Universität Göteborg) und Professor F.W. Scharpf
(Universität Konstanz) - gewährten mir ausreichenden
Forschungsfreiraum und waren mitverantwortlich für
die hervorragenden Arbeitsbedingungen am IIM. Allen

danke ich herzlich. Und last but not least danke ich vor allem Rita Schmidt, aber auch Beverley With, Jeanine Coupe und Brigitte Gersch für ihre Präzision und Sorgfalt beim Schreiben des Manuskripts.

Innsbruck/Berlin, im Mai 1975

ABSTRACT

The concept of a choice function (cf) is used to develop some elements of the theory of choice. A cf assigns a unique subset $f(X)$ to every set X of alternatives; $f(X)$ is called the choice set in X.

After an introduction into the basic notions several practically used cf's are introduced. Most of these are used in the context of collective decisions, i.e., they are used as voting procedures. (A collective is an indexing set for a society, and a society is a set of complete preorders on X; if the collective is a set of persons, the society is a set of complete and transitive individual preference relations on X.) Then criteria of rationality are analysed, primarily the relationships between choice sets of supersets and their subsets, the properties of preference relations revealed by a cf, and the "binariness" of a cf. The results are used to analyse sequential elimination procedures where X is divided into smaller units and $f(X)$ is derived from a comparison of the choice sets of the smaller units; $f(X)$ may depend on the sequence or "path" of these comparisons.

Finally, by using conditions of "aggregation" - being modifications of Arrow's Independence of Irrelevant Alternatives - , variations in $f(X)$ are discussed which are induced by varying societies.

1. Formale Grundlagen der Präferenztheorie.

Eine gewisse Kenntnis der Mengen-, Funktionen- und Relationentheorie sowie einiger Grundbegriffe der formalen Logik, also jener Gebiete der Mathematik, derer sich die Präferenz- oder Auswahltheorie, insbesondere die Theorie der kollektiven oder sozialen Auswahl,[1] als Sprache vor allem bedient, wird hier vorausgesetzt. Es ist nicht möglich, auf knappem Raum diese Gebiete derart zu rekapitulieren, daß ein mit ihnen gar nicht vertrauter Leser damit auskommen könnte. Immerhin soll aber der Leser in diesem Kapitel mit den wichtigsten Begriffen bekannt gemacht werden. Damit einher geht die Erklärung der wichtigsten Zeichen; das ist schon deshalb notwendig, weil in der Literatur nicht durchwegs eine einheitliche Schreibweise (Notation) verwendet wird. Für den mit dem formalen Apparat bereits vertrauten Leser genügt es deshalb, die Notation zu überfliegen und gleich zum zweiten Teil, der Interpretation der formalen Konzepte, überzugehen.

Zur <u>Notation</u> einige Hinweise:

- • bezeichnet das Ende eines *Beispiels*, und
- ◊ steht am Ende
    - einer *Definition*, oder
    - eines *Beweises*, oder

- eines *Satzes*, wenn der Beweis des Satzes unmittelbar aus den Definitionen folgt oder für den Beweis ein Literaturhinweis angegeben ist, oder
- einer hervorgehobenen (bezifferten) *Bemerkung*.

Die *Bezifferung* erfolgt innerhalb eines Kapitels fortlaufend. So folgen etwa im Kapitel 3.1. auf die Definitionen <u>3.1.1</u>. und <u>3.1.2</u>. die Bemerkungen <u>3.1.3</u>. und <u>3.1.4</u>., dann die Sätze <u>3.1.5</u>. und <u>3.1.6</u>.

1.1. Mathematische Vorbereitung

1.1.1. Logische Zeichen und Konzepte

Die Buchstaben A, B, C, ... sollen hier Aussagen bezeichnen, die entweder wahr oder falsch (aber nicht beides) sein können. Diese Aussagen können durch Bindewörter verbunden werden; so entstehen die sogenannten klassischen Aussagenverbindungen:

∧ A ∧ B heißt "A und B" oder *Konjunktion* von A und B; A, B heißen Konjunktionsglieder.

∇ A ∇ B heißt "A oder B" oder *Alternation* von A und B; A, B heißen Alternationsglieder.
∇ ist das inklusive "oder", d.h., es schließt nicht aus, daß sowohl A wie B gelten.

∗ ∗ A heißt "nicht A" oder *Negation* von A.

=> A => B heißt "wenn A, dann B" oder "A impliziert B" oder "*Implikation* A, B". In der Implikation A => B wird A die Prämisse und B die Konklusion genannt; wir sagen auch, daß "A *hinreichend* für B" ist oder daß "B *notwendig* für A" ist.

<=>   A <=> B heißt "A genau dann, wenn B" oder "*Äquivalenz* von A, B". Wir sagen auch, daß "A notwendig und hinreichend für B" oder daß "B notwendig und hinreichend für A" ist.

Eine kurze Übersicht über die *Wahrheitswerte* von Aussagenverbindungen:

∧   A ∧ B ist wahr, wenn A und B wahr sind.

∇   A ∇ B ist wahr, wenn wenigstens eine der Aussagen A, B wahr ist.

A ist wahr, wenn A falsch ist.

=>   A => B ist falsch, wenn A wahr, aber B falsch ist; in allen anderen Fällen ist sie wahr.

<=>   A <=> B ist wahr, wenn A und B denselben Wahrheitswert besitzen.

Ferner bezeichnen wir mit "*Umkehrimplikation* von A => B" die Implikation B => A. Die zu A => B äquivalente "*Kontraposition*" ist #B => #A (i.e., "wenn A, dann B" ist äquivalent zu "wenn nicht B, dann nicht A"). Eine Aussagenverbindung, die bei jeder Wahrheitswertzuordnung bezüglich der Grundaussagen A, B, ... wahr wird, heißt eine *Tautologie* (z.B.: A ∇ ❋ A), und eine, die stets falsch wird, eine *Kontradiktion* (z.B.: A ∧ ❋ A).

Schließlich werden wir sehr häufig sogenannte *Quantoren* verwenden. Sei x ein Objekt und H(x) eine Aussage über das Objekt. Dann bedeutet
∃   ∃x : H(x) "es gibt ein x, so daß die Aussage H über das Objekt x gilt". ∃ wird *Existenzquantor* genannt. Der Satz "es gibt kein x, so daß H(x) gilt"
∄   wird ∄x : H(x) geschrieben. Anderseits wird der Satz "für alle x gilt H(x)" geschrieben
∀   ∀x : H(x) ; ∀ wird *Allquantor* genannt. Logisch äquivalent zur Behauptung ∄x : H(x) ist die Behauptung ∀x : ❋H(x).

Literaturhinweis: eine gute Einführung ist das 1. Kapitel in Körth et al. (1972). Zur Vertiefung Suppes (1957), Quine (1974), oder Czayka (1972).

1.1.2.   Mengen

Sei a ein Objekt und $H(a)$ eine Aussage über das Objekt. Dann ist $A = \{a| H(a)\}$ die *Menge* aller Objekte (oder Elemente) a , für die die Aussage $H(a)$ zutrifft. Für "a gehört zu A" oder
ε   "a ist *Element* von A" schreiben wir $a \in A$, bzw. wenn a nicht zu A gehört: $a \notin A$. Mitunter definieren wir eine Menge auch durch erschöpfende Aufzählung aller ihrer Elemente, z.B.,
$A = \{a_1, a_2, a_3\}$.

Mengen, deren Elemente Mengen sind, werden *Mengensysteme* genannt und häufig durch ein anderes Schriftbild gekennzeichnet, z.B., $\mathbb{A} = \{A, B, C\}$.

Die Menge, die kein Element enthält, wird *leere*
∅   Menge genannt und definiert durch $\emptyset = \{x| x \neq x\}$.

Wenn zu jedem Element ω einer Menge Ω eine Menge A_ω korrespondiert, dann wird die Menge $\{A_\omega | \omega \in \Omega\}$ eine *Familie* von Mengen genannt, und Ω heißt die Indexmenge für die Familie.

=   Zwei Mengen A, B sind genau dann *gleich*, wenn sie dieselben Elemente enthalten:
$A = B \Leftrightarrow (\forall x: x \in A \Leftrightarrow x \in B)$.

Sind zwei Mengen nicht gleich, so nennen wir sie *distinkt*.

$\subset$ Eine Menge A ist eine *Untermenge* der Menge B, wenn jedes Element in A auch Element in B ist:
$A \subset B \Leftrightarrow (\forall x: x \in A \Rightarrow x \in B)$. Die Beziehung "$\subset$" wird *Inklusion* genannt. Wenn $A \subset B$ und $B \subset A$ gilt, dann folgt daraus $A = B$.

$\not\subset$ A ist *echte* Untermenge von B, wenn gilt:
$A \subset B \wedge \exists x \in B: x \notin A$, oder, äquivalent dazu,
$A \subset B \wedge A \neq B$.

P $P(A')$ ist die *Potenzmenge* der Menge A', d.h. die Menge aller Untermengen von A':
$P(A') = \{A | A \subset A'\}$. $P(A')$ enthält immer auch $\emptyset$, da für alle Mengen M gilt: $\emptyset \subset M$.

$[A']$ $[A']$ sei ebenfalls eine Menge von Untermengen von A', aber derart, daß $\emptyset$ nicht in ihr enthalten ist:
$[A'] = \{A | A \subset A' \wedge A \neq \emptyset\}$. Es gilt also $[A'] \not\subset P(A')$.

Card   Mit Card A bezeichnen wir die *Kardinalität* oder *Mächtigkeit* der Menge A, d.h. die Zahl ihrer

Elemente. Z.B. sei A = {x, y, z}, dann ist Card A = 3. Eine Menge, die nur ein einziges Element enthält, nennen wir *einwertig*, eine, die nur zwei Elemente enthält, *zweiwertig*, u.s.w.[1]

χ   Mit χ bezeichnen wir die Menge aller nichtleeren endlichen Mengen.[2]

𝔾   𝔾 ist die Menge der ganzen Zahlen, d.h.
𝔾 = {..., -2, -1, 0, 1, 2, ... }.

ℕ   ℕ ist die Menge der natürlichen Zahlen,
N   ℕ = {1, 2, ... }, und, gegeben n ∈ ℕ, bezeichnet N die Menge {1, 2, ... , n}.

Nun noch die wichtigsten *Verknüpfungen* von Mengen, die Gegenstand der Mengenalgebra sind:

∩   Der *Durchschnitt* von Mengen A, B:
A ∩ B = {x| x ∈ A ∧ x ∈ B}. Wenn
A ∩ B = ∅ gilt, so heißen A, B *disjunkt*.

∪   *Vereinigung* von Mengen A, B:
A ∪ B = {x| x ∈ A ∇ x ∈ B}.

Wenn wir den Durchschnitt oder die Vereinigung von mehreren Mengen $A, B, C, \ldots$ bilden, so schreiben wir auch $\cap A, B, C, \ldots$ bzw. $\cup A, B, C, \ldots$. Sei zum Beispiel A' eine Menge, und $\{A_\omega \mid \omega \in \Omega\}$ sei eine Familie von Untermengen von A'. Die Vereinigung $\cup_\Omega A_\omega$ dieser Familie ist die Menge $\{x \in A' \mid \exists \omega \in \Omega : x \in A_\omega\}$, und der Durchschnitt $\cap_\Omega A_\omega$ dieser Familie ist die Menge $\{x \in A' \mid \forall \omega \in \Omega : x \in A_\omega\}$.

\ *Differenz* von Mengen A, B:
$A \setminus B = \{x \mid x \in A \land x \notin B\}$.

¢ *Komplement* von A: Wenn $A \subset A'$, so heißt
† $A' \setminus A$ das Komplement von A bezüglich A', bezeichnet mit $\text{¢}_{A'} A$, oder kurz, wenn A' klar ist, $A^\dagger$.

Partition und *Überdeckung* (covering):
Sei $F = \{A_\omega \mid \omega \in \Omega\}$ eine Familie von Untermengen von A'. Wenn $\forall \omega, \omega' \in \Omega : (\omega \neq \omega') \Rightarrow A_\omega \cap A_{\omega'} = \emptyset$, dann heißt die Familie F eine *Partition* von A'. Wenn $\cup_\Omega A_\omega = A'$, dann heißt die Familie F *Überdeckung* von A'. Wenn die Familie F eine Partition und eine Überdeckung von A' ist, dann heißt F eine *Klasseneinteilung* oder *Zerlegung* von A'; die Elemente von F werden Klassen genannt.

1.1.3. Relationen und Funktionen

1.1.3.1. Cartesische Produkte

Zunächst der Begriff des *geordneten Paares*: Mit zwei Objekten a, b korrespondiert ein neues Objekt (a, b), genannt ihr geordnetes Paar. Die Aussage "z ist ein geordnetes Paar" ist äquivalent mit

$$\exists x, \exists y: z = (x, y).$$

Es gilt

$$(a, b) = (c, d) <=> a = c \wedge b = d$$

und

$$(a, b) = (b, a) <=> a = b.$$

A, B seien Mengen. Die *Produktmenge* oder das *Cartesische Produkt* von A, B ist die Menge der geordneten Paare (a, b), so daß a zu A und b zu B gehört:

× $\quad A \times B = \{(a, b) \mid a \in A \wedge b \in B\}.$

Für Cartesische Produkte gelten u.a. folgende Sätze:
(1) $A \times B = \emptyset <=> A = \emptyset \triangledown B = \emptyset.$
(2) Wenn $C \times D \neq \emptyset$ dann $C \times D \subset A \times B <=> C \subset A \wedge D \subset B.$
(3) $A \times B = B \times A <=> A = B.$

Wir verallgemeinern nun den Begriff des geordneten Paares: Für ein n-*Tupel* $(x_1, x_2, \ldots, x_n)$ von Elementen $x_1, x_2, \ldots, x_n$ gilt $(x_1, x_2, \ldots, x_n) = (y_1, y_2, \ldots, y_n) \Leftrightarrow x_i = y_i$, wobei $i = 1, 2, \ldots, n$.

Ein 2-Tupel nennen wir geordnetes Paar und ein 3-Tupel heißt Tripel.

Nun können wir den Begriff des Cartesischen Produktes verallgemeinern. Sei $\{A_i \mid i \in N\}$ eine Familie von Mengen; dann ist das Cartesische Produkt $\prod_N A_i = \{(a_1, a_2, \ldots, a_n) \mid a_1 \in A_1, a_2 \in A_2, \ldots, a_n \in A_n\}$. Jedes Element von $\prod_N A_i$ ist also ein n-Tupel. Das i-te Glied eines n-Tupels $a = (a_1, a_2, \ldots, a_n)$ wird Komponente a_i genannt.

Π

1.1.3.2. Binäre Relationen

Wir kommen nun zum Konzept der Beziehung oder Relation zwischen Elementen einer Menge A, das für die vorliegende Arbeit fundamentale Bedeutung hat. Intuitiv gesprochen, ist eine Relation R in einer Menge A ein Satz, so daß für jedes geordnete Paar (a, b) von Elementen aus A bestimmbar ist, ob aRb ("a steht in Relation R zu b") wahr ist oder nicht.[1] Präziser formuliert:

Eine *binäre Relation* R in einer Menge A ist eine Untermenge $R \subset A \times A$. Für $(a, b) \in R$ schreiben wir auch aRb.

Einige besondere Arten von Relationen sind zum Beispiel:

Die *universelle* Relation U in A enthält alle Paare in $A \times A$:
$U = \{(x, y) \mid x, y \in A\} = A \times A$.

Die *Identitätsrelation* oder *Diagonale* von $A \times A$: $\Delta_A = \{(x, x) \mid x \in A\} \subset A \times A$.

Die *Inverse* einer Relation R:
$R^{-1} = \{(x, y) \mid (y, x) \in R\}$.

Die *Subrelation* S einer Relation R:
$S = \{(x, y) \mid xSy \Rightarrow xRy\}$, oder kurz, $S \subset R$.

Da eine Relation eine Menge ist, können wir auch die üblichen Mengenverknüpfungen durchführen. Seien R, S Relationen; dann gilt:

$x(R \cap S)y \Leftrightarrow xRy \wedge xSy$,

$x(R \cup S)y \Leftrightarrow xRy \triangledown xSy$,

$x(R \backslash S)y \Leftrightarrow xRy \wedge \ast(xSy)$.

Die *Komposition*[1] $R \circ S$ von zwei binären Relationen R, S in A ist definiert durch
$R \circ S = \{(x, z) \mid \exists y \in A: xRy \wedge ySz\} \quad (x, z \in A)$.

Sei A' eine Menge mit einer binären Relation R. Wenn $A \subset A'$, dann (cf. oben 1.3.1.) $A \times A \subset A' \times A'$, und daher ist $R \cap (A \times A)$ eine binäre Relation in A, nämlich $\{(x, y) | x, y \in A \land xRy\}$. Die Relation $R \cap (A \times A)$ wird die von R in A *induzierte* Relation genannt (Dugundji 1970, p. 15), oder auch die *Restriktion* von R in A (Fishburn 1973 d p. 73), und wird auch $R_{A'}|_A$ geschrieben.

1.1.3.3. Eigenschaften von Relationen

Bis jetzt haben wir eine binäre Relation in einer Menge A nur ganz allgemein als beliebige Untermenge von $A \times A$ charakterisiert. Die folgenden möglichen *Eigenschaften* einer Relation R haben sich in der Auswahltheorie als relevant erwiesen:

R in A ist

(1) *reflexiv*: <=> $\forall x \in A$: xRx; oder anders ausgedrückt: <=> $\Delta_A \subset R$.

(2) *irreflexiv*: <=> $\forall x \in A$: ¬(xRx).

(3) *symmetrisch*: <=> $\forall x, y \in A$: xRy => yRx (daraus folgt xRy <=> yRx); oder anders ausgedrückt: <=> $R = R^{-1}$.

(4) *asymmetrisch*: <=> $\forall x, y \in A$: xRy => ¬(yRx); oder anders ausgedrückt: <=> $R \cap R^{-1} = \emptyset$.

(5) *antisymmetrisch* oder *identitiv*: <=> $\forall x, y \in A$: xRy $\land$ yRx => x = y.

(6) *transitiv*: <=> $\forall x, y, z \in A$: xRy $\land$ yRz => xRz; oder anders ausgedrückt: <=> $R \circ R \subset R$.

(7) *negativ transitiv*: <=> ∀x, y, z ε A:
 ⌐(xRy) ∧ ⌐(yRz) => ⌐(xRz).

(8) *intransitiv*: <=> ∀x, y, z ε A: xRy ∧ yRz =>
 ⌐(xRz).

(9) *vollständig* oder *konnex*: <=> ∀x, y ε A:
 xRy ∇ yRx.[1]

(10) *schwach vollständig* oder *schwach konnex*[2]:
 <=> ∀x, y ε A: x ≠ y => xRy ∇ yRx.

Dazu einige illustrative *Beispiele*:

(ad 1) Die Relation "≤" ist reflexiv in der Menge der reellen Zahlen, da für jede Zahl x gilt, daß x ≤ x.

(ad 2) Die Relation "Vater von" ist irreflexiv in der Menge der Menschen, da niemand sein eigener Vater ist.

(ad 3) Die Relationen "=" oder "verwandt mit" sind symmetrisch.

(ad 4)   Die Relation "Vater von" (cf. (2)) ist asymmetrisch. Die Relation "liebt" ist (leider) nicht symmetrisch, aber (Gott sei Dank) auch nicht asymmetrisch.

(ad 5)   Die Relation "$\leq$" (cf. (1)) und die Inklusion "$\subset$" sind antisymmetrisch.

(ad 6)   Die Relation "$\leq$" (cf. (1)) und die Inklusion "$\subset$" sind transitiv, aber "ε" ("Element von") ist nicht transitiv. Die Implikation "=>" ist transitiv.

(ad 7)   Die Relation "$\leq$" (cf. (1)) ist negativ transitiv, aber die Inklusion "$\subset$" ist nicht negativ transitiv.

(ad 8)   Die Relation "Vater von" (cf. (2)) ist intransitiv.

(ad 9)   Die Relation "$\leq$" (cf. (1)) ist vollständig bzw. konnex.

(ad 10) Die Relation "<" ist schwach vollständig, aber nicht vollständig in der Menge der reellen Zahlen.

Diese Eigenschaften sind teilweise unabhängig voneinander, teilweise bedingen sie einander. Einige dieser *Implikationen* wollen wir festhalten.[1]

Jede asymmetrische Relation ist trivialerweise antisymmetrisch,[2] aber die Umkehrimplikation gilt nicht. Jede asymmetrische Relation ist auch irreflexiv. Eine Relation ist vollständig genau dann, wenn sie schwach vollständig und reflexiv ist; ist sie vollständig, dann ist sie auch schwach vollständig, aber nicht umgekehrt. Nicht jede transitive Relation ist auch negativ transitiv, und negative Transitivität allein impliziert nicht Transitivität. Das folgende Lemma ist Fishburn entnommen (1973 d, p. 73); die Beweisführung ist von mir erweitert worden, um sie anschaulicher zu machen.

Lemma 1.1.1. Die folgenden Implikationen gelten für jede beliebige binäre Relation R in einer Menge:

(a) (Transitivität $\wedge$ Irreflexivität) $\Rightarrow$ Asymmetrie.

(b) (Negative Transitivität $\wedge$ Asymmetrie) $\Rightarrow$ Transitivität.

(c) (Transitivität $\wedge$ Irreflexivität $\wedge$ Schwache Konnexität) $\Rightarrow$ Negative Transitivität.

Beweis: (ad a): Gegeben sei xRy. Zu beweisen ist
¬(yRx). (Wir beweisen das mit Hilfe der Kontraposition.)
Angenommen yRx; dann folgt aus der transitiven
Eigenschaft von R, daß xRx: aber das widerspricht
der Prämisse der Irreflexivität. Daher gilt ¬(yRx),
wie zu beweisen war.
(ad b): Gegeben sei xRy und yRz. Zu beweisen ist
xRz. - Zunächst notieren wir die Kontraposition zur
Definition von Eigenschaft (7): xRz => xRy ∇ yRz.
Eine Vertauschung ergibt xRy => xRz ∇ zRy (d.h.,
wenn, wie in unserem Fall, xRy als Prämisse gilt,
dann gilt die Alternation als Konklusion, wenn R
negativ transitiv ist). Wegen der Asymmetrie von R
gilt ¬(zRy), also gilt xRz, wie zu beweisen war.
(ad c): Gegeben sei ¬(xRy) und ¬(yRz). Zu beweisen
ist ¬(xRz). - Wenn entweder x = y oder y = z,
dann ist trivial daß ¬(xRz). Wenn x ≠ y und
y ≠ z, dann folgt aus der Schwachen Konnexität von R,
daß yRx und zRy. Transitivität von R impliziert
dann zRx. Da wegen Teil (a) des Lemmas R
asymmetrisch ist, folgt ¬(xRz), wie zu beweisen war. ◊

Als nützlich werden sich ferner die Konzepte des
transitiven Abschlusses und des Generators erweisen.
Gegeben sei eine beliebige Relation R ⊂ X × X; wir
definieren den *transitiven* Abschluß $\bar{R}$ ⊂ X × X von
R durch

$$x\bar{R}y \iff x = x_1 R x_2 \ldots x_{n-1} R x_n = y$$

für irgendeine endliche Folge $\langle x_1, \ldots, x_n \rangle$ von Elementen in X.

$\bar{R}$ ist natürlich transitiv für jedes $R \subset X \times X$. Im allgemeinen gilt $R \subset \bar{R}$, und R ist genau dann transitiv, wenn $R = \bar{R}$.[1]

Ein *Generator* einer transitiven Relation $R \subset X \times X$ ist eine Relation R^g, deren transitiver Abschluß $\bar{R}^g$ gleich R ist. In der Regel existieren für R mehrere solcher Generatoren. Der *Minimalgenerator* R_o^g ist jene Relation aus der Menge der R^g, die in jedem Generator R^g enthalten ist, es also keine echte Subrelation von R_o^g gibt, deren transitiver Abschluß gleich R ist.[2]

1.1.3.4. Maximale und beste Elemente

Sei A eine Menge und R eine reflexive binäre Relation in A. Wir nennen eine Relation $\hat{R}$ genau dann eine *an R assoziierte strikte Relation* in A, wenn gilt:

$$x\hat{R}y \Leftrightarrow [xRy \land \neg(yRx)] \lor x = y .$$

Außerdem nennen wir eine Relation I genau dann eine *an R assoziierte Indifferenzrelation* in A, wenn gilt:

$$xIy \Leftrightarrow xRy \land yRx.$$

In der Präferenztheorie sind häufig jene Alternativen, die in Bezug auf eine Relation nicht dominiert werden, von Interesse. Diese Alternativen nennen wir maximal. Allgemein gesagt, ist ein Element a ∈ A genau dann *maximales* Element von A in Bezug auf eine binäre Relation R, oder kurz, R-maximales Element von A, wenn gilt:

$$\nexists x \in A: a\hat{R}x.$$

Anderseits nennen wir ein Element a ∈ A genau dann *bestes* oder *größtes* Element von A in Bezug auf eine binäre Relation R, oder kurz, R-bestes oder R-größtes Element von A, wenn gilt:

$$\forall x \in A: xRa .$$

Die Menge aller maximalen Elemente von A heißt
maximale Menge von A, und die Menge aller besten
Elemente von A nennen wir beste Menge von A.[1]
Noch einige Bemerkungen zur Klärung dieser beiden
Konzepte.[2] Jedes beste Element in einer Menge A
ist auch maximales Element in A; dies folgt aus den
Definitionen. Die Umkehrung gilt im allgemeinen nicht,
denn in einer Menge {x, y} mag weder xRy noch yRx
gelten, sodaß sowohl x wie y maximale Elemente
von {x, y} sind, aber keins von beiden ein bestes
Element ist. Außerdem kann sowohl die beste wie die
maximale Menge leer sein (die maximale nur dann, wenn
auch die beste leer ist); wenn z.B. A = {x, y, z}
und yR̂x, xR̂z, zR̂y gilt, dann gibt es kein maximales
oder bestes Element. Schließlich kann die Kardinalität
der besten wie der maximalen Menge jeden Wert zwischen
0 und Card A annehmen; wenn z.B. A = {x, y, z} und
die Paare (x, y), (y, x), (z, x), (z, y) alle zu R
gehören, dann besteht die beste Menge von A aus den
Elementen x und y. Wenn die Kardinalität der R-besten
Menge einer Menge A größer als 1 ist, so folgt aus der
Definition der besten Elemente, daß alle R-besten
Elemente x, y in der Indifferenzrelation xIy zueinander stehen; dies gilt nicht für die R-maximalen
Elemente, sofern sie nicht gleichzeitig R-beste Elemente
sind.

1.1.3.5. Äquivalenz- und Ordnungsrelationen

Eine Relation R in einer Menge A heißt *Äquivalenzrelation*, wenn R reflexiv, transitiv und symmetrisch ist; wenn xRy gilt, sagen wir daß x und y äquivalent sind.

Lemma 1.1.2.: Sei R eine Äquivalenzrelation in A. Dann heißt für jedes a ε A die Untermenge Ra = {b ε A|bRa} die *Äquivalenzklasse* von a. Es gilt:[1]

(1) ∪{Ra| a ε A} = A;

(2) aRb => Ra = Rb;

(3) ⋕(aRb) => Ra ∩ Rb = ∅. ◊

Dieses Resultat ist die Grundlage des folgenden Satzes (Dugundji 1970 p. 16):

Satz 1.1.3.: In der Menge A sei eine Äquivalenzrelation R erklärt. Dann zerlegt die Familie distinkter Äquivalenzklassen A in disjunkte Untermengen, genannt R-Äquivalenzklassen, sodaß zwei beliebige Elemente von A zu einer gemeinsamen R-Äquivalenzklasse genau dann gehören, wenn sie äquivalent sind.[2] ◊

Und noch ein letztes Konzept in Bezug auf Äquivalenzrelationen. In der Menge A sei eine Äquivalenzrelation R erklärt; die Menge, deren Elemente die R-Äquivalenzklassen sind, heißt *Quotientenmenge* von A nach R und wird A/R geschrieben; sie ist eine Partition von A.

Nun zu einigen verschiedenen Arten von *Ordnungsrelationen*. Die Terminologie in der Literatur ist recht unterschiedlich, sodaß der Leser vor Verwechslungen gewarnt werden muß.[1]

Eine binäre Relation R in einer Menge A wird eine *Präordnung* von A genannt, wenn sie reflexiv und transitiv in A ist; eine Menge zusammen mit einer Präordnung heißt prägeordnete Menge.[2] Besitzt R auch die Eigenschaft der Vollständigkeit, so ist sie eine *vollständige (konnexe) Präordnung* von A. Ist R anderseits transitiv und vollständig in A, so ist sie eine Präordnungsrelation (denn aus der Vollständigkeit folgt auch die Reflexivität von R).

Wenn R eine Präordnung von A ist, so bezeichnen wir mit P die an R assoziierte *strikte* Relation in A (cf. 1.1.3.4.). Für P und die an R assoziierte Indifferenzrelation I (cf. 1.1.3.4.) gilt das folgende

Lemma (Beweis bei Sen (1970) p. 10/11):

<u>Lemma 1.1.4.</u>: Ist R eine Präordnung von A, dann gilt für alle distinkten x, y, z ∈ A:

(1) xIy ∧ yIz => xIz   bzw. I∘I ⊂ I

(2) xPy ∧ yIz => xPz   bzw. P∘I ⊂ P

(3) xIy ∧ yPz => xPz   bzw. I∘P ⊂ P

(4) xPy ∧ yPz => xPz   bzw. P∘P ⊂ P . ◊

Eine binäre Relation R in einer Menge A heißt *lineare Ordnung* von A, wenn sie reflexiv, transitiv und antisymmetrisch ist; eine Menge zusammen mit einer linearen Ordnung heißt linear geordnete Menge.[1] Ist die lineare Ordnungsrelation R auch vollständig, so heißt sie *Kette*, und eine Menge zusammen mit einer Kette heißt verkettete Menge.[2]

1.1.3.6. Funktionen

Wir stellen zunächst den Begriff der Korrespondenz vor, anschließend den der Funktion als speziellen Fall einer Korrespondenz.[1]

X, Y seien Mengen. Jede Untermenge $K \subset X \times Y$ heißt *Korrespondenz* (auch Abbildung genannt) aus X in Y. Wenn $(x, y) \in K$ gilt, so heißt x *Urbild* von y und y *Bild* von x. Die Menge aller $x \in X$, für die ein Bild $y \in Y$ existiert, heißt *Definitionsbereich* von K, und die Menge aller $y \in Y$, für die ein Urbild $x \in X$ existiert, heißt *Wertebereich* von K. Wenn wir Db(K) bzw. Wb(K) für den Definitions- bzw. Wertebereich von K schreiben, so gilt also:

$Db(K) = \{x \in X \mid \exists y \in Y: (x, y) \in K\}$,
$Wb(K) = \{y \in Y \mid \exists x \in X: (x, y) \in K\}$.

Für eine Korrespondenz K aus X in Y wird auch $K: X \to Y$ geschrieben, und wenn $(x, y) \in K$ gilt, wird auch $y = K(x)$ geschrieben. Häufig ist auch die Verwendung von Kleinbuchstaben a, b, ... für Abbildungen bzw. Korrespondenzen.

Eine Korrespondenz K heißt *rechts-eindeutig*, wenn aus $(x, y) \in K$ und $(x, z) \in K$ stets $y = z$ folgt; eine rechts-eindeutige und "links-totale" (i.e., Db(K) = X) Korrespondenz heißt Funktion. Das bedeutet, eine *Funktion* $f: X \to Y$ ist eine Untermenge $f \subset X \times Y$ mit der Eigenschaft, daß es für jedes $x \in X$ genau ein $y \in Y$ gibt, so daß $(x, y) \in f$ gilt. Eine Funktion $f: X \to Y$ heißt

(1) *injektiv* , wenn gilt: $f(x) = f(y) \Rightarrow x = y$,

(2) *surjektiv* , wenn $f(X) = Y$,

(3) *bijektiv* , wenn f injektiv und surjektiv ist.[1]

Gegeben $f: X \to Y$ und eine Untermenge $A \subset X$, heißt die Funktion

$$f|_A = f \cap (A \times Y)$$

die *Restriktion* von f auf A.

1.2.   Auswählen und Präferieren.

1.2.1.   Alternativenmengen und Auswahlfunktionen.

Beginnen wir mit einem Beispiel. In drei Gemeinden hat jeweils eine kommunale Planungsinstanz dem Gemeinderat einen Vorschlag darüber zu machen, nach welchen Prioritäten ein im nächsten Jahre verfügbarer Sonderfonds zu verausgaben sei, wobei die Alternativen, für die der Fonds zu nützen sein könnte, vom jeweiligen Gemeinderat bereits vorgegeben sind. (Dieser Fonds kann z.B. ein Teil des erwarteten Budgetspielraums sein, d.h. des erwarteten Überschusses der eigenen Einnahmen, der Einnahmen aus dem Finanzausgleich, der Kreditaufnahmen usw. über die bereits "gebundenen" Ausgaben.) Die Verwendungsalternativen für die Fondsmittel seien in allen drei Gemeinden gleich, zum Beispiel Altbausanierungen, Kindergärten und -spielplätze, Straßenbau, Subventionen für die öffentlichen Verkehrsmittel und Bau von Sportanlagen. Das Resultat sei folgendermaßen: die erste Planungsinstanz stuft die Wichtigkeit aller fünf Alternativen gleich ein;
die zweite räumt der Altbausanierung und der Verkehrsmittelsubventionierung Priorität ein, die übrigen Alternativen sollen nur im normalen Budgetrahmen bedient werden;
die dritte schließlich sieht sich aus irgendwelchen Gründen nicht in der Lage, einen Vorschlag zu unterbreiten.

In allen Fällen wird eine Auswahl unter gegebenen
Alternativen getroffen. Bezeichnen wir die Menge der
Alternativen mit X, und die fünf genannten Alternativen
mit a, b, c, d, e (sodaß X = {a, b, c, d, e}). Den
Akt der Auswahl beschreiben wir, indem wir sagen, daß
der Menge X genau eine andere Menge, sagen wir: f(X),
zugeordnet wird, die die aus X gewählten Elemente
enthält; wir bezeichnen f(X) als "Auswahlmenge" in
X. Im Fall der ersten Planungsinstanz schreiben wir:
f(X) = X, da der genannte Vorschlag so interpretiert
werden kann, daß alle Alternativen in X gewählt
werden; für die zweite Instanz schreiben wir f(X) =
{a, d}, wobei a und d für die gewählten Alternativen
stehen; und für die dritte schreiben wir f(X) = $\emptyset$,
da kein Element von X als gewählt gilt, womit f(X)
leer ist.

Diese Notation behalten wir generell bei. X steht
für eine globale Alternativenmenge, die im allgemeinen
als nichtleer und endlich vorausgesetzt wird (X ϵ χ).
Häufig betrachten wir nicht nur ein präzisiertes X,
sondern auch Untermengen A, B, ... von X. Der
Buchstabe f steht ganz abstrakt und allgemein für alle
Verfahren, die jeder (Alternativen-) Menge A ϵ $P(X)$
eine und nur eine Menge f(A) zuordnen; f ist also eine
Funktion. Wir nennen f eine "Auswahlfunktion", wenn
sie jeder Alternativenmenge A eine Untermenge von A

zuordnet: $f(A) \subset A$; in diesem Fall, so sagen wir, erfüllt f die "Bedingung der Verfügbarkeit". Wir fassen vorläufig zusammen:

Definition 1.2.1.: Sei $X \neq \emptyset$ und $P(X)$ sei die Potenzmenge von X. Eine Funktion

$$f : P(X) \to P(X)$$

ist eine *Auswahlfunktion* genau dann, wenn sie die *Bedingung der Verfügbarkeit* (kurz: Bedingung (V)) erfüllt, die definiert ist durch

$$f(A) \subset A \qquad (A \in P(X)),$$

wobei $f(A)$ als *Auswahlmenge* in A bezeichnet wird. ◊

Der Definitionsbereich wie der Wertebereich einer Auswahlfunktion besteht also aus allen Untermengen von X (z.B. auch X selbst).[1] Da wir nicht von vornherein wissen, ob eine Auswahlfunktion ein "Resultat" erbringt, ist auch $f(A) = \emptyset$ ($A \in [X]$) nicht ausgeschlossen. Außerdem ist die Auswahlfunktion nicht notwendigerweise "einwertig" (1.1.2.), die Auswahlmenge $f(A)$ ($A \in [X]$) kann auch mehrere Elemente enthalten; zum Beispiel läßt die Definition <u>1.2.1.</u> auch $f(A) = A$ für jedes $A \in [X]$ zu. Auf Auswahlfunktionen, die immer einwertige Auswahlmengen erbringen, werden wir unten noch zu sprechen kommen.

Bedingung (V) ist nicht sehr anspruchsvoll. Sie verlangt lediglich, daß, wenn die Alternativenmenge A zur Debatte steht, auch aus A ausgewählt wird, und nicht etwa aus einer mit A disjunkten Menge B. Anders formuliert, verlangt (V) , daß bei einer Auswahl in A nur in A tatsächlich verfügbare Elemente gewählt werden können. (Bei einer Wahl zwischen SPÖ, ÖVP und FPÖ soll nicht die KPI gewählt werden können.)

Eine Auswahlfunktion, die stets nichtleere Auswahlmengen ergibt, wenn die Alternativenmenge nichtleer ist, nennen wir "dezisiv":[1]

Definition 1.2.2.: Eine Auswahlfunktion f heißt *dezisiv* genau dann, wenn aus f(A) = ∅ folgt, daß A = ∅. ◊

Es liegt auf der Hand, daß das Konzept der Auswahlfunktion als Instrument der Analyse von Auswahlhandlungen nicht an einen sozial-ökonomischen Kontext wie den im zu Anfang dieses Kapitels gegebenen Beispiel gebunden ist. Dieses Beispiel, ebenso wie später folgende andere Beispiele, dient lediglich zur Illustration einer möglichen empirischen Deutung der verwendeten abstrakten Konzepte.

1.2.2. Präferenzen, Kollektive, Gesellschaften.

Wir unternehmen nun einen Ausflug in die individuelle Präferenztheorie, eine der Grundlagen der Wirtschaftstheorie. Dieser Ausflug ist erstens nützlich, um den Zusammenhang zwischen Präferenzrelationen und Auswahlfunktionen zu verdeutlichen, und zweitens, weil die konkreten Typen von Auswahlfunktionen, die später besprochen werden, in erster Linie wohl für "kollektive" oder "soziale" Entscheidungen relevant sind, also für Entscheidungen, die in einer noch zu spezifizierenden Weise von den Meinungen mehrerer Individuen abhängen.

Nehmen wir irgendein Individuum i, etwa ein Mitglied einer der zu Beginn von 1.2.1. beschriebenen Planungsinstanzen. Gesetzt den Fall, i sei mit zwei beliebigen Alternativen $x, y \in X$ konfrontiert. Dann wird in der Präferenztheorie im allgemeinen axiomatisch angenommen, daß i angeben kann, ob seiner Meinung nach x "besser" oder "schlechter" als y oder "gleich gut" wie y ist, bzw. ob es x strikt y vorzieht, oder y strikt x vorzieht oder zwischen x und y indifferent ist. Durch diese Entscheidung wird eine *Präferenzrelation* R_i zwischen x und y etabliert, wobei xR_iy gelesen werden kann als "i hält y für nicht schlechter als x" oder "i hält y für mindestens so gut wie x". R_i wird in der Literatur auch als $\lesssim_i$ geschrieben und mitunter als "schwache Präferenz" bezeichnet.[1] Diese erste Annahme halten wir in Axiom 1 fest.

Axiom 1: Sei $R_i \subset X \times X$ eine "Präferenzrelation" in $X \in \chi$. Dann gilt:

$$\forall x, y \in X : xR_i y \triangledown yR_i x. \diamond$$

Mit Axiom 1 verlangen wir die Eigenschaft der *Vollständigkeit* (1.1.3.3.) für R_i. Da Axiom 1 für den Fall $x = y$ auch $xR_i x$ für alle $x \in X$ impliziert, gilt damit auch die Eigenschaft der *Reflexivität* (1.1.3.3.). Wenn wir schließlich P_i für die an R_i assoziierte *strikte* (Präferenz-) Relation schreiben (1.1.3.4.) und I_i für die an R_i assoziierte *Indifferenzrelation* (1.1.3.4.), so kann Axiom 1 auch ausgedrückt werden durch

$$\forall x, y \in X : xP_i y \triangledown yP_i x \triangledown xI_i y.$$

Zweitens nehmen wir an, daß jedes i in seinen Präferenzerklärungen konsistent ist im folgenden Sinne: Wenn x besser ist als y und y besser als z, dann sei auch x besser als z; und genauso folge auch aus der Indifferenz von (x, y) und (y, z) die von (x, z).

Axiom 2: Sei $R_i \subset X \times X$ eine Präferenzrelation in $X \in \chi$. Dann gilt:

$$\forall x, y, z \in X :: xR_i y \wedge yR_i z \Rightarrow xR_i z. \diamond$$

Mit Axiom 2 verlangen wir die Eigenschaft der
Transitivität (1.1.3.3.) für R_i. Da die Relation
R_i also vollständig und transitiv ist, ist sie eine
vollständige Präordnung von X (1.1.3.5.). Für
die Kompositionen (1.1.3.1.) von P_i und I_i gilt
daher Sen's Lemma (in 1.1.3.5.) für Präordnungen.
Da die Relation I_i reflexiv, symmetrisch und transitiv
ist, ist sie eine Äquivalenzrelation in X (cf. 1.1.3.5.).
Die Präferenzrelation R_i in X läßt sich demnach auch
als Quotientenmenge X/I_i auffassen (1.1.3.5.).

Daß jedes i (in der Wirtschaftstheorie:
jeder ökonomische Agent) eine ordinale Nutzenvorstellung
im Sinne einer vollständigen Präordnung der Menge der
Alternativen hat, ist die konventionelle Annahme der
ökonomischen Theorie (cf., z.B., Henderson - Quandt
1971, p. 8, Quirk - Saposnik 1968, p. 10)[1]. Auch in der
Theorie der kollektiven Auswahl wird diese Annahme in
der Regel gemacht (cf. die "Klassiker" Arrow 1963,
Murakami 1968, Sen 1970); Fishburn (1973 d) unterstellt
im allgemeinen nur strikte Halbordnungen, d.h., daß
individuelle Präferenzrelationen P_i^F irreflexiv und
transitiv, daher auch asymmetrisch (1.1.3.3.) sind, und
die durch $xI_i^F y \Leftrightarrow \neg xP_i^F y \wedge \neg yP_i^F x$ definierte
Indifferenzrelation nicht notwendig transitiv ist.

Die Möglichkeit, daß die individuelle Indifferenz nicht notwendig transitiv ist, ist eine interessante Modifikation der geläufigen Axiome für ökonomische Entscheidungen:[1] Sofern nicht anderes erwähnt ist, halten wir uns jedoch an das Axiom der vollständigen Präordnung.[2]

Über das Zustandekommen einer Präferenzrelation R_i ist damit nichts ausgesagt. Die Genese individueller Präferenzen ist eine wichtige Frage einer sozial-ökonomischen Theorie der kollektiven Entscheidung, aber sie liegt außerhalb der Problemstellung dieser Arbeit.[3]

Wir veranschaulichen nun die zulässigen Strukturen individueller Präferenzen durch *gerichtete Graphen*.[4] Ein geordnetes Paar $(x, y) \in X \times X$ gehöre genau dann zur Menge der Bögen des Graphen, wenn $(x, y) \in R_i \subset X \times X$. Daraus folgt, daß $xP_i y$ durch $\overset{\circ}{x} \longleftarrow \overset{\circ}{y}$ und $xI_i y$ durch $\overset{\circ}{x} \rightleftarrows \overset{\circ}{y}$ dargestellt wird.

Beginnen wir mit dem einfachsten nichttrivialen Fall, daß Card X = 2. Wenn wir mit Q(X) die *Menge aller vollständigen Präordnungen von* X bezeichnen, wie groß ist Card Q(X)? Offenbar wird Q(X) durch die Graphen (1) bis (3) in Fig. 1.2.1. erschöpfend beschrieben.[5]

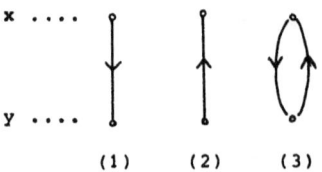

Fig. 1.2.1.

Entweder gilt $yP_i x$ oder $xP_i y$ oder $xI_i y$, demnach ist Card Q(X) = 3. Wenn Card X = 3, dann ist, wie sich der Leser durch eigene Versuche überzeugen mag, Card Q(X) = 13.[1] Im allgemeinen gilt nach Egle (1974a, p. 2)

$$\text{Card } Q(X)_m = 1 + \sum_{j=1}^{m-1} \binom{m}{j} \text{ Card } Q(X)_j$$

wobei m = Card X und die Konvention Card $Q(X)_1$ = 1 gilt.[2] Mit steigender Alternativenzahl steigt demnach die Zahl der möglichen Präferenzordnungen (i.e., vollständigen Präordnungen) sehr rasch.

Wenn Indifferenzen ausgeschlossen sind, bildet jedes R_i eine Kette von X. Bezeichnen wir mit K(X) die *Menge aller Ketten von* X und mit m wiederum Card X, dann gilt offenbar:

$$\text{Card } K(X)_m = m!$$

Die folgende Übersicht (Fig. 1.2.2.) bringt eine kleine Zusammenstellung für die Anzahl von Ketten und vollständigen Präordnungen von X.

m	Card K(X)	Card Q(X)
1	1	1
2	2	3
3	6	13
4	24	75
5	120	541
6	720	4683
7	5040	47293
⋮	⋮	⋮

Fig. 1.2.2.

Wir wollen nun die zulässigen Präferenzen bei drei Alternativen näher betrachten. Es ist unnötig, die Graphen aller 13 Präordnungen heranzuziehen; wir schildern vier Typen, sodaß jedes beliebige R_i aus den 13 möglichen isomorph ist zu genau einem Graphen aus diesen vier Typen. Genauer gesagt, sind zwei Graphen G und G' genau dann *isomorph* , wenn es eine bijektive Funktion G ⟼ G' gibt, so daß die Bogenrichtung erhalten bleibt.[1] Unter Verzicht auf (reflexive) Schlingen ist dann jedes $R_i \in Q(X)_3$ isomorph zu genau einem Graphen der vier in Fig. 1.2.3.

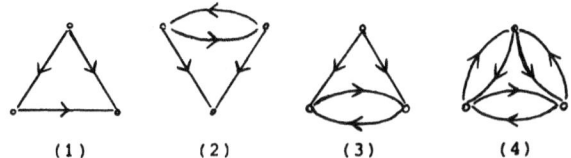

Fig. 1.2.3.

(1) verkörpert eine Kette R_i auf X, und (4) ist das Bild des Falles, wenn die (Äquivalenz-) Relation I_i in X vollständig ist. (3) verkörpert zum Beispiel $R_i = \{(x, y), (y, x), (x, z), (y, z)\}$.[1]

Zur *Notation*: In unseren Beispielen werden wir in der Regel die Elemente von R_i nicht ausführlich wie im letzten Absatz aufschreiben, sondern der Ökonomie der Darstellung wegen das Konzept des Minimalgenerators (cf. Kap. 1.1.3.3.) verwenden. R_i vom letzten Absatz wird daher geschrieben als

$$xI_i y\ P_i\ z.$$

Analog verwenden wir das Konzept des Minimalgenerators für die graphische Darstellung, besonders wenn Card X > 3. Zum Beispiel ist jedes $R_i \in Q(X)_4$

isomorph zum transitiven Abschluß genau eines der acht
Graphen in Fig.1.2.4.(jeder der acht Graphen verkörpert
also den Minimalgenerator einer transitiven Präferenzrelation in X, wenn Card X = 4).

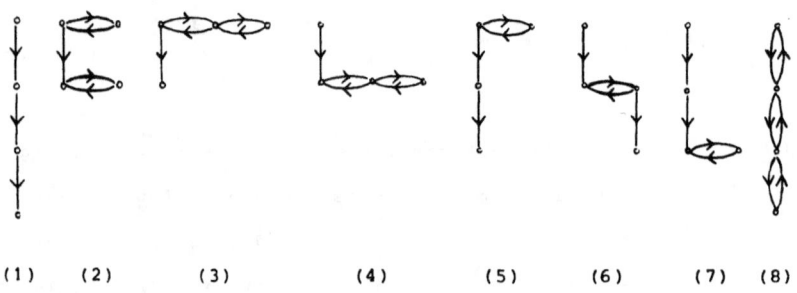

(1)   (2)   (3)   (4)   (5)   (6)   (7) (8)

Fig. 1.2.4.

(1) verkörpert also eine Kette R_i in X, z.B.
$xP_i \, y \, P_i \, z \, P_i \, w$; (5) könnte ein Bild von $zP_i \, x \, P_i \, w \, I_i \, y$
sein, und (8) ist natürlich das Bild des Minimalgenerators
der vollständigen Äquivalenzrelation I_i in X.

Wir führen nun die Termini "Kollektiv" und "Gesellschaft" ein. Angenommen, jede der eingangs von 1.2.1.
erwähnten Planungsinstanzen besteht aus mehreren gleich-
berechtigten Mitgliedern; diese Mitglieder, so sagen wir,
bilden ein *Kollektiv*. Jede beliebige Menge von Personen,
sofern sie genau definiert ist, ist ein "Kollektiv"; es
wird im folgenden bezeichnet mit

$$N = \{1, 2, \ldots, i, \ldots, n\} \qquad (n \in \mathbb{N}).$$

Nun hat jedes $i \in N$ nach Axiom 1 und 2 eine (vollständige und transitive) Präferenz R_i auf X, d.h., $R_i \subset X \times X$ gehört zur Menge der vollständigen Präordnungen auf X:

$$R_i(X) \in Q(X) \qquad (i \in N).$$

Eine *Gesellschaft* $D(X)$ definieren wir durch

$$D(X) = \{R_i \in Q(X) \mid i \in N\},$$

d.h., daß eine Gesellschaft $D(X)$ aus den Präferenzordnungen R_i des Kollektivs N besteht.[1] D_n sei eine Gesellschaft von n Kollektivmitgliedern. Für $n = 1$ gilt offenbar

$$D_1(X) \in Q(X)$$

und für $n = 2$

$$D_2(X) \in Q(X) \times Q(X)$$

und allgemein gilt

$$D_n(X) \in \prod^n Q(X) = \mathcal{D}_n(X),$$

$D_n(X)$ kann also als ein n-Tupel des n-fachen Cartesischen Produkts (1.1.3.1.) der Präordnungen von X aufgefaßt werden; diese *Menge der* mathematisch *möglichen Gesellschaften* bezeichnen wir auch mit $\mathcal{D}_n(X)$ oder kurz, wenn n und X klar sind, mit $\mathcal{D}$.

Die Anzahl der möglichen Gesellschaften, also die Mächtigkeit der Menge $\mathcal{D}$, steigt sehr rasch mit der Anzahl der Alternativen und der Größe des Kollektivs N:

$$\text{Card } \mathcal{D}_n(X) = (\text{Card } Q(X))^n$$

Da bei nur drei Alternativen in X Card $Q(X) = 13$ (cf. Fig.1.2.2.), lassen sich bei zwei Personen $i, j \in N$ 169 Gesellschaften bilden, und bei drei Personen $i, j, k \in N$ bereits 2197 Gesellschaften, wenn jede Präordnung $R_i \in Q(X)$ für jedes $i \in N$ zulässig ist und jedes $i \in N$ über genau eine Präferenz $R_i \in Q(X)$ verfügt. Wir bekommen dadurch schon einen ersten Hinweis auf den Umfang der zu verarbeitenden Informationen in einer kollektiven Entscheidungssituation.

Es ist aber zu betonen, daß die Brauchbarkeit der Konzepte des "Kollektivs" bzw. der "Gesellschaft" nicht an eine soziale oder kollektive Entscheidungssituation im engeren Sinn gebunden ist. Die Menge

$$D(X) = \{R_\omega \in Q(X) \mid \omega \in \Omega\}$$

kann vielmehr ganz allgemein als eine Familie von Präordnungen auf X mit der Indexmenge Ω verstanden werden, die für die Auswahl in X auf eine noch näher zu bezeichnende Weise relevant ist. Vor allem kann Ω eine Menge von Kriterien sein (im Beispiel von 1.2.1. etwa: Erhaltung des Stadtbildes, Wirkung bei der nächsten Gemeinderatswahl, Gerechtigkeits- und Verteilungsgesichtspunkte, ...), so daß die Alternativenmenge X auf Grund jedes Kriteriums $\omega \in \Omega$ vollständig prägeordnet werden kann; auf welche Weise die Ermittlung der Auswahlmenge in X von dieser Präordnungsfamilie abhängt, wird durch die Konkretisierung der Auswahlfunktion bestimmt (cf. dazu vor allem Kapitel 2). - Wenn wir im folgenden offen lassen wollen, ob es sich um ein Personen-Kollektiv oder ein anderes Kollektiv handelt, schreiben wir Ω statt N mit $\omega \in \Omega$ und Card Ω = n.

1.2.3. Über die Verbindung von Präferenzrelationen und Auswahlfunktionen.

In den Axiomen 1 und 2 hatten wir die Eigenschaften einer Präferenzrelation in der Alternativenmenge X festgehalten. In welcher Beziehung steht die individuelle Präferenz R_i zum Konzept der Auswahlfunktion?

Axiom 3: (a) Eine *individuelle Auswahlfunktion* $f_i : P(X) \times \{R_i\} \rightarrow P(X)$ ist definiert durch

$$f_i(A, R_i) = \{x \in A | y \in A \Rightarrow yR_ix\}$$

$(i \in N, A \in P(X), R_i \in Q(X))$,

wobei

(b) die individuelle Präferenzrelation $R_i \subset X \times X$ in X definiert ist durch

$$xR_iy \Leftrightarrow y \in f_i(\{x, y\}) \qquad (x, y \in X),$$

und die assoziierte strikte Relation P_i definiert ist durch

$$xP_iy \Leftrightarrow \{y\} = f_i(\{x, y\}) \Leftrightarrow$$
$$[xR_iy \wedge \neg(yR_ix)] \triangledown x = y. \qquad \Diamond$$

Axiom 3(b) besagt, daß y genau dann nicht schlechter als x ist, wenn es aus der zur Wahl stehenden Menge {x, y} gewählt wird; R_i ist also durch die Auswahlfunktion f_i auf zweiwertigen Mengen definiert. Wir sagen auch, daß die Präferenz R_i durch die Auswahl f_i "offenbart" wird.[1] Axiom 1 garantiert, daß zwischen beliebigen Alternativen x, y ε X eine Wahl f_i getroffen werden kann, und Axiom 2, daß diese Wahlhandlungen transitiv sind. Axiom 3(a) besagt, daß für jede Menge A ε $P(X)$ (wobei wir im allgemeinen annehmen, daß A nicht leer ist, also A ε $[X]$) die Auswahlmenge $f_i(A)$ aus den R_i - besten Elementen besteht (cf. 1.1.3.4.). Die Existenz einer vollständigen Präordnung R_i auf X (die eine vollständige Präordnung auf A ⊂ X induziert, cf. 1.1.3.2.) für sich allein besagt ja noch nicht - obwohl es selbstverständlich erscheinen mag - , daß die Auswahl f_i durch diese Präordnung determiniert wird.[2] - Wenn A ε $[X]$ endlich ist, dann ist $f_i(A)$ nichtleer, d.h., daß es dann immer eine beste Äquivalenz - bzw. Indifferenzklasse (cf. 1.1.3.5.) in A gibt, und wenn X endlich ist, dann ist $f_i(A)$ nichtleer für alle A ε $[X]$, d.h., f_i ist dezisiv.[3]

Nach dieser Einführung in die individuelle Präferenztheorie nun der Begriff der kollektiven Auswahlfunktion.

Definition 1.2.3.: Eine *kollektive Auswahlfunktion* f ist eine Funktion

$$f : P(X) \times D(X) \rightarrow P(X),$$

die die Bedingung

$$f(A, D) \subset A$$

erfüllt, wobei $A \in P(X)$ und $D \in \mathcal{D}$ (der Menge der möglichen Gesellschaften (1.2.2.)). ◊

Der Definitionsbereich einer "kollektiven Auswahlfunktion" ist demnach das Cartesische Produkt aus allen Untermengen von X und allen möglichen Gesellschaften für X. Dieses Konzept ist daher tauglich für die Analyse aller jener Auswahlfunktionen, die die Kollektiventscheidung, d.h. die Auswahlmenge $f(A)$ ($A \in P(X)$), nicht unabhängig von den Präferenzen der Mitglieder des Kollektivs machen (vgl. hier auch den Schluß von 1.2.2. zur Interpretation von Kollektiv und Gesellschaft). Keine kollektive Auswahlfunktion gemäß <u>1.2.3.</u> bräuchte man etwa für konstante Abbildungen von $P(X)$ derart, daß bei unterschiedlichen Präferenzen die Auswahlmenge stets durch Rekurs auf ein "höheres Prinzip" ermittelt wird: auf die überkommene Tradition, auf die Vorschriften eines heiligen Buches und auf andere tabuisierte Gebote. Ferner ist es auch denkbar, Streitfälle durch Zufallsregeln beizulegen (Würfeln, Werfen einer Münze), oder, wenn das Kollektiv N in zwei Lager N_1 und N_2 gespalten ist, Stellvertreter gegeneinander kämpfen zu lassen. (Diese Methode ist etwas aus der Mode gekommen.)[1]

Wenn das "Kollektiv" eine Kriterienmenge Ω ist, so daß jedes $\omega \in \Omega$ die Alternativen in X ordnet, so kann sich in <u>1.2.3.</u> wohl kaum irgendein ideologischer Inhalt verstecken. Gegen kollektive Auswahlfunktionen im engeren Sinn ist dieser Vorwurf erhoben worden, insofern, als es nicht zulässig sei, die Präferenzen der Kollektivmitglieder $i \in N$ als gegeben anzunehmen und die Entscheidung des Kollektivs von eben diesen Präferenzen abhängig zu machen; dies sei ein scheindemokratisches Postulat.[1] Diese Kritik ist m.E. ernst zu nehmen; in dieser globalen Form ist das Postulat in der Tat für manche Kollektive nicht akzeptabel (wenn zum Beispiel die Präferenzen eines Kollektivs N_k vollständig von seiner sozialen Umwelt Ω_k determiniert werden - insbesondere durch die Produktionsverhältnisse und Manipulation durch Werbung etc. - , dann wird man gute Argumente dafür finden können, die Entscheidung des Kollektivs über die Elemente seiner sozialen Umwelt nicht von den Präferenzen der Mitglieder abhängen zu lassen); für solche Kollektive sind dann kollektive Auswahlfunktionen gemäß <u>1.2.3.</u> nicht relevant.

Ferner ist es möglich, ein (Personen-) Kollektiv für eine selbständige "organische Ganzheit" zu halten und es nicht als nötig zu erachten, die Entscheidung des Kollektivs auf die Ansichten seiner Mitglieder zu gründen: "Anyone who finds his fulfillment in this assumption is entirely welcome to it, and this book must bore him" (Sen 1970 p. 1), soweit wir es mit Auswahlfunktionen gemäß <u>1.2.3.</u> zu tun haben werden.

Ob eine kollektive Auswahlfunktion f dezisiv ist, zumindest wenn X endlich und nichtleer ist, läßt Definition <u>1.2.3.</u> offen. Im Gegensatz zu einer individuellen Auswahlfunktion (Axiom 3) ist auch offen, ob f durch eine Relation $G \subset X \times X$ "induziert" wird, i.e., ob die Auswahlmenge $f(A)$ für $A \in [X]$ definiert ist durch $\{x \in A | y \in A \Rightarrow yGx\}$; und wenn f durch eine Relation G auf diese Weise induziert wird, ist offen, ob G transitiv ist.

Ein liberaler Ökonom mag sich in Bezug auf kollektive Auswahlfunktionen im engeren Sinn vielleicht fragen, ob X nicht vorwiegend "nicht-wirtschaftliche" Elemente enthalten müsse, da doch in einer "kapitalistischen Demokratie" (Arrow 1963 p. 1) ökonomische Entscheidungen vorwiegend über den dezentralen (d.h. nicht-kollektiven, unabhängige private Entscheidungen koordinierenden) Markt gesteuert werden; dem wäre entgegenzuhalten, daß selbst unter günstigsten Voraussetzungen der Markt nur das Problem einer (Pareto-) optimalen Allokation löst, nicht aber das einer "gerechten" Distribution: "Thus, even under the assumptions most favorable to decentralization of decision-making, there is an irreducible need for a social or collective choice on distribution" (Arrow 1974

p. 269), ganz abgesehen von den bekannten Problemen
steigender Skalenerträge, externer Effekte und öffentlicher
Güter, die ebenfalls eine Zentralisierung von Entscheidungen
erfordern.[1]

Im folgenden wird vom "realen" Inhalt von Ω bzw.
X weitgehend abstrahiert. Ob X eine Menge unterschiedlicher (Einkommens-) Verteilungszustände ist oder
eine alternative Mittelzuteilung für Investitionsprojekte,
steht hier nicht zur Diskussion; unsere Resultate hängen
nicht davon ab, mit welchen spezifischen empirischen
Inhalten Ω und X "gefüllt" werden.

Nun einige Angaben über die Anzahl möglicher
Auswahlfunktionen, wenn Card X und Card Ω gegeben
ist (cf. auch 1.2.2. über die Anzahl möglicher
Präordnungen Q(X), Ketten K(X) und Gesellschaften
$\mathcal{D}$(X)). Sei $[X] = \{X\}$, d.h. daß nur X selbst zur
Wahl steht, und $X = \{x, y, z\}$, somit Card X = m = 3.
Für eine gegebene Gesellschaft D ε $\mathcal{D}$ kann f(X, D)
einen von acht Werten annehmen (da Card $\mathcal{P}$(X) = 2^m),
oder wenn f dezisiv ist, einen von sieben (da Card $[X]$ =
$2^m -1$), nämlich eine beliebige Untermenge von X. Nun
sei Card Ω = n = 2. Wir wissen (1.2.2.), daß es dann
13^2 = 169 mögliche Gesellschaften gibt (da ja m = 3).
Daraus folgt, daß es bei nur drei Alternativen und zwei
Elementen des Kollektivs Ω bei dezisivem f schon
7^{169} Möglichkeiten gibt, kollektive Auswahlfunktionen

auf $\{X\} \times \mathcal{D}$ zu definieren! Wenn wir die Anzahl der möglichen Funktionen $f : \{X\} \times \mathcal{D}(X) \to [X]$ mit k bezeichnen, so gilt[1]

$$k = (2^m - 1)^{\text{Card } \mathcal{D}(X)}.$$

Viele oder sogar die meisten aus dieser großen Zahl von Funktionen haben allerdings mehr mit "illfare" als mit "welfare" zu tun[2] (zum Beispiel : $R_1 = R_2 = xP_\omega yP_\omega z$ und $f(\{x, y, z\}, \{R_1, R_2\}) = \{x\}$).

Eine kollektive Auswahlfunktion nach 1.2.3. entspricht im wesentlichen einer Social Choice Function nach Fishburn (1973 d, p. 179), der mit dezisiven Funktionen arbeitet. Es ist wichtig, davon die Konzeptionen Arrow's und Sen's zu unterscheiden:

Definition 1.2.4.: Eine <u>Collective Choice Rule</u> (CCR) nach Sen (1970 p. 28) ist eine Funktion

$$f : \mathcal{D}(X) \to \mathcal{R}(X)$$

wobei $\mathcal{R}(X)$ die Menge der binären Relationen $R \subset X \times X$ in X ist. Eine CCR ist *dezisiv* im Sinne Sen's genau dann, wenn ihr Wertebereich auf vollständige Relationen $R \in \mathcal{R}(X)$ beschränkt ist.[3] ◊

Definition 1.2.5.: Eine <u>Soziale Wohlfahrtsfunktion</u> (<u>SWF</u>) nach Arrow (1963 p. 23, Sen 1970 p. 41) ist eine CCR, deren Wertebereich auf vollständige Präordnungen

$R \in Q(X) \subset R(X)$ beschränkt ist. ◊

Definition 1.2.6.: Sei $R \subset X \times X$ eine binäre Relation in X, die eine Auswahlfunktion

$$f : P(X) \times \{R\} \to P(X)$$

induziert durch

$$f(A, R) = \{x \in A \mid y \in A \Rightarrow yRx\} \quad (A \in P(X);$$

f ist eine *Choice Function* im Sinne Sen's (1970 p.14) genau dann, wenn aus $A \neq \emptyset$ folgt

$$f(A, R) \neq \emptyset \qquad (A \in [X]). ◊$$

Eine dezisive CCR bildet also die Gesellschaften $\mathcal{D}(X)$ in die Menge vollständiger Relationen in X ab; um die Auswahlmenge zu erhalten, brauchen wir eine zusätzliche Definition so wie <u>1.2.6.</u>, die die Auswahlmenge als R-beste Menge (1.1.3.4.) von $A \in P(X)$ definiert. Eine SWF verlangt von der sozialen (Präferenz-) Relation R die gleichen Eigenschaften wie von einer individuellen Präferenzrelation (cf. Axiome 1, 2, und 3). Eine Choice Function schließlich hat die Eigenschaft, daß jede aus R abgeleitete Auswahlmenge f(A, R) nichtleer ist, wenn A nichtleer ist.

Für manche Probleme der Auswahltheorie spielt es keine große Rolle, ob sie mit Auswahlfunktionen nach <u>1.2.1</u> oder <u>1.2.3</u> oder Collective Choice Rules nach <u>1.2.4</u> bzw. Relationen in X angegangen werden. Im allgemeinen aber stellt der erste Ansatz ein breiter anwendbares Instrument bereit, weil wir zwar mit Auswahlfunktionen jede Art von (Präferenz-)Relationen ausdrücken können, das Umgekehrte aber nicht der Fall ist. Im dritten und vierten Abschnitt wird das offensichtlich.

In der Literatur werden außer den oben genannten noch andere Termini verwendet, wobei mitunter der gleiche Autor das gleiche Ding bei verschiedenen Anlässen mit verschiedenen Namen nennt. So ist Hansson's (1969 p. 527) Group Decision Function eine Arrow-SWF, ebenso wie Hansson's (1973 p. 26) Group Preference Function; aber Hansson's Group Decision Function im Jahre 1973 (p.26) ist eine Fishburn-Social Choice Function. Hansson's Group Decision Functions "im A- bzw. B-Sinne" (1969 p. 529) entsprechen Group Preference bzw. Group Decision Functions im Jahre 1973 (p. 26). Gärdenfors' Voting Function (1973 p. 3) ist eine Arrow-SWF, usw.

Wir definieren und erörtern nun eine größere Anzahl praktisch relevanter Auswahlfunktionen, bevor wir auf Rationalitätskriterien für beliebige Arten von Auswahlfunktionen eingehen.

2. Typen von Auswahlfunktionen

In diesem Kapitel stellen wir en bloc eine Anzahl von Auswahlfunktionen vor, die jeweils auch als kollektive Auswahlfunktionen interpretiert werden können. Einige von ihnen kommen in der Praxis sehr häufig vor.

Im letzten Abschnitt dieses Kapitels werden einige Inklusions- und Äquivalenz-Beziehungen zwischen Auswahlfunktionen f und f' festgestellt, d.h., wenn $A \in [X]$ dann $f(A) \subset f'(A)$ bzw. $f(A) = f'(A)$. In der Regel kann man allerdings von einer Äquivalenz nicht ausgehen, und damit stellt sich ein Problem, das sich als "Verfassungs-Problem" bezeichnen läßt: die Auswahl einer Auswahlfunktion.

2.1. Konsensfunktionen

Definition 2.1.1.: Sei $\{f_\omega | \omega \in \Omega\}$ eine Familie von auf $[X]$ erklärten Auswahlfunktionen ($X \neq \emptyset$). Wir definieren die *Konsensfunktion* (kurz: K-Funktion) $f_K : [X] \to P(X)$ durch

$$f_K(A) = \bigcap_\Omega f_\omega(A) \qquad (A \in [X]). \quad \Diamond$$

Diese allgemeine Formulierung kann leicht in eine für kollektive Auswahlfunktionen transformiert werden. Ω sei das Kollektiv N, und $\{f_i | i \in N\}$ sei die entsprechende Familie von individuellen Auswahlfunktionen. Dann enthält die Auswahlmenge der kollektiven Konsensfunktion genau jene Elemente in A, die von allen $i \in N$ in A gewählt wurden. Unter Berücksichtigung von Axiom 3 (b) können wir daher für kollektive K-Funktionen schreiben

$$f_K(A) = \{x \in A | y \in A \Rightarrow \forall i \in N: yR_i x\}$$
$$(A \in [X]).$$

Definition 2.1.2.: Die *strikte* Konsensfunktion (cf. Definition 2.1.1.) $f_{K_s} : [X] \to P(X)$ ist definiert durch

$$f_{K_s}(A) = \bigcap_\Omega f_\omega(A) \setminus \{x \in f_\omega(A) | \omega \in \Omega,$$
$$\text{Card } f_\omega(A) > 1\} \qquad (A \in [X]). \quad \Diamond$$

Hier wird nicht nur verlangt, daß die Auswahlmenge $f_\Omega(A)$ die allen $f_\omega(A)$ gemeinsamen Elemente enthält, sondern zusätzlich, daß diese gemeinsamen Elemente jeweils die einzigen Gewinner waren. Übersetzt in kollektive Auswahlfunktionen mit $\Omega = N$ und unter Berücksichtigung von Axiom 3 (b), können wir daher auch schreiben

$$f_{K_s}(A) = \{x \in A \mid y \in A \Rightarrow \forall i \in N: yP_i x\}$$
$$(A \in [X]).$$

Die Beurteilung einer kollektiven Konsensfunktion kann nicht vom spezifischen gesellschaftlichen Kontext abstrahieren, in dem sie angewandt wird. (Eine nicht-kollektive Konsensfunktion wäre z.B. eine, die aus einer Menge technischer Alternativen jene auswählt, die jedem Kriterium $\omega \in \Omega$ "ausreichend" genügt.) Im polnischen Landtag im 17. und 18. Jahrhundert scheint sich eine Konsensfunktion verheerend ausgewirkt zu haben[1]; gewissen Kleingruppen mag sie angemessen sein. Es ist jedoch streng zu unterscheiden zwischen einem *Kompromiß*, der auf einer Änderung von Präferenzen R_i beruht und dadurch eine nichtleere Konsens-Auswahlmenge bewirkt, und einem *Konsens*, der für gegebene R_i definiert ist.[2]

Auf Grund der Überlegung, daß jede in einem Kollektiv überstimmte Person eine Wohlfahrtsminderung erfährt,[1] und der traditionellen Scheu der Ökonomen vor interpersonellen Nutzenvergleichen, ist besonders von der Wirtschaftstheorie Einstimmigkeitsverfahren größere Beachtung geschenkt worden (cf. besonders Buchanan und Tullock 1962). Wenn eine Konsensfunktion so definiert wird, daß im Falle einer leeren Auswahlmenge der *status quo* "x_0" als gewählt gilt (d.h. also, es gilt $x_0 \in A$ für alle $A \in [X]$ und aus $f'_K(A) = \emptyset$ für die "vorläufige" Auswahlmenge $f'_K(A)$ folgt $f_K(A) = \{x_0\}$), wirkt sie natürlich äußerst konservativ (hat allerdings aber den Vorteil, daß sie zumindest stets dezisiv ist).[2] Wenn schließlich redistributive Erwägungen eine Rolle spielen sollen, wird sich eine Konsensfunktion als wenig brauchbar erweisen.[3] Von diesen normativen Überlegungen ist die Frage zu unterscheiden, ob Konsensfunktionen zur Beschreibung und Erklärung realer Auswahlprozesse tauglich sind; das ist z.B. vorstellbar, wenn mehrere Ämter oder Behörden mit impliziten oder expliziten Veto-Rechten bei Genehmigungsverfahren für neue Projekte ausgestattet sind, wie es in der Praxis häufig der Fall ist.

2.2. Mehrheitsfunktionen einschließlich Condorcet-Funktionen

Definition 2.2.1.: $X \in \mathfrak{X}$ und $\Omega \in \mathfrak{X}$ seien Mengen, und $\{R_\omega | \omega \in \Omega\}$ sei eine Familie von vollständigen Präordnungen auf X, wobei P_ω die an R_ω assoziierte strikte Relation (1.1.3.5.) bezeichnet. Sei f eine Auswahlfunktion, die für jede Menge $A \in [X]$ mit Card $A \leq 2$ dezisiv ist.

(<u>a</u>) Die Relation $M \subset X \times X$ in X ist definiert durch

$$xMy \iff y \in f(\{x, y\}) \iff \text{Card } \{\omega \in \Omega | yP_\omega x\} \leq \text{Card } \{\omega \in \Omega | xP_\omega y\} \quad (x, y \in X).$$

(<u>b</u>) Die Relation $\hat{M} \subset X \times X$ in X ist definiert durch

$$x\hat{M}y \iff \{y\} = f(\{x, y\}) \iff [xMy \land \not\!\!*\, (yMx)] \nabla\, x = y$$
$$(x, y \in X),$$

beziehungsweise
$$\hat{M} = (M \setminus M^{-1}) \cup \Delta.$$

(<u>c</u>) Die Relation $I_M \subset X \times X$ in X ist definiert durch

$$xI_M y \iff \{x, y\} = f(\{x, y\}) \iff xMy \land yMx \quad (x, y \in X),$$

beziehungsweise

$$I_M = M \cap M^{-1}. \quad \diamond$$

Bemerkung 2.2.2.: (**a**) M ist reflexiv und vollständig (beides folgt aus der Dezisivität von f für zweiwertige Mengen);

(**b**) $\hat{M}$ ist reflexiv und antisymmetrisch

(**c**) I_M ist reflexiv und symmetrisch. $\diamond$

Definition 2.2.3.: (**a**) Die durch M in X induzierte Auswahlfunktion $f_M: [X] \to P(X)$ ist definiert durch

$$f_M(A) = \{x \in A \mid y \in A \Rightarrow yMx\} \quad (A \in [X])$$

und wird *Condorcet* - Auswahlfunktion (kurz: **M-Funktion**) genannt.

(b) Die durch $\hat{M}$ in X induzierte Auswahlfunktion $f_{\hat{M}}: [X] \to P(X)$ ist definiert durch

$$f_{\hat{M}}(A) = \{x \in A \mid y \in A \Rightarrow y\hat{M}x\} \qquad (A \in [X])$$

und wird _Strikte Condorcet_ - Auswahlfunktion
(kurz: $\hat{M}$-Funktion) genannt. ◊

Beispielsweise sei X eine Menge von alternativen Bebauungsplänen für ein Stadtviertel und Ω sei eine Menge von Kriterien, die für die Entscheidung eine Rolle spielen. Wir nehmen an, daß X mit jedem Kriterium ω ∈ Ω vollständig prägeordnet werden kann, und außerdem, daß wir über keinen kardinalen Maßstab verfügen, mit dem wir die Kriterien auf einen gemeinsamen Nenner bringen können (etwa auf einen eindimensionalen Maßstab wie das Bruttourbanprodukt). Dann kann es zweckmäßig sein zu ermitteln, ob es eine Alternative x ∈ X gibt, für die bei einem paarweisen Vergleich mit jeder anderen Alternative y ∈ X die Anzahl der Kriterien, bei denen x besser abschneidet als y, stets größer ist als die Anzahl jener Kriterien, bei denen y besser abschneidet als x ($\hat{M}$- Funktion) oder stets wenigstens gleich groß (M-Funktion). Dieses grobe Verfahren wird besonders dann plausibel sein, wenn man davon ausgehen kann, daß alle Kriterien ungefähr gleich wichtig sind, oder wenn wir kein Kriterium besitzen, die Kriterien selbst zu ordnen und zu gewichten.

Dieser letzte Aspekt ist besonders relevant bei

Abstimmungsverfahren in Kollektiven. Wenn wir über kein kardinales *und* interpersonell vergleichbares Nutzenmaß verfügen[1], oder uns auf keines einigen können, ist es unter Umständen leichter, sich darauf zu einigen, daß alle ordinalen Nutzenvorstellungen (d.h., vollständigen Präordnungen auf X) der Kollektivmitglieder als gleich wichtig betrachtet werden (one man one vote), und ein Condorcet-Verfahren anzuwenden. Wie Musgrave (1959, p. 127) feststellt, impliziert das natürlich ebenfalls ein Urteil über interpersonellen Nutzenvergleich; wir entscheiden uns - gemäß Leibniz' Prinzip[2] - für die Identität von Objekten, die wir für ununterscheidbar halten.

Damit sind wir schon mitten in der Interpretation von M- bzw. $\hat{M}$-Funktionen als kollektiven Auswahlfunktionen. Wenn Ω als N und $\{R_\omega \mid \omega \in \Omega\}$ als D(X) interpretiert wird, ist M die Relation der "*einfachen Mehrheit*" und $\hat{M}$ die Relation der "*strikten einfachen Mehrheit*". Zu beachten ist, daß aus (xMy und yMx) $xI_M y$ folgt, und aus (x$\hat{M}$y und y$\hat{M}$x) folgt x = y.

Die Funktionen sind nach dem französischen Mathematiker *Condorcet* (1743-1794) benannt, dessen wichtigste Arbeit über mehrheitliche Abstimmungen 1785 publiziert wurde (cf. Black 1958, pp. 159-180). Die M-Funktion ist identisch mit Sen's Method of Majority Decision (1970, p. 71), die $\hat{M}$-Funktion ist identisch mit Fishburn's Simple Majority Decision Rule (1973 d, p. 86) bzw. Fishburn's Condorcet Criterion (1971, p. 539).

Condorcet wird auch die Entdeckung zugeschrieben, daß die Relation M nicht-transitiv sein kann; in diesem Fall tritt das sogenannte "*Abstimmungsparadoxon*" oder der "*Condorcet-Effekt*" auf. Der einfachste Fall eines Abstimmungsparadoxons ist der in Beispiel <u>2.2.4</u>.[1]

<u>*Beispiel 2.2.4.*</u>: Sei $X \supset A = \{x, y, z\}$ und Card $\Omega = n = 3$ mit $zP_1y\ P_1x$, $xP_2z\ P_2y$, $yP_3x\ P_3z$. Nun gewinnt bei paarweiser Gegenüberstellung x gegen y mit 2:1, y gegen z mit 2:1, und z gegen x mit 2:1. Daher erhalten wir $M = \hat{M} = \{(y, x), (z, y), (x, z)\} \cup \Delta$. Wenn M transitiv wäre, müßte z.B. aus xMz und zMy auch xMy folgen; aber $(x, y) \notin M$. Aus der Struktur von M folgt $f_M(A) = f_{\hat{M}}(A) = \emptyset$. Mit anderen Worten, obwohl alle $R_\omega (\omega \in \Omega)$ transitiv sind (z.B., wenn es sich um individuelle Präferenzen $R_i (i \in N)$ handelt), ist das Ergebnis des paarweisen Mehrheitsvergleichs nicht transitiv. Einige Graphen illustrieren den Fall (Fig. 2.2.1.).

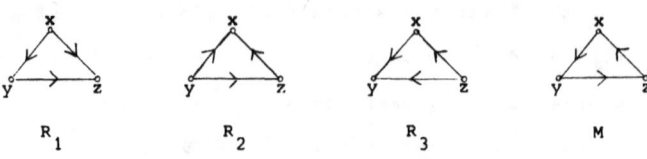

Fig. 2.2.1.

Arrow (1950, p. 156) entwickelte ein hypothetisches Beispiel eines Condorcet-Effekts, das sehr klar zeigt, daß dieser Effekt nicht auf "ungewöhnlichen" oder "extremistischen" Präferenzen der $i \in N$ beruht. Angenommen, es gibt ein Sozialprodukt im Werte von 10 Einheiten, das auf drei Gruppen i, j, k zu verteilen ist, von denen jede weniger als die Hälfte der Stimmen auf sich vereinigt; und weiter angenommen, die drei möglichen Distributionszustände x, y, z sind wie folgt strukturiert:

	Anteil von			
	i	j	k	Σ
x	5	2	3	10
y	3	5	2	10
z	2	3	5	10

Fig. 2.2.2.

Wenn jede Gruppe in jeder Abstimmung zwischen Paaren von Alternativen für jene Alternative stimmt, die ihr mehr einbringt, ergibt sich der Condorcet-Effekt.

Für die Mächtigkeit der Condorcet-Auswahlmengen gilt, wie leicht einzusehen ist, folgendes Resultat:

Satz 2.2.5.: Für $A \in [X]$ mit $X \in \chi$ gilt:[1]

(a) Card $f_{\hat{M}}(A) \in \{0, 1\}$, und

(b) Card $f_M(A) \in \{0, 1, \ldots, \text{Card } A\}$.

Beweis: folgt aus 2.2.1. bis 2.2.4. ◊

Es gibt also höchstens einen strikten Mehrheitsgewinner, aber es kann natürlich mehrere einfache Mehrheitsgewinner geben. Die Literatur darüber, wann es überhaupt einen M- oder $\hat{M}$-Gewinner gibt (i.e., wann $f_M(A, D)$ oder $f_{\hat{M}}(A, D)$ nichtleer sind), hat bereits einen beträchtlichen Umfang. Eine Gruppe der Studien beschäftigt sich damit, welche Restriktionen $D(X)$ auferlegt werden müssen, oder anders ausgedrückt, welche Gesellschaften $D(X)$ zulässig sind, um unabhängig von der zahlenmäßigen Verteilung der Personen $i \in N$

auf einzelne $R_i \in Q(X)$ nichtleere f_M-Auswahlmengen
zu erhalten; beginnend mit Black's (1948) Bedingung
der "Eingipfligkeit" der Präferenzen R_i wurden
zahlreiche Bedingungen - die jeweils die R_i hinsichtlich
aller Tripel $(x, y, z) \in X \times X \times X$ gewissen Beschrän-
kungen unterwerfen - entwickelt, die zum Teil hinreichend,
zum Teil notwendig und hinreichend sind, f_M bezüglich
aller $A \in [X]$ dezisiv zu machen. Wir werden diese
Ergebnisse benützen, wo es notwendig ist, aber nicht im
einzelnen darauf eingehen.[1] - Eine andere Gruppe hat in
verschiedenen Modellen die Wahrscheinlichkeit, daß es
in einer Menge X keinen Mehrheitsgewinner gibt, zu
ermitteln versucht. Im allgemeinen wurden problematische
Annahmen über die Wahrscheinlichkeitsverteilung verschiedener $R_i \in Q(X)$ auf $D(X)$ gemacht; immerhin sind einige
interessante Resultate erzielt worden. Ein Teil der
Literatur ist von Sen (1970, ch. 10) rezensiert worden.
Mit probabilistischen Modellen werden wir uns in dieser
Arbeit nicht auseinandersetzen.[2]

Condorcet-Funktionen berücksichtigen Indifferenzen
I_ω $(\omega \in \Omega)$ nicht. Für Abstimmungen bedeutet das, daß
Stimmenthaltungen insofern auf die Auswahl zwischen
zwei Alternativen x und y keinen Einfluß haben, als
nur das Verhältnis der "pro x" zu den "pro y"
Stimmen eine Rolle spielt. In anderen Verfahren wird

der Anteil an n, den die x- bzw. y-Befürworter auf sich vereinigen können, berücksichtigt.

Definition 2.2.6.: X, Ω, $\{R_\omega | \omega \in \Omega\}$ und P_ω seien dieselben wie in **2.2.1**. Sei f eine Auswahlfunktion $[X] \to P(X)$, und Card Ω = n $\in \mathbb{N}$.

(**a**) Die Relation $M_a \subset X \times X$ in X ist definiert durch

$$xM_a y \iff y \in f(\{x, y\}) \iff \text{Card } \{\omega \in \Omega | xP_\omega y\} \geq \frac{n}{2}$$
$$\triangledown \ x = y \qquad (x, y \in X).$$

(**b**) Die Relation $\hat{M}_a \subset X \times X$ in X ist definiert durch

$$x\hat{M}_a y \iff \{y\} = f(\{x, y\}) \iff [xM_a y \land \# (yM_a x)]$$
$$\triangledown \ x = y \qquad (x, y \in X),$$

beziehungsweise
$$\hat{M}_a = (M_a \setminus M_a^{-1}) \cup \Delta.$$

(**c**) Die Relation $I_{M_a} \subset X \times X$ in X ist analog zu I_M definiert (cf. **2.2.1**.(c)). ◊

Bemerkung 2.2.7.: (<u>a</u>) M_a ist reflexiv, aber nicht vollständig in X (z.B., wenn Card $\{\omega \in \Omega | xP_\omega y\}$ = Card $\{\omega \in \Omega | yP_\omega x\} < \frac{n}{2}$).

(<u>b</u>) $\hat{M}_a$ ist reflexiv und antisymmetrisch, und

(<u>c</u>) I_{M_a} ist reflexiv und symmetrisch. ◊

Definition 2.2.8.: Die durch $\hat{M}_a$ bzw. M_a in X induzierten Auswahlfunktionen f_{M_a} bzw. $f_{\hat{M}_a}$: $[X] \to P(X)$ sind analog zu 2.2.3. definiert und werden Verfahren der _absoluten Mehrheit_ (kurz: <u>M_a-Funktion</u>) bzw. Verfahren der _strikten absoluten Mehrheit_ (kurz: <u>$\hat{M}_a$-Funktion</u>) genannt. ◊

Eine dem Verfahren der absoluten Mehrheit sehr ähnliche Funktion ist jene, die aus der Relation "Sen's Strict Majority Rule" (1970, p. 181) abgeleitet werden kann.[1]

Definition 2.2.9.: X, Ω, $\{R_\omega | \omega \in \Omega\}$, P_ω, f und n seien dieselben wie in 2.2.1. bzw. 2.2.6.

(<u>a</u>) Die Relation $\hat{M}_s \subset X \times X$ in X ist definiert durch

$x\hat{M}_s y \iff \{y\} = f(\{x, y\}) \iff \text{Card } \{\omega \in \Omega | xP_\omega y\} > \frac{n}{2}$
$\nabla\ x = y$ $\quad\quad\quad\quad\quad\quad$ $(x, y \in X)$.

(b) Die Relation $M_s \subset X \times X$ in X ist definiert durch

$xM_s y \iff y \in f(\{x, y\}) \iff \ast\ (y\hat{M}_s x)\ \nabla\ x = y$
$\quad\quad\quad\quad\quad\quad\quad\quad\quad\quad\quad\quad\quad (x, y \in X)$.

(c) I_{M_s} ist analog zu I_M definiert (cf. 2.2.1.(c)). ◊

<u>Bemerkung 2.2.10.</u>: M_s, $\hat{M}_s$ bzw. I_{M_s} haben die gleichen Eigenschaften wie M, $\hat{M}$ bzw. I_M. ◊

<u>Definition 2.2.11.</u>: Die durch M_s bzw. $\hat{M}_s$ in X induzierten Auswahlfunktionen f_{M_s} bzw. $f_{\hat{M}_s}$: $[X] \to P(X)$ sind analog zu 2.2.3. definiert und werden Sen's absolute Mehrheitsregel (kurz: <u>M_s-Funktion</u>) bzw. Sen's strikte absolute Mehrheitsregel (kurz: <u>$\hat{M}_s$-Funktion</u>) genannt. ◊

<u>Bemerkung 2.2.12.</u>: Wenn wir n_e für Card $\{\omega \in \Omega | \ast\ (xI_\omega y)\}$ schreiben,[1] dann kann der Unterschied zwischen der $\hat{M}$-Funktion und der $\hat{M}_a$-Funktion sowie $\hat{M}_s$-Funktion auch durch die folgende Feststellung charakterisiert werden: Wenn $x \neq y$ und $x, y \in X$, dann

$$x\hat{M}y \iff \text{Card } \{\omega \in \Omega | \; xP_\omega y\} > \frac{n_e}{2},$$

und

$$x\hat{M}_a y \iff x\hat{M}_s y \iff \text{Card } \{\omega \in \Omega | \; xP_\omega y\} > \frac{n}{2}. \quad \diamond$$

<u>Satz 2.2.13.</u>: (a) Für die $\hat{M}_a$-, $\hat{M}_s$- bzw. M_s-Funktionen gilt Satz <u>2.2.5</u>. analog.

(b) Card $f_{M_a} \in \{0, 1, 2\}$.

Beweis: folgt aus den entsprechenden Definitionen (cf. auch <u>2.2.4</u>.). $\diamond$

Die Interpretationsmöglichkeit dieser Verfahren als kollektive Auswahlfunktionen ist offensichtlich und geht schon aus der Namensgebung hervor.

Auf die politischen Rechtfertigungslehren des Mehrheitswahlrechts bzw. deren Kritik gehen wir nicht ein. Einen guten Überblick über diese Diskussion, die spätestens mit Aristoteles begonnen hat, bietet etwa Berg (1965).[1]

2.3. Pluralität und verwandte Funktionen

Definition **2.3.1.**: $X \in \chi$ und $\Omega \in \chi$ seien Mengen und $\{R_\omega | \omega \in \Omega\}$ sei eine Familie vollständiger Präordnungen auf X, wobei P_ω die an R_ω assoziierte strikte Relation (1.1.3.5.) bezeichnet. Wir schreiben $AR_\omega x$ für $\forall a \in A : aR_\omega x$. Die *Pluralitätsfunktion* (kurz: P-Funktion) $f_p : [X] \rightarrow [X]$ ist definiert durch

$$f_p(A) = \{x \in A| \, y \in A \Rightarrow \text{Card} \{\omega \in \Omega| AP_\omega x\} \geq \text{Card} \{\omega \in \Omega| AP_\omega y\}\} \quad (A \in [X]). \diamond$$

Mit anderen Worten, die P-Funktion wählt jene Alternativen, die gemäß R_ω ($\omega \in \Omega$) mindestens so oft strikt an erster Stelle stehen wie jede andere Alternative.

Bemerkung **2.3.2.**: Die P-Funktion ist *dezisiv*, denn entweder (a) gibt es x in A, die strikt an erster Stelle stehen in mindestens einer $R_\omega \in Q(X)$, dann läßt sich nach 2.3.1. unter ihnen eine nichtleere Auswahl treffen, oder (b) die besten Indifferenzklassen in den $R_\omega \in Q(X)$ ($\omega \in \Omega$) sind stets mehrwertig, dann gehören alle x aus A zu $f_p(A)$ ($A \in [X]$). $\diamond$

Einige Aspekte von <u>2.3.1</u>. und <u>2.3.2</u>. werden illustriert in Fig. 2.3.1. und Fig. 2.3.2.

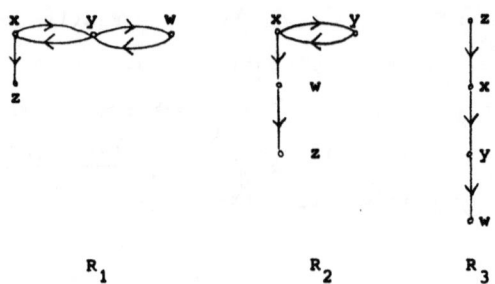

Fig. 2.3.1.

Sei A = {x, y, z, w} und {R_ω| ω ε {1, 2, 3}} wie in Fig. 2.3.1. Dann ist f_P(A) = {z}, da z die einzige strikt an erster Stelle stehende Alternative ist. (Zum Vergleich: f_M(A) = {x, y}.)

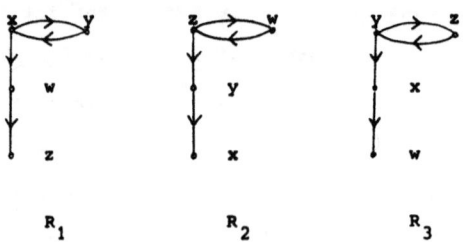

Fig. 2.3.2.

In diesem Fall ist $f_P(A) = \{x, y, z, w\}$, da die beste Indifferenzklasse in R_ω ($\omega \in \Omega$) stets mehrwertig ist. (Zum Vergleich: $f_M(A) = \{y, z\}$.)

Eine Modifikation der P-Funktion ist die in <u>2.3.3.</u> definierte Funktion.

<u>*Definition* 2.3.3.</u>: Mit Annahmen und Notation wie in <u>2.3.1.</u>, definieren wir die P_1-Funktion $f_{P_1} : [X] \to [X]$ durch

$$f_{P_1}(A) = \{x \in A | \; y \in A \Rightarrow \text{Card } \{\omega \in \Omega | \; AR_\omega x\} \geq \text{Card } \{\omega \in \Omega | \; AR_\omega y\}\} \quad (A \in [X]). \quad \Diamond$$

Für Fig. 2.3.1. ergäbe sich $f_{P_1}(A) = \{x, y\}$, und für Fig. 2.3.2. $f_{P_1}(A) = \{y, z\}$.

Daß die P- bzw. P_1-Funktionen ohne weiteres als kollektive Auswahlfunktionen interpretiert werden können, ist evident. In der Praxis sind solche Funktionen, die nur die "Präferenzspitzen" berücksichtigen, sehr verbreitet, wohl vor allem wegen ihrer einfachen Handhabung. Häufig sind auch die zusätzlichen Vorschriften, daß (a) die beste Indifferenzklasse jeder Präferenz R_i ($i \in N$) nur ein einziges Element enthalten darf, oder (b) jede Präferenz R_i als Kette

formuliert sein muß. Aus diesen Vorschriften leiten
sich auch die im Englischen statt Pluralität gebräuchlichen
Termini *Single Vote* (Black 1958, p. 67) oder *Single
Ballot Voting* (Murakami 1968 p.62) ab.[1] Fishburn's
(1973d, p. 162) Plurality ist eine P_1-Funktion,[2]
während Musgrave's (1959, p. 129) Plurality Rule eine
Borda Funktion ist (cf. Kapitel 2.4). Von Dodgson (1873)[3]
wurde die P-Funktion als The Method of a Simple Majority
bezeichnet. Wie so häufig in der Theorie der kollektiven
Auswahl ist also auch hier die Bezeichnungsweise keineswegs einhellig.[4]

Black (1958, p. 69) erwähnt folgende Modifikation
einer P-Funktion: "*Double Election*. In this the single
vote [i.e., eine P-Funktion; Van der Bellen] is employed
to select the final two candidates in the contest; and
the single vote is again used to pick out the winner
of this pair." Black sagt nicht, wie die beiden
"Endrundenteilnehmer" ermittelt werden sollen. Wir
verwenden die Anregung in den Definitionen 2.3.4.
bis 2.3.6.

Definition 2.3.4.: $X \in \chi$ und $\Omega \in \chi$ seien
Mengen, $\{R_\omega | \omega \in \Omega\}$ sei eine Familie von Ketten auf
X , und f_p sei die P-Funktion (2.3.1.). Dann ist
die $\underline{P_2\text{-Funktion}}$ $f_{P_2} : [X] \to [X]$ definiert durch

(1) $f_{P_2}(A) = f_P(A)$ wenn   Card $f_P(A) = 1$,

(2) $f_{P_2}(A) = f_P(f_P(A))$ wenn   Card $f_P(A) > 1$,

für alle A ε $[X]$.   ◊

Mit Fig. 2.3.3. wird die Wirkung der P_2-Funktion illustriert.

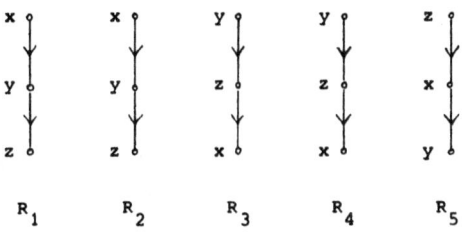

Fig. 2.3.3.

$f_P(A) = \{x, y\}$. Für die Ermittlung von $f_P(f_P(A))$ dient die Restriktion von R_ω (ω ε Ω) in $f_P(A)$ (cf. 1.1.3.2.). Ausschlaggebend ist daher die Position von x, y in R_5 : $f_{P_2}(A) = \{x\}$. - Wenn 5 ∉ Ω , hätte sich $f_{P_2}(A) = f_P(A)$ ergeben. Die P_2-Funktion führt daher nicht immer zu einer Reduzierung der Auswahlmenge der P-Funktion. (Der Leser mag übrigens überprüfen, daß es sich in Fig. 2.3.3. um eine Variante des Abstimmungs-Paradoxons handelt; cf. Fig. 2.2.1.)

Definition 2.3.5.: $X \in \chi$ und $\Omega \in \chi$ seien Mengen, $\{R_\omega | \omega \in \Omega\}$ sei eine Familie von Ketten auf X, f_P und $AR_\omega x$ seien wie in 2.3.1., und B bezeichne $A \setminus f_P(A)$. Dann sei die P_3-Funktion $f_{P_3} : [X] \to [X]$ definiert durch:

$$f_{P_3}(A) = f_P(f_0(A))$$

wobei

$$f_0(A) = f_P(A) \cup \{x \in B | y \in B \Rightarrow \text{Card} \{\omega \in \Omega | BR_\omega x\} \geq \text{Card} \{\omega \in \Omega | BR_\omega y\}\}$$

$$(A \in [X]). \diamond$$

Definition 2.3.6.: Unter Annahmen und Notation wie in 2.3.5., sei die P_4-Funktion $f_{P_4} : [X] \to [X]$ definiert durch:

$$f_{P_4} = f_P(f_0(A))$$

wobei

$$f_0(A) = f_P(A) \cup \{x \in B | y \in B \Rightarrow \text{Card} \{\omega \in \Omega | AR_\omega x\} \geq \text{Card} \{\omega \in \Omega | AR_\omega y\}\}$$

$$(A \in [X]). \diamond$$

Der Unterschied zwischen der P_3- und der P_4-Funktion ist also der, daß in der P_3-Funktion jene Elemente $x \in B \subset A$ eine Rolle spielen, die innerhalb von B durch R_ω ($\omega \in \Omega$) als beste angesehen werden, und in der P_4-Funktion jene $x \in B$, die innerhalb von A als beste angesehen werden.

Mit Fig. 2.3.4. wird der Unterschied illustriert.

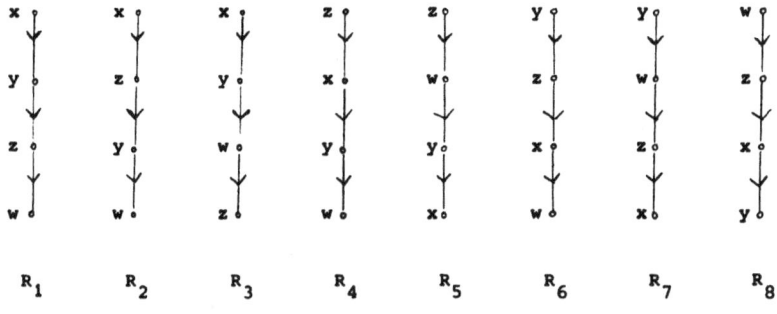

Fig. 2.3.4.

$f_p(A) = \{x\}$. Mit der P_3-Funktion ergibt sich
$f_o(A) = \{x\} \cup \{y\}$, und $f_p(\{x, y\}) = \{x\} = f_{P_3}(A)$.
- Mit der P_4-Funktion ergibt sich $f_o(A) = \{x\} \cup \{z, y\}$,
und $f_p(\{x, y, z\}) = \{x, z\} = f_{P_4}(A) \neq f_{P_3}(A)$.

Murakami (1968, p. 63) erwähnt eine Funktion, die nicht nur die besten, sondern auch die zweitbesten Alternativen gemäß R_ω ($\omega \in \Omega$) berücksichtigt: "A social decision function is called the rule of *dual-ballot voting*, if the society ranks the alternatives according to the number of first and second preferences which each voter indicates." Wir nennen diese Funktion D-Funktion und definieren sie als generelle Auswahlfunktion:

Definition 2.3.7.: Unter Annahmen wie in 2.3.5. , sei die D-Funktion $f_D : [X] \to [X]$ definiert durch:

$$f_D(A) = \{x \in A | \; y \in A \Rightarrow$$
$$[\text{Card } \{\omega \in \Omega | \; AR_\omega x\} +$$
$$\text{Card } \{\omega \in \Omega | \; \exists s \in A : (A\setminus\{s\}) \; R_\omega x\}] \geq$$
$$[\text{Card } \{\omega \in \Omega | \; AR_\omega y\} +$$
$$\text{Card } \{\omega \in \Omega | \; \exists t \in A : (A\setminus\{t\}) \; R_\omega y\}]\} \; ,$$

wobei $A \in [X]$ und $x \neq s$ und $y \neq t$. ◊

Alle bisher in (2.3.) genannten Funktionen sind dezisiv. Eine nicht-dezisive Variante ist die folgende:

Definition 2.3.8.: Unter Annahmen wie in 2.3.5., sei (a) das Verfahren der *absoluten Pluralität* (kurz: P_a-Funktion) $f_{P_a} : [X] \to P(X)$ definiert durch

$$f_{P_a}(A) = \{x \in A | \; \text{Card } \{\omega \in \Omega | \; AR_\omega x\} \geq \frac{n}{2}\}$$

und (b) das Verfahren der *strikten absoluten Pluralität* (kurz: P_s-Funktion) $f_{P_s} : [X] \to P(X)$ definiert durch

$$f_{P_s}(A) = \{x \in A | \; \text{Card } \{\omega \in \Omega | \; AR_\omega x\} > \frac{n}{2}\},$$

wobei $n = \text{Card } \Omega$ und $A \in [X]$. ◊

In der Kollektivauswahl entspricht die P_s-Funktion der Vorschrift, daß alle $i \in N$ nur jeweils eine Alternative nennen dürfen; jenes $x \in A$, das mehr als die Hälfte der Stimmen erzielt, wird gewählt. Evident gilt der folgende Satz:

Satz 2.3.9: Für $A \in [X]$ mit $X \neq \emptyset$ gilt:

(a) Card $f_{P_a}(A) \in \{0, 1, 2\}$, und

(b) Card $f_{P_s}(A) \in \{0, 1\}$. ◊

2.4. Rangsummenfunktionen

Unter Rangsummenfunktionen verstehen wir bestimmte Abbildungen der Alternativen $x \in X$ in die ganzen Zahlen $\mathbb{G}$ (cf. 1.1.2.). Jene Alternative(n), die die relativ höchste Zahl zugeordnet erhält (erhalten), gilt (gelten) als gewählt; sie bildet (n) die Auswahlmenge.

Notation 2.4.1.: A, B seien Mengen. Dann bezeichnen wir die Menge aller Funktionen $f : A \rightarrow B$ mit $\lfloor B^A \rfloor$. ◊

Definition 2.4.2.: Sei $X \in \chi$ (cf. 1.1.2.). Ein <u>Rangschema</u> <u>für</u> X sei eine Familie

$$\theta(X) = \{\theta_Y \in \lfloor \mathbb{G}^Y \rfloor \mid Y \in [X]\},$$

und jedes Element $\theta_Y \in \theta(X)$ wird als "<u>Rangfolge in</u> Y" bezeichnet. ◊

Definition 2.4.3.: Sei $A \subset A' \in [X]$. Dann ist
(a) eine *spezifische* Rangfolge (cf. 2.4.2.) in A

$$\theta_A \in \lfloor \mathbb{G}^A \rfloor$$

und (b) eine *pauschale* Rangfolge in A in Bezug auf A'

$$\theta_{A'}|_A \subset \theta_{A'} \in \lfloor \mathbb{G}^{A'} \rfloor . \quad ◊$$

Bemerkung 2.4.4.: Sei $Y \in [X]$. Jede Rangfolge $\theta_Y \in \lfloor \mathbb{G}^Y \rfloor$ induziert eine vollständige Präordnungsrelation $R \in Q(Y)$ in Y, definiert durch

$$\theta_Y(x) \leq \theta_Y(y) \iff xRy \qquad (x, y \in Y). \quad \Diamond$$

Definition 2.4.5.: Gegeben seien Mengen $X, \Omega \in \chi$. Das <u>Borda-Rangschema</u> (cf. 2.4.2.) wird bezeichnet mit

$$b^\Omega(X) = \{b_Y^\Omega \in \lfloor \mathbb{G}^Y \rfloor \mid Y \in [X]\},$$

wobei jede *Rangfolge* definiert ist durch

$$b_Y^\Omega(x) = \sum_\Omega b_Y^{R_\omega}(x) \qquad (x \in Y)$$

wobei

$$b_Y^{R_\omega} \in \lfloor \mathbb{G}^Y \rfloor \qquad (R \in Q(X), \omega \in \Omega)^1$$

mit

$$b_Y^{R_\omega}(x) = \text{Card}\,\{y \in Y \mid yP_\omega x\}. \quad \Diamond$$

Definition 2.4.6.: Sei $A \subset A' \in [X]$ mit $X \in \chi$. Dann ist (<u>a</u>) die *spezifische* Anwendung der <u>Borda</u>-Auswahlfunktion (kurz: <u>B-Funktion</u>) $f_B : [X] \to [X]$ definiert durch

$$f_B(A) = \{x \in A \mid y \in A \Rightarrow b_A^\Omega(y) \le b_A^\Omega(x)\},$$

und (<u>b</u>) die *pauschale* *Anwendung* der B-Funktion definiert durch

$$f'_B(A) = \{x \in A \mid y \in A \Rightarrow b_{A'}^\Omega(y) \le b_{A'}^\Omega(x)\}. \quad \Diamond$$

Dieses Verfahren ist bei vielen Auswahlproblemen üblich, seien sie kollektiver oder anderer Art.[1] Sei Ω eine Menge von Kriterien, von denen jedes die Menge X vollständig präordnet. Dann wird, gemäß $\omega \in \Omega$, jedem $x \in X$ jene Punktezahl zugeordnet, die der Anzahl jener $y \in X$, denen es gemäß $R_\omega \in Q(X)$ strikt überlegen ist, entspricht. Anschließend wird diese Punktezahl über alle $\omega \in \Omega$ summiert, und die Alternative mit der höchsten Punktezahl wird gewählt. Analog für Kollektive, so daß $\Omega = N$ und $\omega = i$ mit $R_i \in Q(X)$. - Beispielsweise wäre $b_A^{R_1}$ in Beispiel <u>2.2.4</u>. $\{(x, 2), (y, 1), (z, 0)\}$, und $f_B(A) = \{x, y, z\}$, da jedes $a \in A$ insgesamt drei Punkte erhält. Für Fig. 2.3.1. ergäbe sich $f_B(A) = \{x\}$ (nicht identisch mit $f_P(A)$ oder $f_M(A)$ zum Beispiel).

Die Punktezahl $b_Y^{R_\omega}(x)$, die x durch $\omega \in \Omega$ zugeordnet erhält, ist durch R_ω vollständig determiniert,[2] anders als etwa bei kumulativen Punktwählen (<u>2.4.12</u>).

Im Kontext kollektiver Auswahlfunktionen sind der B-Funktion ähnliche Funktionen aus wohlfahrtsökonomischer Sicht unter anderem dahingehend kritisiert worden, daß sie einen relativ groben interpersonellen Vergleich von Nutzenintervallen vornähmen. Diese Kritik ist für die B-Funktion aus folgendem Grund relevant: wenn alle $R_i(X)$ ($i \in N$) Ketten sind, dann ist die pauschale Anwendung (2.4.6.) der B-Funktion äquivalent zur _Goodman-Markowitz_-Regel, die jede Alternative $x \in X$ dadurch in $\mathbb{G}$ abbildet, daß sie die "just noticeable utility differences" ermittelt, die x in R_i ($i \in N$) von der schlechtesten Alternative trennen, und diese Punkte dann über alle $i \in N$ summiert. (In Fig. 2.3.4. hat jedes $R_i \in K(X)$ vier Nutzen-Diskriminierungsniveaus, also trennen drei "gerade noch merkbare Nutzenunterschiede" die beste von der schlechtesten Alternative.[1]) Implizit wird damit angenommen, daß für jede Person die Nutzen-Differenz zwischen zwei benachbarten Diskriminierungsniveaus gleichbedeutend ist, und daß diese Differenz unabhängig von der "Ausgangshöhe" des Diskriminierungsniveaus ist.[2] Wir wollen diesen Aspekt im Auge behalten, halten aber trotzdem die B-Funktion einer näheren Untersuchung wert; schließlich wird bei jeder Art von kollektiver Auswahl ein interpersoneller Nutzenvergleich vorgenommen, und sei es nur einer der Art "one man one vote".

Der Unterschied zwischen der *spezifischen* und
pauschalen Anwendung der B-Funktion ist auch dann
bedeutsam, wenn wir zuerst eine Alternativenmenge A'
und dann eine kleinere Menge A betrachten, die in A'
enthalten ist. Nehmen wir an, x sei in A. In der
spezifischen Anwendungsart ist jene Punktezahl entscheidungs-
relevant, die x in A erzielt, und in der pauschalen
jene, die x in A' erzielt. Das heißt also, daß
jene Rangfolge, die für A' ermittelt wurde, bei der
pauschalen Anwendung auch für A verwendet wird,
während bei der spezifischen Anwendung die Rangfolge in
A neu ermittelt werden muß. Praktisch ist daher die
pauschale Anwendung einfacher und schneller zu handhaben.
- In der Literatur über kollektive Auswahl sind die
spezifischen und pauschalen Anwendungen von B-Funktionen
nicht immer unterschieden worden. Dieser Umstand hat
zum Beispiel zu **Schwierigkeiten** im Verständnis der
Bedeutung von Arrow's Bedingung der Unabhängigkeit von
irrelevanten Alternativen geführt, wie unten gezeigt
wird.

Der Name der Funktion erinnert an den französischen
Physiker Jean-Charles de Borda (1733-1799), dessen
komiteetheoretische Arbeit 1781 publiziert wurde.
Borda's Arbeit wird vor allem von Black (1958, pp. 59-66
und pp. 156-159), Fishburn (1971, 1973 e, 1974, 1974 b),

Gärdenfors (1973) und Hansson (1973) diskutiert.[1]

Eine der B-Funktion engverwandte Auswahlfunktion wird u.a. von Luce-Raiffa (1957, p. 358), Black (1958, pp. 61-64) und Fishburn (1971, p. 539) beschrieben. Hier sind die Punkte, die gemäß R_ω einer Alternative x zugeordnet werden, gleich der Anzahl jener y, für die $yP_\omega x$ gilt, minus der Anzahl jener y, für die $xP_\omega y$ gilt.

Definition 2.4.7.: Gegeben seien Mengen X, $\Omega \in \chi$.
(a) Das *Modifizierte Borda-Rangschema* (cf. 2.4.5.) wird definiert durch

$$\underline{b}^\Omega(x) = \{\underline{b}_Y^\Omega \in \mathbb{G}^Y \mid Y \in [X]\},$$

mit

$$\underline{b}_Y^{R_\omega}(x) = \text{Card } \{y \in Y \mid yP_\omega x\} - \text{Card } \{y \in Y \mid xP_\omega y\} \quad (x \in Y).$$

(b) Die *spezifische* und *pauschale* Anwendung der *Modifizierten Borda*-Funktion (kurz: B_m-Funktion) $f_{B_m} : [X] \to [X]$ ist analog zu 2.4.6. definiert. ◊

Zur Erläuterung: mit der B_m-Funktion ergäbe sich für R_2 in Fig. 2.3.1. eine Rangfolge $\underline{b}_A^{R_2} = \{(x, 2), (y, 2), (w, -1), (z, -3)\}$ und eine Rangfolge

$\underline{b}_A^\Omega = \{(x, 4), (y, 2), (z, -3), (w, -3)\}$, sodaß $f_{B_m}(A) = \{x\}$.

Weitere Varianten sind möglich. So entwickelt Gärdenfors (1973) (a) eine quadratische, (b) eine Iterations- und (c) eine Eliminations-B_m-Funktion. Bei der *quadratischen* B_m-Funktion werden die Werte $\underline{b}_Y^\omega{}^R(x)$ quadriert unter Beibehaltung der Vorzeichen. Die *Iterations*-B_m-Funktion versucht mehrwertige Indifferenzklassen (d.h., daß für x, y, ... gilt: $\underline{b}_Y^\Omega(x) = \underline{b}_Y^\Omega(y) = ...$) so weit wie möglich zu vermeiden, indem für jede mehrwertige Indifferenzklasse I_k die B_m-Funktion nochmals spezifisch angewendet wird; die sich u.U. ergebende neue Reihung (d.h., daß eventuell $\underline{b}_{I_k}^\Omega(x) < \underline{b}_{I_k}^\Omega(y) < ...$ gilt) wird in die vorherige Reihung übernommen. - Beispielsweise (cf. Text nach 2.4.7.) liegen w und z in einer Indifferenzklasse, wenn die B_m-Funktion auf Fig. 2.3.1. angewandt wird. Die spezifische B_m-Anwendung für $\{w, z\}$ ergibt $\underline{b}_{\{w, z\}}^\Omega = \{(w, 1), (z, -1)\}$, sodaß wir eine neue Reihung (z, w, y, x) - z die schlechteste, x die beste Alternative - erhalten. - Bei dieser Vorgangsweise wird also die durch $\underline{b}_Y^\Omega$ auf Y induzierte Präordnung (2.4.4.) verändert; in der Tat gilt das folgende Resultat:

Lemma 2.4.8.: Sei Y ∈ [X]. Die Iterations-B_m-Funktion induziert nicht unbedingt Präordnungen auf Y (cf. 2.4.4.).

Beweis: Sei $X \supset Y = \{x, y, z\}$ und $\{R_\omega \mid \omega \in \Omega\}$ wie in Fig. 2.2.1. b zw. Beispiel <u>2.2.4</u>. Dann ist $f(Y)$ gemäß Iterations-B_m-Funktion $\{x, y, z\}$. Die spezifische Anwendung in $\{x, y\}$, $\{y, z\}$ und $\{x, z\}$ induziert eine strikte Relation $\hat{R}$ (cf. <u>2.4.4</u>. mit 1.1.3.4.), und zwar $y\hat{R}x$, $z\hat{R}y$ und $x\hat{R}z$, die nicht transitiv ist. ◊

<u>Satz 2.4.9</u>.: Seien A, B, C nichtdisjunkte Mengen in $[X]$. Ihre spezifischen Rangfolgen (<u>2.4.3</u>.) induzieren nicht unbedingt eine Präordnung (cf. <u>2.4.4</u>.) auf $A \cup B \cup C = D \in [X]$.

Beweis: Cf. <u>2.4.8</u>. mit <u>2.2.4</u>. Sei $A = \{x, y\}$, $B = \{y, z\}$, $C = \{x, z\}$. Die B_m-Rangfolgen beispielsweise sind $\underline{b}_A^\Omega = \{(x, 1), (y, -1)\}$, $\underline{b}_B^\Omega = \{(y, 1), (z, -1)\}$, $\underline{b}_C^\Omega = \{(x, -1), (z, 1)\}$. Die induzierte (strikte) Relation $\hat{R}$ ist nicht transitiv in D. ◊

In Bezug auf Borda-Funktionen kann Satz <u>2.4.9</u>. auch durch die Feststellung belegt werden, daß die B- bzw. B_m-Auswahlmenge in zweiwertigen Mengen mit der der M-Funktion identisch ist[1]; da die M-Relation nichttransitiv sein kann, trifft das gleiche auch für die durch spezifische Borda-Rangfolgen induzierte Relation zu.

Definition 2.4.10.: Gegeben seien Mengen X, $\Omega \in \chi$, gesucht die Auswahlmenge in $Y \in [X]$. Bei der *Eliminations*-B_m-Funktion (kurz: $\underline{B_e}$-Funktion) $f_{B_e} : [X] \rightarrow [X]$ wird zunächst mit der B_m-Rangfolge die schlechteste Indifferenzklasse I_j von Alternativen in $Y \in [X]$ ermittelt. Mit einer spezifischen Anwendung der B_m-Funktion auf $Y \backslash I_j$ wird die nächsthöhere Indifferenzklasse I_k ermittelt, mit einer neuerlichen spezifischen Anwendung auf $Y \backslash (I_j \cup I_k)$ die nächsthöhere, usw., bis die Vereinigung der ermittelten Indifferenzklassen gleich Y ist. Die Auswahlmenge $f_{B_e}(Y)$ ist die (zuletzt ermittelte) beste Indifferenzklasse. ◊

Zum Beispiel ergibt sich in Fig. 2.3.2. eine Rangfolge $\underline{b}_A^\Omega = \{(x, -2), (y, 3), (z, 1), (w, -2)\}$, sodaß die schlechteste Indifferenzklasse $\{x, w\}$ ist. Die spezifische B_m-Anwendung auf $\{y, z\}$ ergibt $\underline{b}_{\{y, z\}}^\Omega = \{(y, 0), (z, 0)\}$. Die Auswahlmenge der Eliminations-B_m-Funktion ist damit $\{y, z\}$. (Zum Vergleich: die der B- oder B_m-Funktion ist $\{y\}$.)

Schließlich wollen wir noch ein Verfahren erwähnen, das auf interessante Weise die $\hat{M}$-Relation mit einer Rangsummenfunktion kombiniert: die sogenannte Copeland-Funktion.[1]

Definition 2.4.11.: Sei $\hat{M} \subset X \times X$ die Relation aus 2.2.1. , und $X, \Omega \in \chi$. (**a**) Das *Copeland* Rangschema (cf. 2.4.2.) wird bezeichnet mit

$$c^{\Omega}(X) = \{c_Y^{\Omega} \in {}_L\mathbb{G}^Y \mid Y \in [X]\},$$

wobei jede Rangfolge definiert ist durch

$$c_Y^{\Omega}(x) = \text{Card } \{y \in Y \mid y\hat{M}x\} - \text{Card } \{y \in Y \mid x\hat{M}y\}$$
$$(x \in Y).$$

(**b**) Die *spezifische* und *pauschale Anwendung* der *Copeland*-Funktion (kurz: **C-Funktion**) $f_C : [X] \to [X]$ ist analog zu 2.4.6. definiert. ◊

Die Punktezahl, die die Copeland-Funktion jeder Alternative x zuordnet, ist also der Saldo aus der Anzahl jener Alternativen, denen gegenüber x eine $\hat{M}$-Mehrheit erzielt, und der Anzahl jener Alternativen, die gegenüber x eine $\hat{M}$-Mehrheit erhalten; innerhalb welcher Menge der Vergleich vorgenommen wird, hängt von der Art der Anwendung der C-Funktion ab (spezifisch oder pauschal). Die C-Funktion ist im Gegensatz zur M-Funktion dezisiv; etwa ergibt sich in Beispiel 2.2.4., dem klassischen Fall des Abstimmungsparadoxons, $f_C(A) = \{x, y, z\}$, während $f_{\hat{M}}(A) = \emptyset$.

Zu guter Letzt stellen wir eine Form der sogenannten kumulativen Punktbewertungen vor, die weder direkt (wie die B-Funktion) noch indirekt (wie die C-Funktion) aus Präordnungen R_ω ($\omega \in \Omega$) abgeleitet werden können.

Definition 2.4.12.: Gegeben seien Mengen X, $\Omega \in \chi$, sowie $G \supset M = \{1, \ldots, m\}$.

(<u>a</u>) Das Rangschema (cf. <u>2.4.2.</u>) der *kumulativen Punktbewertung* wird bezeichnet mit

$$k^\Omega(X) = \{k_Y^\Omega \in {}_{\lfloor}M^Y_{\rfloor} \mid Y \in [X]\},$$

wobei jede Rangfolge k_Y^Ω definiert ist durch

$$k_Y^\Omega(x_j) = \sum_\Omega k_Y^\omega(x_j) \qquad (x_j \in Y)$$

und $k_Y^\omega \in {}_{\lfloor}M^Y_{\rfloor}$ der Restriktion

$$\sum_{j=1}^{m} k_Y^\omega(x_j) = m \qquad (x_j \in Y)$$

unterliegt.

(<u>b</u>) Die *spezifische* und *pauschale* Anwendung der *Kumulativen Punktbewertungs-Funktion* (kurz: <u>KP-Funktion</u>) $f_{KP} : [X] \to [X]$ ist analog zu <u>2.4.6.</u> definiert. ◊

Als kollektives Auswahlverfahren erlaubt die KP-Funktion den Kollektivmitgliedern, stärker als bei anderen Funktionen die *Intensität* ihrer Präferenz auszudrücken. Nehmen wir etwa R_3 in Fig. 2.3.1. Wenn 3, ein Mitglied des Kollektivs N, die Alternative z den anderen "bei weitem" vorzieht, kann es als Rangfolge $k_A^3 = \{(x, o), (y, O), (z, m), (w, O)\}$ angeben und z damit eine größere Chance geben, der Auswahlmenge $f_{KP}(A)$ anzugehören. Diese Möglichkeit führt allerdings dazu, daß die KP-Funktion mehr als andere Auswahlfunktionen zu strategischen Erwägungen bei der Stimmabgabe ermuntert.[1]

Eine "Rechtfertigung" der KP-Funktion auf Grund von Nutzenhypothesen müßte unterstellen, daß der "Nutzen pro Punkt" derselbe ist für alle $i \in N$; wie schon in den vorangegangenen Fällen weisen wir nur auf diesen Aspekt hin [2] - die vorliegende Analyse verwendet schon deshalb andere Kriterien, weil wir es mit Auswahlfunktionen generell, und nicht unbedingt nur als kollektiven Auswahlfunktionen zu tun haben.

Eine Anmerkung noch zur spezifischen und pauschalen Anwendung. Besonders in einer kollektiven Auswahl wird die spezifische Anwendung die Regel sein, weil man davon ausgehen kann, daß die ausgedrückten Präferenzintensitäten abhängig sind von den *gegenwärtig* verfügbaren

Alternativen, auch wenn die Präferenzordnung über A
bloß eine Untermenge der Präferenzordnung in A' ist.
Immerhin ist aber folgender Fall denkbar: Ein Kollektiv
N (z.B. ein Gemeinderat) hat aus einer Menge A' drei
Alternativen auszuwählen, die zur Stellungnahme an den
Bürgermeister übersandt werden sollen. Die KP-Funktion
wird angewandt und so modifiziert, daß ihre Auswahlmenge
in A' die drei relativ höchstbewerteten Alternativen
enthält. Nach der Entscheidung stellt sich heraus, daß
ein $x \varepsilon f_{KP}(A')$ ohnehin nicht durchführbar ist. Das
Kollektiv spricht sich dafür aus, die nächsthöchstbewertete
Alternative in A' in die Menge $f_{KP}(A'\setminus\{x\})$ auf-
zunehmen. Das wäre nichts anders als die Verwendung der
pauschalen Rangfolge $k_{A'}|_{A}$ bzw. eine pauschale
Anwendung der KP-Funktion. Hätte man die KP-Funktion
für $A = A'\setminus\{x\}$ erneut (also spezifisch für A)
angewandt, hätte sich möglicherweise eine andere
Auswahlmenge ergeben.[1]

2.5. Andere Funktionen

Sertel und Van der Bellen (1974) untersuchen eine Funktion, die Ähnlichkeiten zu den Rangsummenfunktionen (2.4.) und den Pluralitätsfunktionen (2.3.) aufweist.

Definition 2.5.1.: Sei $X \in \chi$ mit Card $X = m$, $G \supset M = \{1, \ldots, m\}$, sowie Ω eine endliche Menge von Funktionen $\omega : X \to M$. Die *Plurale Rang-Funktion* (kurz: PR_1-Funktion) $f_{PR_1} : [X] \to [X]$ ist definiert durch

$$f_{PR_1}(A) = \{x \in A \mid y \in A \Rightarrow \text{Card } \{\omega \in \Omega \mid \omega(y) = \bar{\omega}_1(A)\} \leq \text{Card } \{\omega \in \Omega \mid \omega(x) = \bar{\omega}_1(A)\}\} \quad (A \in [X]),$$

wobei

$$\bar{\omega}_1(A) = \text{Max } \{\omega(x) \mid x \in A, \omega \in \Omega\}. \quad \diamond$$

Diese Funktion ist keine Rangsummenfunktion wie in 2.4., denn die Auswahlmenge wird durch den Test, wie oft eine Alternative die höchste tatsächlich vergebene Punktezahl ($\bar{\omega}_1(A)$ erreicht hat, ermittelt. Die höchstmögliche Punktezahl in X ist $m \in M$. Verglichen werden also jeweils die "Spitzenplätze"; damit ähnelt die PR-Funktion den Pluralitätsfunktionen (2.3.). Die Verwandtschaft mit den Funktionen in 2.4. wird durch die Überlegung gezeigt, daß

$$\Omega \subset {}_\mathsf{L} M^X_\mathsf{J} \qquad \text{(cf. \underline{2.4.1}.)}$$

sodaß $\omega \in {}_\mathsf{L} M^X_\mathsf{J}$ eine Rangfolge in X ist (cf. \underline{2.4.2}.). Das Rangschema $\omega(X)$ ist hier identisch mit der einwertigen Menge $\{\omega_X\}$, und für A, A' $\in$ [X] verwendet die in \underline{2.5.1}. definierte PR-Funktion immer die pauschale Rangfolge $\omega_X|_A$ bzw. $\omega_X|_{A'}$ (cf. \underline{2.4.3}.).

Ω kann als eine Menge von Personen ω interpretiert werden, die auf Grund irgendwelcher Erwägungen (Nutzenvorstellungen, Kriterien, ...) den Alternativen in X bestimmte Punkte zuordnen. So könnte etwa $2 \in \Omega$ in Fig. 2.3.2. eine Rangfolge $\{(x, 1), (y, 2), (z, 3), (w, 3)\}$ angeben, oder auch $\{(x, 1), (y, 2), (z, 4), (w, 4)\}$, je nach der Intensität, mit der $2 \in \Omega$ die Alternativen z, w den Alternativen x, y vorzieht. Durch eine Präferenzordnung R_ω auf X ist also die Rangfolge ω noch nicht festgelegt, auch nicht, wenn "ehrliche" Stimmabgabe vorausgesetzt wird. Das nächste Beispiel verdeutlicht die Vorgangsweise dieser Auswahlfunktion.

Beispiel \underline{2.5.2}.: Sei $X = \{x, y, z\}$ und $\Omega = \{j, k\}$. Die Präferenzordnungen $R \in Q(X)$ seien

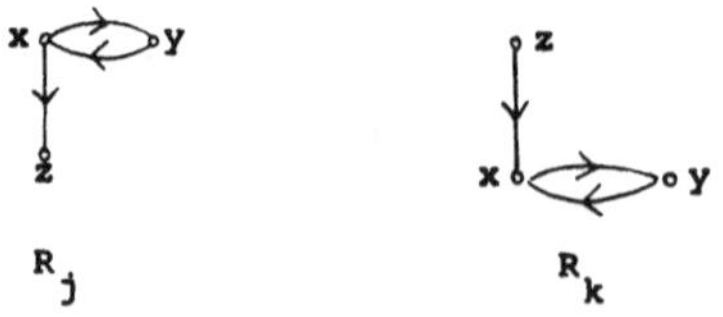

Fig. 2.5.1.

Der Innenminister j sei beispielsweise indifferent
zwischen einer 10%igen Gehaltserhöhung (x) und einer
8%igen Gehaltserhöhung mit zusätzlichem Urlaub (y)
für die öffentlichen Bediensteten, zieht aber beides
einer 5%igen Gehaltserhöhung ohne Nebenleistungen (z)
vor, weil er einen Streik befürchtet. Im Grunde hält
er alle Alternativen für ziemlich schlecht, weil dadurch
von einer Neuordnung des Dienstrechts, die er für
dringlich hält, abgelenkt werde. Er gibt daher x und
y je 2 Punkte und z nur einen. Der Finanzminister
k hält z für die einzige fiskalisch vertretbare
Lösung, y und x dagegen für Teufelswerk; er gibt
daher z 3 Punkte und x und y je einen.

Die Auswahlmengen der Konsensfunktionen (2.1.) wären
natürlich leer. Die M-Funktion (2.2.3.), die
M_s-Funktion (2.2.11.) sowie alle Rangsummenverfahren
(2.4.)[1] ergeben f(A) = A , d.h. daß alle Alternativen
eine Indifferenzklasse bilden. Die Pluralitätsfunktion
f_p (2.3.1.) und die hier illustrierte PR-Funktion
wählen jedoch {z}.

Im allgemeinen kann die Auswahlmenge $f_{PR_1}(A)$
mehrwertig sein, so wie die der meisten anderen Auswahlfunktionen. Ein Weg, die Mächtigkeit der Auswahlmenge
möglicherweise zu reduzieren, ist der, auf die erste

Auswahlmenge wieder die PR-Funktion anzuwenden, auf die sich ergebende Auswahlmenge ein drittes Mal, usw., so wie im folgenden beschrieben.

Definition 2.5.3.:   Bildung der PR_2-, ..., PR_n-Funktionen:

$\bar{\omega}_1(A)$ sei, wie in <u>2.5.1.</u>, Max $\{\omega(x) | \; x \in A, \; \omega \in \Omega\}$.
Wenn es keinen zweithöchsten Wert $\bar{\omega}_2(f_{PR_1}(A))$ für die Alternativen in $f_{PR_1}(A)$ gibt, d.h., wenn
$\omega(x) = \bar{\omega}_1(f_{PR_1}(A))$ für alle $\omega \in \Omega$ und alle $x \in f_{PR_1}(A)$,
dann sei $f_{PR_2}(A) = f_{PR_1}(A)$.

Ansonsten existiert

$$\bar{\omega}_2(A) = \underset{\Omega \times f_{PR_1}(A)}{\text{Max}} \{\omega(x) | \; \omega(x) < \bar{\omega}_1(A)\}.$$

In diesem Fall sei $f_{PR_2}(A) = \{x \in f_{PR_1}(A) | \; y \in f_{PR_1}(A) \Rightarrow$
Card $\{\omega \in \Omega | \; \omega(y) = \bar{\omega}_2(A)\} \leq$ Card $\{\omega \in \Omega | \; \omega(x) = \bar{\omega}_2(A)\}\}$.
Auf ähnliche Weise erzielen wir $f_{PR_3}(A)$, etc., bis $f_{PR_n}(A)$.   ◊

Beispiel 2.5.4.: Sei $X = \{x, y, z, w\}$ und $\Omega = \{i, j, k\}$, was, was dem Leser überlassen sei, ähnlich wie in <u>2.5.2.</u> interpretiert werden kann, mit einem zusätzlichen Minister i und einer zusätzlichen Alternative w (z.B.: "zunächst auf Zeitgewinn hinarbeiten, keine Entscheidung treffen"). Die Präferenzordnungen

R ε Q(X) seien

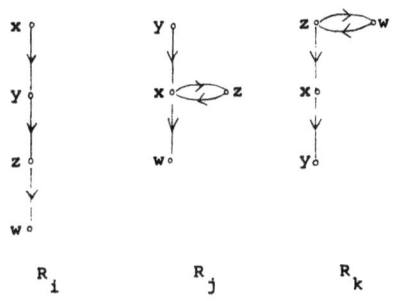

Fig. 2.5.2.

Diesen Präferenzen könnten folgende Rangfolgen entsprechen:

	i	j	k
x	4	3	2
y	3	4	1
z	2	3	4
w	1	1	4

Fig. 2.5.3.

Daraus ergeben sich folgende Auswahlmengen:

$f_{PR_1}(X) = \{x, y, z, w\}$

$f_{PR_2}(X) = \{x, y, z\}$

$f_{PR_3}(X) = \{x, z\} = f_{PR_n}(X)$.

Damit schließen wir unser Inventarium von Auswahlfunktionen ab. Zweifellos gäbe es noch weitere Möglichkeiten, etwa, indem verschiedene Funktionen kombiniert werden. *Black* (1958, p. 66) z.B. hat vorgeschlagen, die Auswahlmenge der M̂-Funktion (<u>2.2.3.</u>)

zu verwenden, wenn sie nichtleer ist, und andernfalls die Borda-Auswahlmenge zu nehmen (<u>2.4.6.</u> oder <u>2.4.7.</u>).[1] *Dodgson* (1873, p. 221) entwickelte zunächst eine der Borda-Funktion verwandte Funktion, ging aber später davon ab und schlug Mechanismen vor, die die M-Funktion dezisiv machen (1874 und 1876, cf. Black 1958, pp. 222-34, Fishburn 1973 d, pp. 172-3). *Fishburn* (1973 d, p. 164, 1974 b) entwickelte Varianten der Borda- und Pluralitäts-Funktionen.

Schließlich gibt es kein Gesetz, das der Phantasie in Bezug auf Entwicklung neuer bzw. anderer Auswahlfunktionen Grenzen setzen würde. In der Tat werden wir in den Kapiteln 4 und 5 auch auf andere als die bis jetzt erwähnten Funktionen eingehen. Vorerst aber werden wir versuchen, die Beziehungen zwischen den Auswahlmengen der einzelnen Funktionen etwas näher kennen zu lernen.

2.6. Über Inklusionsbeziehungen zwischen den Auswahlfunktionen

Wie schon in mehreren Beispielen deutlich geworden ist, hängt das Ergebnis des Auswahlverfahrens im allgemeinen von der Art der verwendeten Auswahlfunktion ab. Je nach der Art der verwendeten Auswahlfunktion mag das Ergebnis einmal aus diesem, einmal aus jenem Element der Alternativenmenge bestehen. Es ist daher von Interesse, zu überprüfen, welche Beziehungen zwischen den Auswahlmengen der einzelnen Funktionen bestehen, da diese Informationen die Auswahl einer Auswahlfunktion erleichtern oder jedenfalls unliebsamen Überraschungen vorbeugen. Beispielsweise mag in einer kollektiven Entscheidungssituation eine gewisse Frustration auftreten, wenn jene Alternative, die von der Mehrheit des Kollektivs allen anderen vorgezogen wird, nicht in der Auswahlmenge der verwendeten Auswahlfunktion enthalten ist, und dieser mögliche Effekt einer spezifischen Auswahlfunktion den Kollektivmitgliedern nicht von vornherein bekannt ist.

Satz 2.6.1.: Wir schreiben $f_j \subset f_k$ für $\forall A \in [X] : f_j(A) \subset f_k(A)$. Es gelten folgende *Inklusionsbeziehungen*:

(<u>1</u>) $f_{K_s} \subset f_{P_s} \subset f_{\hat{M}_a} = f_{\hat{M}_s} \subset f_{\hat{M}} \subset f_M$
    2.1.2. 2.3.8. 2.2.8.   2.2.11. 2.2.3. 2.2.3.

(<u>2</u>) $f_{K_s} \subset f_{P_a} \subset f_{M_a} \subset f_{M_s} \subset f_M$
    2.1.2. 2.3.8. 2.2.8. 2.2.11. 2.2.3.

(<u>3</u>) Ferner gelten:

  (a) $f_{P_2} \subset f_P$, aber nicht umgekehrt.
    2.3.4. 2.3.1.

  (b) $f_{P_s} \subset f_{P_a} \subset f_P$, aber nicht umgekehrt
    2.3.8. 2.3.8. 2.3.1.

  (c) $f_{\hat{M}}(A) \neq \phi \Rightarrow f_{\hat{M}}(A) = f_M(A)$,

    aber nicht umgekehrt $(A \in [X])$.

  (d) Wenn Card Ω ungerade Zahl ist und alle R_ω ($\omega \in \Omega$) Ketten auf X sind, dann ist $M = \hat{M}$, und $f_M(A) = f_{\hat{M}}(A)$ für alle $A \in [X]$. ◊

Die Inklusionen lassen sich unmittelbar aus den jeweiligen Definitionen ableiten. (<u>1</u>) beschreibt im wesentlichen die Beziehungen unter den strikten Mehrheitsfunktionen (2.2.), wobei sich aber auch die Funktion der strikten absoluten Pluralität (<u>2.3.8.</u>) in die Inklusionsfolge einreihen läßt. Zur Identität von $f_{\hat{M}_a}$ und $f_{\hat{M}_s}$ siehe Bemerkung <u>2.2.12.</u>; daß anderseits die Inklusion $f_{M_s} \subset f_{M_a}$ nicht gilt (cf. (<u>2</u>), geht aus <u>2.2.7.</u> in Verbindung mit den entsprechenden Definitionen hervor. (<u>1</u>) und (<u>2</u>) halten ferner den offensichtlichen Sachverhalt fest, daß die M-Funktion die schwächsten Anforderungen an eine Auswahlmenge stellt, verglichen mit den anderen Auswahlfunktionen in (1) und (2), und somit alle anderen Auswahlmengen in (1) und (2) enthält. Daß weiters zwar $f_{P_s}(A) \subset f_{\hat{M}_a}(A)$ gilt ($A \in [X]$), aber die Umkehrung $\supset$ nicht, geht aus Fig. 2.6.1. (unten) hervor. Schließlich ist festzuhalten, daß sich die Inklusionsfolgen (1) und (2), abgesehen von ihren identischen Start- und Zielpunkten, nicht miteinander kombinieren lassen, denn die P_a-Funktion läßt bereits zweiwertige Auswahlmengen zu (2.3.9.), die $\hat{M}$-Funktion aber höchstens einwertige (2.2.5.).

Die P_s- bzw. die P_a-Funktion in (1) bzw. (2) stehen auch in Beziehung zur P-Funktion (cf. (3)(b)), die Pluralitätsfunktion läßt sich aber weder in (1) noch in (2) eingliedern, wie der folgende Satz zeigt.

Satz 2.6.2.: Abgesehen von der P_a- und der P_s-Funktion (cf. 2.6.1.) bestehen zwischen der Condorcet-Funktion (2.2.3.) und den Pluralitätsfunktionen in 2.3. im allgemeinen keine Inklusionsbeziehungen. ◊

Der Beweis kann in Form von Beispielen erbracht werden. So ist in Fig. 2.3.4. $f_P(A) = f_{P_1}(A) = f_{P_2}(A) = f_{P_3}(A) = \{x\}$, aber $f_M(A) = \{z\}$. In Bezug auf f_{P_4} verwenden wir Fig. 2.6.1. (Wir vereinfachen nun die Darstellung, indem wir auf die Einzeichnung der Bögen in den Graphen verzichten; in jeder Kolonne ist also die oberste Alternative die beste und die unterste die schlechteste gemäß der jeweiligen Kette R_ω.)

x	x	y	z	w
y	z	z	y	y
z	y	w	w	z
w	w	x	x	x
R_1	R_2	R_3	R_4	R_5

Fig. 2.6.1.

Für Fig. 2.6.1. ergibt sich $f_P(A) = \{x\}$ und $f_o(A)$ gemäß <u>2.3.6</u>. ist $\{x, y, z, w\}$, sodaß $f_{P_4}(A) = \{x\}$; aber $f_M(A) = \{y\}$.

Etwas überraschend ist vielleicht, daß auch die D-Funktion (<u>2.3.7</u>.), die sich auf die Anzahl der ersten und zweiten Plätze in jeder Kette R_ω stützt, im allgemeinen in keiner Inklusionsbeziehung zur Condorcet-Funktion steht, auch dann nicht, wenn $f_M(A) \neq \emptyset$. Daß $f_D(A) \subset f_M(A)$ nicht für alle $A \in [X]$ gilt, zeigt Fig. 2.6.2.:

x	z	v
y	w	u
z	x	y
w	y	x
v	u	z
u	v	w
R_1	R_2	R_3

Fig. 2.6.2.

In diesem etwas extremen Fall ist $f_D(A) = A$, aber der einzige Mehrheitssieger ist $\{x\} = f_M(A) = f_M^\wedge(A)$.

Daß anderseits $f_M(A) \subset f_D(A)$ auch nicht der Fall zu sein braucht, zeigt Fig. 2.6.3.:

```
x   x   z   w
y   z   y   y
z   y   w   z             Es ergibt sich  f_D(A) = {y},
w   w   x   x             während  f_M(A) = {x, y, z}.
R_1 R_2 R_3 R_4
```

Fig. 2.6.3.

$\underline{Satz\ 2.6.3.}$: Abgesehen von den in $\underline{2.6.1.}(3)$ genannten bestehen zwischen den einzelnen Pluralitätsfunktionen (2.3.) im allgemeinen keine Inklusionsbeziehungen. ◊

Daß die, oberflächlich betrachtet, so eng verwandten Funktionen P und P_1 einander nicht inkludieren, ging schon aus Fig. 2.3.1. hervor. Die gleiche Figur zeigt, daß zwischen P_1 und P_2 keine Beziehung zu bestehen braucht. Weniger trivial ist vielleicht, daß zwischen der P- und der P_3- sowie der P_4-Funktion keine Inklusionsbeziehung vorhanden sein muß: Fig. 2.6.1. zeigt, daß $f_{P_3}(A) = \{x, y\} \not\subset \{x\} = f_P(A)$, und Fig. 2.3.4., daß $f_{P_4}(A) = \{x, z\} \not\subset \{x\} = f_P(A)$; Beispiele für $f_P(A) \cap f_{P_3}(A) = \emptyset$ bzw. $f_P(A) \cap f_{P_4}(A) = \emptyset$ sind Fig. 2.6.4. bzw. Fig. 2.6.5.:

x	x	y	w	z		$f_P(A) = f_{P_1}(A) = f_{P_2}(A)$
y	y	z	y	w		$= f_{P_4}(A) = \{x\};$ und
z	z	x	x	y		
w	w	w	z	x		$f_{P_3}(A) = \{y\}.$
R_1	R_2	R_3	R_4	R_5		

Fig. 2.6.4.

x	x	x	y	y	z	w
z	w	z	x	w	y	z
y	y	w	w	x	w	y
w	z	y	z	z	x	x
R_1	R_2	R_3	R_4	R_5	R_6	R_7

Fig. 2.6.5.

In diesem Fall gilt $f_P(A) = f_{P_1}(A) = f_{P_2}(A) = f_{P_3}(A) = \{x\}$, und $f_{P_4}(A) = \{y\}$. Die beiden letzten R_ω-Konfigurationen zeigen demnach auch, daß $f_{P_3}(A) \cap f_{P_4}(A) = \emptyset$ möglich ist.

Hinsichtlich der Dual-Ballot Voting Funktion (2.3.7.) sei auf Fig. 2.6.3. verwiesen, die zeigt, daß der Durchschnitt der f_D-Auswahlmenge mit den Auswahlmengen der P-, P_1-, P_2- und P_4-Funktionen leer sein kann ($\{y\}$ bzw. $\{x\}$), ebenso wie der Durchschnitt mit $f_{P_3}(A)$ ($\{y\}$ bzw. $\{x, z\}$).

Wir gehen nun über zu den Rangsummenfunktionen (2.4.).

Satz 2.6.4.: Gegeben sei A, A' ε [X] mit A ⊂ A' und X ε χ, sowie Ω ε χ. Wenn $\{R_\omega | \omega \epsilon \Omega\}$ eine Familie von Ketten auf A' ist, dann gilt $f_B(A) = f_{B_m}(A)$ und $f'_B(A) = f'_{B_m}(A)$, aber die Umkehrimplikation gilt nicht. ◊

Mit anderen Worten, wenn alle von Ω indizierten R Ketten auf A' sind, und nicht nur vollständige Präordnungen, dann sind die Auswahlmengen der Borda-Funktion und der Modifizierten Borda-Funktion (2.4.6. und 2.4.7.) identisch, sowohl bei einer spezifischen wie bei einer pauschalen Anwendung. Dieser Satz wurde im wesentlichen von Black (1958, p. 64) festgestellt, der zwar nicht zwischen spezifischen und pauschalen Anwendungen unterschied; ein formeller Beweis steht bei Fishburn (1973 d, pp. 163-4). - Die Umkehrimplikation gilt nicht, da die Auswahlmengen der beiden Funktionen identisch sein können, ohne daß alle R_ω (ω ε Ω) Ketten wären.

Wenn also bei einer Kollektiventscheidung die Angabe von Indifferenzen unzulässig ist, d.h., wenn alle Kollektivmitglieder alle Alternativen in eine strikte Ordnung bringen müssen, dann ist es gleichgültig, ob die B_m-Funktion oder die simplere B-Funktion verwendet wird; das Ergebnis der Auswahl ist das selbe.

__Satz 2.6.5.__: Sei $A \in [X]$. Die Auswahlmenge der Copeland-Funktion (__2.4.11__.) in ihrer spezifischen Anwendung ist genau dann identisch mit der der Strikten Condorcet-Funktion (__2.2.3__.), wenn $f_M^{\wedge}(A) \neq \emptyset$ ($A \in [X]$).

__Beweis__: $[f_C(A) = f_M^{\wedge}(A)] \Rightarrow f_M^{\wedge}(A) \neq \emptyset$ ist trivial, denn die C-Funktion ist dezisiv. Die Umkehrimplikation ist wahr, da die nichtleere Menge $f_M^{\wedge}(A)$ nur einwertig sein kann (cf. __2.2.5__.), und für dieses einzige Element (sagen wir: x) gelten muß: $C_A^{\Omega}(x) = $ Card $A - 1$ (cf. __2.4.11__. bzw. __2.2.3__.), sodaß $\forall y \in A : C_A^{\Omega}(y) < C_A^{\Omega}(x)$; daraus folgt $\{x\} = f_C(A)$. ◊

Satz __2.6.5__. läßt sich nicht übertragen auf pauschale Anwendungen der C-Funktion. Wenn $A \subset A' \in [X]$ und für die Auswahl in A die Copeland-Funktion pauschal angewandt wird, braucht das Ergebnis nicht identisch zu sein mit $f_M^{\wedge}(A)$, auch wenn diese Menge nichtleer ist; bei der pauschalen Anwendung braucht das f_C-Ergebnis auch dann nicht identisch zu sein mit $f_M^{\wedge}(A)$, wenn $f_M^{\wedge}(A') \neq \emptyset$. Dieser Satz wird intuitiv verdeutlicht durch den Graphen in Fig. 2.6.6. (Die Relation $x\hat{M}y$ wird durch einen Bogen mit der Richtung y nach x dargestellt.)

103

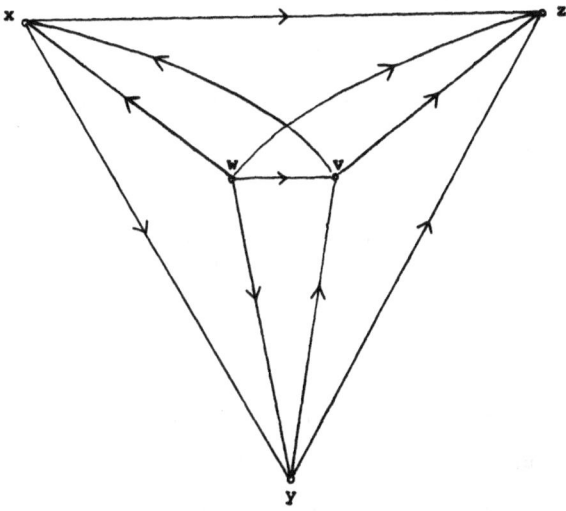

Fig. 2.6.6: Relation $\hat{M}$ auf A'.

Sei $A = \{x, y, z\} \subset A' = \{x, y, z, v, w\}$. Die Auswahlmengen sind:

$f_C(A) = \{x\} = f_{\hat{M}}(A)$,

$f_C(A') = \{w\} = f_{\hat{M}}(A')$,

$f'_C(A) = \{x, y\} \neq f_{\hat{M}}(A)$.

(Ein Hinweis: der Copeland-Rang $c_Y^\Omega(x)$ eines Punktes x kann leicht durch die Summe der von x ausgesendeten Bögen minus der Summe der von x empfangenen Bögen ermittelt werden; $Y \varepsilon \{A, A'\}$.)

In einem ganz speziellen Fall erbringt allerdings auch die pauschale Anwendung der Copeland-Funktion dasselbe Resultat wie die Strikte Condorcet-Funktion:

<u>Satz 2.6.6.</u>: Sei $A, A' \in [X]$ mit $A \subset A'$ und $x \in X$. Es gilt: $[A \cap \hat{f}_M(A') \neq \emptyset] \iff [\hat{f}_M(A') = \hat{f}_M(A) = f_C(A) = f'_C(A) = f_C(A')]$.

<u>Beweis</u>: (<u>ad</u> "=>"): Wenn $A \cap \hat{f}_M(A')$ nichtleer ist, ist auch $\hat{f}_M(A')$ nichtleer, d.h., $\hat{f}_M(A') = \{x\}$ (cf. <u>2.2.5.</u>) und $x \in A$. Da $\forall y \in A' : y\hat{M}x$, gilt auch $\forall y \in A : y\hat{M}x$, sodaß $\{x\} = \hat{f}_M(A') = \hat{f}_M(A)$. Das weitere folgt aus <u>2.6.5</u>.

(<u>ad</u> "<= "): trivial. ◊

Wenn also der $\hat{M}$-Gewinner der Obermenge $A' \supset A$ auch in der Untermenge A präsent ist, wird er auch von beiden Varianten der Copeland-Funktion gewählt.

<u>Bemerkung 2.6.7.</u>: Die Auswahl der M- und der C-Funktion (<u>2.2.3.</u> und <u>2.4.11.</u>) in einer Menge A braucht auch dann nicht übereinzustimmen, wenn $f_M(A) \neq \emptyset$. ◊

Während sich also für bestimmte Fälle eine Identität der Copeland- und der Strikten Condorcet-Auswahlmengen voraussagen läßt, gilt das für das Verhältnis der Copeland- zur Condorcet-Funktion nicht, wie Fishburn

(1971, p. 541) feststellte. Die folgende Familie
$\{R_\omega | \omega \epsilon \Omega\}$ in Fig. 2.6.7. ist Fishburn (1973 d, p. 170)
entnommen (A = {x, y, z, w, v}).

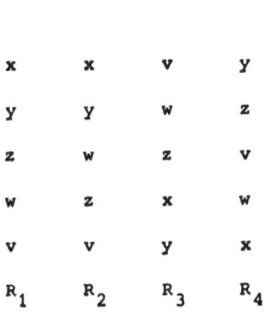

x	x	v	y
y	y	w	z
z	w	z	v
w	z	x	w
v	v	y	x
R_1	R_2	R_3	R_4

Die M- Relation auf A.

Fig. 2.6.7.

In diesem Fall ist $f_M(A) = \{x\}$, aber $C_A^\Omega = \{(x, 1),$
$(y, 2), (z, 0), (w, -1), (v, -2)\}$, sodaß $f_C(A) = \{y\}$.

<u>Satz 2.6.8.</u>: Abgesehen von der in <u>2.6.4.</u> genannten
bestehen zwischen den einzelnen Rangsummenfunktionen
(2.4.) im allgemeinen keine Inklusionsbeziehungen. ◊

Daß etwa die Ergebnisse der Iterations- und
Eliminations-Bordafunktionen nicht mit denen der Borda-
funktionen übereinzustimmen brauchen, ging schon aus
dem Text nach <u>2.4.7.</u> hervor. Zum Vergleich der Copeland-
und der Bordafunktion findet sich bei Fishburn (1973 d,
p. 171) ein interessantes Beispiel.

y	w	x
x	v	z
z	y	w
v	z	v
w	x	y
R_{1-4}	R_{5-7}	$R_{8,9}$

Fig. 2.6.8.

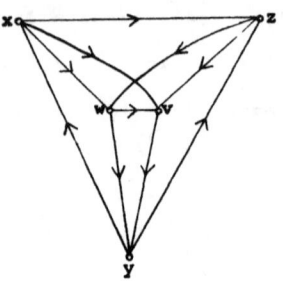

Relation M auf A.

A sei also $\{x, y, z, w, v\}$ und $\Omega = \{1, \ldots, 9\}$. Die Borda-Rangfolge b_A^Ω ist $\{(x, 20), (y, 22), (z, 17), (w, 16), (v, 15)\}$ und die Copeland-Rangfolge c_A^Ω ist $\{(x, 2), (y, 0), (z, 0), (w, 0), (v, -2)\}$, sodaß $f_B(A) = f_{B_m}(A)$ [cf. 2.6.4.] $= \{y\} \neq \{x\} = f_C(A)$. Bemerkenswert aber ist, daß der Copeland-Gewinner x, der ja auf Grund paarweiser Mehrheits-Vergleiche ermittelt wird, mit einer Mehrheit von 2:7 gegenüber dem Borda-Gewinner y verliert.

<u>Satz 2.6.9.</u>: Abgesehen von den in <u>2.6.5.</u> und <u>2.6.6.</u> genannten bestehen zwischen Rangsummenfunktionen (2.4.) einerseits und Mehrheitsfunktionen (2.2.) sowie Pluralitätsfunktionen (2.3.) andererseits im allgemeinen keine Inklusionsbeziehungen. ◊

Condorcet hat schon 1785 gezeigt, daß es für bestimmte R_ω-Konfigurationen *überhaupt unmöglich* ist,

Rangsummenfunktionen vom Borda-Typ zu konstruieren, die
den $\hat{M}$-Gewinner wählen; das von Condorcet verwendete
Beispiel ist in Black (1958, p. 176) reproduziert. (Mit
"Borda-Typ" ist gemeint, daß die Rangzahlen $\lambda_X^{P_\omega}(x)$
(<u>2.4.2.</u>) die Kette P_ω repräsentieren: $\lambda_X^{P_\omega}(x) < \lambda_X^{P_\omega}(y)$
<=> $xP_\omega y$; $X \in \chi$ und $x, y \in X$.) In unserem nächsten
Beispiel zeigt sich, daß das Borda-Verfahren mit beinahe
jeder Art von Mehrheits- oder Pluralitätsprinzip unvereinbar
ist. (Sei $A = \{x, y, z\}$.)

x	x	x	y	y
y	y	y	z	z
z	z	z	x	x
R_1	R_2	R_3	R_4	R_5

Fig. 2.6.9.

Die folgenden Auswahlfunktionen ergeben $\{x\}$ als Auswahlmenge:

M-, $\hat{M}$-, M_a-, $\hat{M}_a$-, M_s-, $\hat{M}_s$-, P-, P_1-,

P_2-, P_3-, P_4-, P_a- und P_s-Funktion,

aber die B- und die B_m-Funktion wählen $\{y\}$. (Die
einzige Pluralitätsfunktion, die in diesem Fall $\{y\}$
wählt, ist die D-Funktion; aber es lassen sich leicht
Fälle konstruieren, in denen $f_D(A) \cap f_B(A) = \emptyset$.)

Die bisherigen Sätze beinhalteten keine Restriktion in Bezug auf die Mächtigkeit der Alternativenmenge X bzw. $A \in [X]$. Wir wenden uns nun dem simplen Fall von zwei Alternativen zu.

$\underline{Satz\ 2.6.10.}$: Sei $A \in [X]$ mit Card $A = 2$, und $\{R_\omega | \omega \in \Omega\}$ mit $\Omega \in \chi$ eine Familie von Ketten auf A. Dann sind die Auswahlmengen der $M-$, M_a-, M_s-, $P-$, P_1-, P_2-, P_3-, P_4-, $D-$, P_a- und die der $B-$, B_m- und C-Funktion (in der spezifischen Anwendung) identisch. ◊

Bei zweiwertigen Mengen spielt es also keine große Rolle, welche Auswahlfunktion verwendet wird. Etwas überraschend ist vielleicht, daß die D-Funktion (2.3.7.) bei einer zweiwertigen Menge A nicht unbedingt $f_D(A) = A$ ergibt, obwohl sie ja die ersten *und* zweiten Rangplätze der Alternativen in den einzelnen R_ω berücksichtigt.[1] - Analytische Probleme der kollektiven Auswahl in zweiwertigen Mengen sind von Fishburn (1973 d, pp. 13-68) und Murakami (1968, pp. 28-51) ausführlich erörtert worden.[2] In unserem nächsten Kapitel werden zweiwertige Mengen auch eine gewisse Rolle spielen, besonders dann, wenn eine Auswahlfunktion auf einer binären Relation beruht.

In diesem Kapitel haben wir einige deterministische Sätze über Inklusionsbeziehungen festgehalten. Von praktischer Relevanz ist freilich nicht nur, wann die

Ergebnisse verschiedener Auswahlfunktionen *jedenfalls* übereinstimmen, sondern auch, mit welcher *Wahrscheinlichkeit* sie übereinstimmen. In Bezug auf kollektive Auswahlfunktionen hat sich Fishburn mit dieser Frage auseinandergesetzt (1971, 1974 b), auf die wir hier nur hinweisen, aber nicht im einzelnen eingehen können.[1] Unter den Annahmen, daß $X \in \chi$ mit Card $X = m$, $N = \{1, \ldots, n\}$ und n eine ungerade Zahl, und jede Präferenz R_i ($i \in N$) eine Kette auf X ist sowie jeder Wähler $i \in N$ die Wahrscheinlichkeit $1/m!$ für jede der m! Ketten auf X hat (cf. Text nach 2.2.5.), wurde mit Hilfe einer Computer-Simulation geschätzt, in wie vielen Fällen die Copeland- und die Borda-Funktion dieselben Ergebnisse erbringen ($f_C(X) = f_B(X)$), teilweise übereinstimmen ($f_C(X) \cap f_B(X) \neq \emptyset$) bzw. nicht übereinstimmen ($f_C(X) \cap f_B(X) = \emptyset$). Das heißt, für jedes Paar (n, m) - wobei $n \in \{3, 5, \ldots, 19, 21\}$ und $m \in \{3, 4, \ldots, 9\}$ - ermittelte der Computer auf Grund einer Zufallsauswahl 1000 mögliche Gesellschaften D(X) und für diese die entsprechenden Copeland- und Borda-Auswahlmengen. Die folgende Tafel reproduziert einige der Ergebnisse.

Subtrahiert man die Summe zweier übereinander liegender Zahlen von 1000, so ergibt sich natürlich die Anzahl der Fälle in 1000 D(X) mit $f_C(X) \cap f_B(X) = \emptyset$, z.B. 160 für (n, m) = (21, 9). Je größer m und je größer n, desto größer im allgemeinen auch diese Zahl

Anzahl der Fälle in 1000 D(X) mit
$f_C(X) = f_B(X)$ [obere Zahl] bzw. mit
$f_C(X) \cap f_B(X) \neq \emptyset$ [untere Zahl].

n	m		
	3	6	9
3	.932 / .068	.735 / .205	.648 / .244
7	.840 / .143	.671 / .238	.605 / .260
15	.833 / .131	.645 / .245	.583 / .267
21	.818 / .128	.598 / .267	.584 / .256

Fig. 2.6.10.

(Quelle: Fishburn 1971, p. 543)

der leeren Durchschnitte. Die Zahl nichtidentischer, aber teilweise übereinstimmender Auswahlmengen (untere Zahlen in Fig. 2.6.10) ist ziemlich konstant bei rund 250 in 1000, abgesehen von sehr kleinen Alternativenmengen (hier: bei m = 3).[1]

Unter den gleichen Annahmen schätzte Fishburn (1974 b) auch die Wahrscheinlichkeit, daß verschiedene Arten von Pluralitäts- sowie von Rangsummenfunktionen, die ähnlich zur bzw. identisch mit der Borda-Funktion sind, dieselbe Alternative wie die Strikte Condorcet-Funktion wählen,

wenn deren Auswahlmenge nichtleer ist, oder immerhin
Auswahlmengen erbringen, die den Strikten Condorcet-
Gewinner enthalten. Die "Effizienz" einer Auswahlfunktion
k, oder der Grad ihrer Übereinstimmung mit der $\hat{M}$-
Funktion, wird mit einem Prozentsatz angegeben, definiert
durch $\left[(x + y/2)/z\right] \cdot 100$, wobei z = Anzahl der Fälle
in 1000 D(X), bei denen $f_{\hat{M}}(X) \neq \emptyset$, x = Anzahl der
Fälle in 1000 D(X), bei denen $f_k(X) = f_{\hat{M}}(X)$, und
y = Anzahl der Fälle in 1000 D(X), bei denen $f_k(X) \cap$
$f_{\hat{M}}(X) \neq \emptyset$. Durch einen Vergleich verschiedener
Pluralitäts- und Rangsummenfunktionen für diverse Paare
(n, m) gelingt es Fishburn auch, eine "optimale" Funktion
für ein gegebenes Paar (n, m) anzugeben, d.h. eine
Funktion, deren wahrscheinliche Effizienz (s. oben) für
dieses Paar höher liegt als die der anderen untersuchten
Funktionen.

In diesem Kapitel haben wir einige Inklusionsbeziehungen zwischen Auswahlfunktionen besprochen. Es
wurden nicht alle Funktionen einander gegenübergestellt;
denn bei ca. 20 Funktionen wären ca. 190 verschiedene
paarweise Vergleiche möglich, und dieser Aufwand würde das
Ergebnis kaum lohnen. Aber wir hoffen, die wichtigsten
Beziehungen angemerkt zu haben.

Da nun offenbar das Ergebnis des Auswahlprozesses
in vielen Fällen von der verwendeten Auswahlfunktion
abhängt, liegt die Frage auf der Hand, nach welchen

Kriterien die Auswahl einer Auswahlfunktion erfolgen könnte. Dieser Frage sind die nächsten Kapitel gewidmet. Es werden verschiedene Kriterien postuliert, ihre Implikationen untersucht, und schließlich wird gezeigt, welche Funktionen diesen Kriterien - wenigstens unter bestimmten Bedingungen - genügen. Zuvor aber wollen wir noch einen praktischen Fall untersuchen.

2.7 Appendix: Zur Reform des §218 im Deutschen Bundestag

Ein konkreter Fall, in dem es recht interessant ist, den Effekt der verwendeten Auswahlfunktion auf die Auswahlmenge nachzuprüfen, ist die Abstimmung um die Reform des §218 im Deutschen Bundestag im April 1974.[1] Der §218 betrifft die strafrechtliche Regelung der Abtreibung; diese Regelung ist auch verteilungspolitisch nicht unbedeutend. Kurz gesagt, hatte sich der Bundestag im April 1974 unter fünf Alternativen für eine zu entscheiden:

(a) Freigabe der Abtreibung in den ersten drei Monaten, befürwortet von einer Mehrheit in SPD und FDP;

(b) weites Indikationen-Modell, befürwortet von einer SPD-Minderheit;

(c) enges Indikationen-Modell, befürwortet von der Mehrheit in CDU/CSU;

(d) kleine Modifikation des status quo, befürwortet von einer CDU/CSU-Minderheit;

(e) der status quo, eine implizite Alternative, die zustande gekommen wäre, wenn keine der anderen Alternativen Gesetz geworden wäre.

Abweichend von der üblichen Regelung kam es in der 2. und 3. Lesung zu folgendem Abstimmungsmodus im Plenum des Bundestags:

(I) Jeder Abgeordnete gibt jene Alternative in $A = \{a,b,c,d\}$ an, die er strikt allen anderen vorzieht (die meisten Stimmen erhält (a), die zweitmeisten (c)).

(II) Über die beiden in (I) meistgewählten Alternativen wird abgestimmt ((a) erhält mehr Stimmen als (c)).

(III) Die CDU/CSU präsentiert erneut (c) als Abänderungsantrag zu (a) (der Antrag (c) wird mit absoluter Mehrheit abgelehnt).

(IV) Der Antrag (a) wird angenommen. (Im Juni 1974 weist der Bundestag mit absoluter Mehrheit den Einspruch des Bundesrates ab, womit (a) Gesetz wird.)

Um zu ermitteln, welches Ergebnis eine Auswahlfunktion aus 2.1 bis 2.5 erbracht hätte, muß eine hypothetische Gesellschaft D(X) für $X = \{a,b,c,d,e\}$ konstruiert und angenommen werden, daß jedes $i \in N$, also jedes Mitglied des Kollektivs "Bundestagsabgeordnete mit Stimmrecht", getreu seiner Präferenz R_i auf X abstimmt. Diese hypothetische Gesellschaft D(X) kann nur eine plausible Approximation der "wahren" Verhältnisse sein, schon weil eine Prüfung der Abstimmungsresultate ergibt, daß einige Abgeordnete in den Phasen (I) bis (IV) entweder nicht immer ihre Präferenz offenbarten oder aber ihre Präferenz änderten. (Cf. dazu Süddeutsche Zeitung, 29.4.74.)

Die folgende Partition (Fig 2.7.1) der Abgeordneten, mit Ausnahme der Westberliner Abgeordneten,[1] in 9 Klassen erklärt im großen und ganzen korrekt den Abstimmungsverlauf. Der status quo, (e), wurde mit der Überlegung eingeordnet, daß jeder Abgeordnete, der stets mit Nein stimmte, oder sich in (III) und (IV) der Stimme enthielt, damit rechnen mußte, daß kein $x \in A$ angenommen würde; damit wäre $f(X) = \{e\}$ gewesen. Card $N = n$ wird mit 492 angenommen, das ist die Zahl der abgegebenen Stimmen in (I) oder (II) (ohne Berlin). (In (III) und (IV) wurden nur 489 Stimmen abgegeben; der Bundestag hat ingesamt 496 Mitglieder (ohne Berlin).)

R^1	R^2	R^3	R^4	R^5	R^6	R^7	R^8	R^9
a	b	b	b	b	c	d	d	de
b	a	cde	acde	e	d	c	ce	c
c	c	a		cd	e	e	b	b
d	d			a	b	b	a	a
e	e				a	a		
233	16	9	2	8	161	50	6	7

Fig. 2.7.1

Zur Notation: Eine Präferenz $xP_i y$ wird mit y über x angegeben, und $xI_i y$ mit x neben y . Die Anzahl der Abgeordneten i mit $R_i = R^j$ steht unter dem betreffenden R^j . Die Gesellschaft D(X) ist dann definiert durch $\{R_i^j \in Q(X) | i \in N, j = 1,...,9\}$. Zur Plausibilität von D(X) wäre etwa darauf zu verweisen, daß Card $\{i \in N | R_i^j = R^2 \vee R^3 \vee R^4 \vee R^5\} = 35$, das sind die faktischen Stimmen für (b) in (I). Und Card $\{i \in N | R_i^j = R^1 \vee R^2\} = 249$, während Card $\{i \in N | R_i^j = R^3 \vee R^5 \vee R^6 \vee R^7 \vee R^8 \vee R^9\} = 241$; die erste Gruppe will lieber (a) als (e), die zweite lieber (e) als (a); in (IV), der Abstimmung zwischen (a) und (e), stimmen de facto 247 (plus 2 Abgeordnete, die die Abstimmung unabsichtlich versäumt hatten) für (a), und 233 gegen (a), d.h. für (e). Die Gruppe mit R^2 entspricht etwa der Haltung von 16 SPD-Abgeordneten, die de facto in (I) für (b), in (II) bis (IV) aber zugunsten von (a) votierten. R^3 bis R^5 sind weitere Teile der SPD- Minderheit, die gegen (a) waren. R^6 entspricht der CDU/CSU-Mehrheit, R^7 bis R^9 entsprechen Teilen der sogenannten Heck-Gruppe (CDU/CSU-Minderheit) sowie Nein-Sagern jeder Couleur.

Wenn wir nur die ersten Plätze in den R^j betrachten (d.h. jene $x \in X$, für die yP_1x für alle $y \in X$ in Gruppe R^j gilt), so ist klar, daß keine Alternative in einem einzigen Wahlgang so wie in (I) eine Mehrheit der Stimmen, d.h. mehr als $\frac{n}{2}$, erreichen kann. Die P_a - und die P_s - Funktion ergeben daher leere Auswahlmengen, ebenso natürlich die Konsensfunktionen (2.3.8 bzw. 2.1.1 und 2.1.2).

Die paarweise Mehrheitsabstimmung in Form der Condorcet-Funktionen (2.2.3) und sogar die Verfahren der strikten absoluten Mehrheit (2.2.8, 2.2.11) sind dezisiv und ergeben {b} als Auswahlmenge f(X). Wir halten die Stimmenverhältnisse in Bezug auf (b) fest:

b:a = 259 : 233	Die $\hat{M}_a$ - Relation ist
b:c = 268 : 224	vollständig und transitiv
b:d = 268 : 224	in X, ihr Minimalgenerator ist
b:e = 268 : 224	e $\hat{M}_a$ d $\hat{M}_a$ c $\hat{M}_a$ a $\hat{M}_a$ b.

Von den Pluralitätsfunktionen wählen die P- , P_1-, P_2- und P_4- Funktion {a} aus X (2.3.1, 2.3.3, 2.3.4, 2.3.6), während die P_3- und die D-Funktion {b} wählen (2.3.5, 2.3.7). Von den Rangsummenfunktionen wählt die Copeland-Funktion (2.4.11) die Alternative {b} gemäß 2.6.5, aber die beiden Borda-Funktionen

(2.4.6, 2.4.7) wählen {c} ; die Borda-Eliminations-Funktion
(2.4.10) wählt {b} aus X . Für das vermutliche Ergebnis der
kumulativen Punktbewertung sind zusätzliche Annahmen über
die Präferenz- Intensitäten notwendig. Es erscheint plausibel, daß
jedenfalls die R^1-Gruppe die höchstmögliche Punktzahl an ihre
meistpräferierte Alternative, (a), vergibt; selbst wenn das nicht
für alle Mitglieder dieser Gruppe der Fall ist, ist es äußerst
unwahrscheinlich, daß (c), die wichtigste Konkurrentin, die gleiche
Punktezahl erreichen kann; demnach wäre f(X) = {a} . Ebenfalls diese
Auswahlmenge ergibt die Plurale Rang-Funktion (2.5.1). Die folgende
Übersicht faßt diese Resultate zusammen:

Kapitel	Auswahlfunktion	f(X)
2.1, 2.3	K, K_s; P_a, P_s	∅
2.3, 2.4, 2.5	P, P_1, P_2, P_4; KP; PR	{a}
2.2, 2.3, 2.4	M, $\hat{M}$, M_a, $\hat{M}_a$, M_s, $\hat{M}_s$; P_3, D; C, B_e	{b}
2.4	B, B_m	{c}
Vom Bundestag beschlossene Alternative		{a}

Fig. 2.7.2

Das tatsächliche Ergebnis, (a), ist also inkompatibel mit den
Mehrheits- Auswahl- Funktionen aus 2.2 und entspricht im wesentlichen
den Pluralitäts-Funktionen; der Vorschlag der CDU-Mehrheit, (c),
wäre gewählt worden, wenn die Borda- oder die Modifizierte Borda-
Funktion angewandt worden wären. Damit wird ein für kollektive
Auswahlprobleme[1] typischer Normenkonflikt transparent: jemand, der

dem Mehrheitspostulat anhängt, gleichzeitig aber eine liberale Position bzw. eine weitgehend konservative Position in der Abtreibungsfrage vertritt (d.h. für (a) bzw. für (c), (d) oder (e) ist), gerät in einen Konflikt seiner Wertvorstellungen. Solchen potentiellen Konflikten kann natürlich auch durch noch so ausgeklügelte Entscheidungsregeln nicht vorgebeugt werden.

3. Transitivität offenbarter Präferenzrelationen und andere Rationalitätsbedingungen.

In der Präferenz- und Nachfragetheorie wird im allgemeinen eine transitive Präferenzrelation des individuellen Konsumenten unterstellt. Wir sind bereits kurz darauf eingegangen (cf. Kapitel 1.2.2.). Es ist wohl nicht übertrieben zu sagen, daß in der Wirtschaftstheorie Transitivität sehr häufig mit "Rationalität" schlechthin identifiziert wird: so ist "rationales Verhalten" bei Arrow (1963, p. 19) nichts anderes als ein Verhalten, das eine vollständige Präordnung als Präferenz offenbart, und von Tullock (1964) wird Intransitivität mit "Irrationalität" gleichgesetzt.[1]

Transitivität ist jedoch eine relativ strenge Bedingung. Es zeigt sich, daß Auswahlfunktionen, die lediglich schwächere Rationalitätsbedingungen erfüllen, auch zu recht brauchbaren Ergebnissen führen. Dieses Resultat ist besonders dann wichtig, wenn es sich um kollektive Entscheidungssituationen handelt; denn wenn es auch vertretbar erscheinen mag, für individuelles Verhalten Transitivität zu unterstellen, so trifft das für kollektives "Verhalten" - d.h., für die durch paarweise kollektive Entscheidung offenbarte Präferenzrelation - bekanntermaßen nicht zu (cf. <u>2.2.4.</u>; zur Nicht-Notwendigkeit der Transitivität für "vernünftige" kollektive Entscheidungen cf. besonders Pattanaik 1968).

Wir verwenden daher den Terminus Rationalität nicht synonym mit Transitivität. Wir stellen vielmehr in den Kapiteln 3.1 bis 3.3 einige Rationalitätskriterien vor, von denen, wie sich herausstellt, nur das letzte Transitivität impliziert. Diese bzw. sehr ähnliche Kriterien oder Bedingungen für Rationalität sind in der Präferenz- und Nachfragetheorie schon von verschiedenen Autoren behandelt worden, unter wechselnden Benennungen und Notationen. Leider ist die Literatur über Auswahlfunktionen generell durch stark divergierende Notationen und Termini gekennzeichnet. Das führt u.a. dazu, daß gewisse Begriffe auf verlockende Weise ähnlich erscheinen, um bei genauerer Prüfung als durchaus verschieden erkannt zu werden, während sich bei anderen scheinbar separaten Begriffen herausstellt, daß sie einander implizieren. (Ein Musterbeispiel sind die Mißverständnisse um Arrow's Bedingung der Unabhängigkeit von irrelevanten Alternativen; sie werden im 5. Abschnitt behandelt.) Statt nun jeweils im Detail zu vermerken, ob und inwiefern verwandte Resultate in der Literatur über rationale Auswahl bereits vorliegen, haben wir es vorgezogen, die relevanten Konzepte und daraus folgenden Sätze selbständig zu entwickeln und zu beweisen (Kapitel 3.1 bis 3.3 stützen sich dabei teilweise auf Sertel-Van der Bellen 1974), wobei dem Leser der Vergleich mit der bestehenden Literatur durch entsprechende Hinweise erleichtert wird. (Zu den wichtigsten Arbeiten auf diesem Gebiet dürften insbesondere Arrow 1959, Richter 1971 und Sen 1971 gehören.) Diese Vorgangsweise hat einmal den Vorteil, die vorliegende Arbeit autark in dem Sinne zu machen, daß praktisch keine Kenntnisse der Präferenz- bzw. Entscheidungstheorie vorausgesetzt werden müssen, und zum anderen den, Mißverständnissen der oben beschriebenen Art aus dem Weg zu gehen.

3.1. Freiheit von Armutsillusion oder die Rationalitätsbedingung "R1".

In den Kapiteln 3.1. bis 3.3. wird für eine Auswahlfunktion f teilweise vorausgesetzt, daß f jeder nichtleeren Alternativenmenge A ε [X] (wobei X ε χ) eine nichtleere Auswahlmenge f(A) zuordnet; f wird also teilweise als *dezisiv* vorausgesetzt (1.2.2.). Außerdem wird natürlich, wie stets, angenommen, daß f die Bedingung (V) (1.2.1.) erfüllt.

Die Bedingung der Dezisivität verdient einen kurzen Kommentar. Wie gezeigt wurde (Kapitel 2), ist ja eine Anzahl von Auswahlfunktionen in ihrer geläufigen Definition nicht unbedingt dezisiv, z.B. die Condorcet-Funktionen (2.2.3.). Grob gesprochen, setzt die Eigenschaft der Dezisivität voraus, daß jedes Problem der Auswahl in einer Alternativenmenge irgendwie entschieden wird, und sei es dadurch, daß der status quo beibehalten wird oder die Alternative "keine Entscheidung" gewählt wird (z.B., wenn in einem Fakultätskollegium keiner der Berufungskandidaten die erforderliche Mehrheit der Stimmen erhält). Genauer gesagt, können wir alle Auswahlfunktionen dadurch dezisiv machen, daß eine Alternative x_o konstruiert wird, die in jeder Menge A ε [X] enthalten ist und dann ausgewählt wird, wenn (a) x_o schon auf Grund des normalen Auswahlverfahrens als gewählt gilt (etwa im Falle der Condorcet-Funktion: eine Mehrheit gegenüber allen anderen Alternativen in A erhält), oder (b) wenn f der Menge A die

leere Menge ∅ zuordnen würde. Damit bewirkt f
natürlich einen Diskriminierungseffekt zugunsten von x_o; sofern x_o der "status quo" ist, ist dieser Effekt, deskriptiv gesehen, unproblematisch, denn in der ökonomisch- politischen Realität dürften beinahe alle Auswahlfunktionen diesen Charakterzug aufweisen.

Wir stellen nun die Rationalitätsbedingung (R1) vor.

Definition 3.1.1.: Eine Auswahlfunktion f erfüllt *Bedingung* (R1) genau dann, wenn gilt:

(R1) $A \subset A' \in [X] \Rightarrow A \cap f(A') \subset f(A).$ ◊

Angenommen, in einer Menge A' mit zehn Alternativen (z.B.: Bebauungspläne für ein Gebiet im Stadtzentrum, das durch die Räumung einer Militärkaserne frei wird) wird x ∈ A' auf Grund der Auswahlfunktion f zur gewählten Alternative erklärt. Nun verringert sich der Kreis der Alternativen auf fünf (z.B. weil einige Kaufhauskonzerne und andere Geschäftsleute, die kommerzielle Bebauungspläne vorlegten, ihre Bewerbung zurückziehen). Die unter den vielen Alternativen in A' gewählte Alternative x befindet sich aber immer noch unter den wenigen Alternativen in $A \subset A'$. Ist es dann nicht plausibel zu verlangen, daß x auch zu den in der kleinen Menge A gewählten Alternativen gehört? Genau das verlangt (R1).

Die Bedingung (R1) schließt aber nicht aus, daß in der kleinen Menge A auch noch andere Alternativen neben x zum Zuge kommen.

In Sertel-Van der Bellen (1974) wird vorgeschlagen, eine Verletzung von (R1) *Freiheits-Illusion* zu nennen, bzw. die Befriedigung von (R1) *Nichtillusion* von f". Denn die Reduktion von A' auf A kann zwar als Verringerung der verfügbaren oder durchführbaren Alternativen betrachtet werden, aber solange zumindest ein Teil der Auswahlmenge in A' auch zur kleinen Menge A gehört (i.e., $A \cap f(A') \neq \emptyset$), wird die Freiheit der Auswahl nicht wesentlich beeinträchtigt. (Wenn $A \cap f(A') = \emptyset$, dann ist (R1) trivial erfüllt, denn $\emptyset \subset Y$ gilt für jede Menge Y, also auch für f(A).) Soweit wir es mit wirtschaftlichen Auswahlproblemen zu tun haben und Konsumfreiheit mit verfügbarem Einkommen oder Vermögen - kurz: "Reichtum" - identisch ist, könnte die Verletzung von (R1) auch als *"Reichtumsillusion"* oder, vielleicht besser, als *"Armutsillusion"* bezeichnet werden.

In der Tat können wir festhalten, daß unser traditionelles Verständnis ökonomischer Auswahl unter Restriktionen - etwa einer Budgetrestriktion - mit der (R1)-Bedingung vereinbar ist, wie sich der Leser an Hand des geläufigen Indifferenzkurvenbeispiels mit zwei Gütermengen überzeugen mag; wenn der Tangentialpunkt einer Indifferenzkurve auf einer weiter vom Nullpunkt entfernten Budgetlinie auch auf einer überall sonst weniger weit vom Nullpunkt entfernten

Budgetlinie liegt, wird die entsprechende Güterkombination
auch bei der schärferen Budgetrestriktion gewählt. (Tatsächlich erfüllt diese Auswahl auch die stärkere Bedingung (R4), die in 3.3. behandelt wird.)

In der Literatur ist (R1) unter verschiedenen Namen
in verschiedenen Fragestellungen behandelt worden. Zum
Beispiel diskutiert Chernoff (1954, p. 429) das Minimax-
Kriterium und schlägt als "Postulat 4" für die rationale
Auswahl einer Strategie ein Pendant zu (R1) vor (cf. auch
Radner-Marschak 1954, pp. 63/67). Arrow's "C3"-Bedingung
für "rational choice" (1959) ist identisch mit (R1). Im
Kontext kollektiver Auswahl weist Plott (1971) auf das
entsprechende Rationalitätskriterium "D1" hin als das
schwächste der vier von ihm erwähnten (p. 112). Sen
(1969 a, p. 384, auch 1970, p. 17) führt die "Property α"
ein, in der Formulierung:

$$\forall x : x \in S_1 \subset S_2 \Rightarrow \left[x \in C(S_2) \Rightarrow x \in C(S_1) \right] ,$$

wobei C(S) die Auswahlmenge in einer Menge S bezeichnet.
Bei Fishburn schließlich (1973 d, p. 194) taucht (R1)
als "Inklusionsbedingung B2" auf.

Zweifellos ist das eine oder andere der nun folgenden
Resultate bereits in einer dieser Arbeiten vorweggenommen
worden, wenn auch ein Vergleich auf Grund der jeweils
unterschiedlichen Annahmen und Notation mühselig und

schwierig ist. Ohne also im einzelnen immer auf Originalität zu bestehen, halten wir unseren eigenen axiomatischen Ansatz für geeignet, zur Klärung der obigen Rationalitätskonzepte beizutragen, abgesehen davon, daß er die notwendige Grundlage für die weitere Diskussion ab Kapitel 3.4. ist.

Definition 3.1.2.: Wir definieren eine binäre Relation $F \subset X \times X$ in X, genannt der "*binäre Vergleich offenbart durch f*":

$$xFy \iff y \in f(\{x, y\}) \qquad (x, y \in X),$$

und außerdem den "strikten binären Vergleich" offenbart durch f, i.e., eine binäre Relation $\hat{F} \subset X \times X$:

$$x\hat{F}y \iff \{y\} = f(\{x, y\}) \qquad (x, y \in X). \quad \Diamond$$

Bemerkung 3.1.3.: Wir stellen fest, daß (R1) bewirkt, daß f stets "*effizient*" ist in dem Sinn, daß aus $x \in f(A)$ $(A \in [X])$ folgt: $\exists y \in A : x\hat{F}y$. Sei A nämlich die Menge A' in 3.1.1. und $\{x, y\}$ sei A von 3.1.1., dann bewirkt (R1) die Implikation $x \in f(A) \Rightarrow x \in f(\{x, y\})$, i.e., yFx, und zwar für alle $y \in A$.

(R1) verlangt aber nicht, daß $x \in f(A) \Rightarrow \{x\} = f(\{x, y\})$, i.e., $y\hat{F}x$, sodaß yFx zwar jedenfalls zutrifft, aber auch xFy zulässig ist. ◊

Bemerkung 3.1.4.: Wenn f dezisiv ist, dann ist F offensichtlich vollständig in X, daher auch reflexiv; $\hat{F}$ dagegen ist auch dann zwar reflexiv, aber nicht unbedingt vollständig in X. ◊

Die folgende Tabelle (Fig. 3.1.1.) hält für alle nichtleeren Untermengen B einer dreiwertigen Menge A = {x, y, z} die Möglichkeiten für f(B) fest, wenn f dezisiv ist, (R1) erfüllt und vereinfachend, aber ohne Einbuße an genereller Aussagefähigkeit, angenommen wird, daß $y \in f(\{x, y\})$ bzw. xFy gilt. Diese Tabelle wird sich als sehr nützlich für die spätere Diskussion erweisen; die Bedeutung aller Reihen der Tabelle erschließt sich im Laufe der Kapitel 3 und 4. - Als Illustration der Art der Konstruktion von Fig. 3.1.1. vergleiche man etwa die Fälle, in denen $x\hat{F}y$ und $y\hat{F}z$ gilt (Spalten 11 und 12). Da (R1) in diesen Fällen verhindert, daß x oder y zu f(A) gehören (cf. 3.1.3.), gewährleistet die Eigenschaft der Dezisivität, daß f(A) = {z}. In diesem Fall verlangt wiederum (R1), daß $z \in f(\{x, z\})$ bzw. xFz, schließt aber nicht aus, daß auch zFx. Wir haben daher zwei Möglichkeiten für f({x, z}), nämlich {x, z} (Spalte 11) und {z} (Spalte 12).

Synopsis der Möglichkeiten für $f(B)$ wenn $B \subset A = \{x, y, z\}$ und xFy gilt und f Bedingung (R1) erfüllt.

	1	2	3	4	5	6	7	8	9	10	11	12	13	14	15	16	17	18	19	20	21	22	23	24	25	26	27	28	29	30	31	32	33	34	35	36	37
$f(\{x, y\})$	y	y	y	y	y	y	y	y	y	y	y	y	xy	xy	xy	xy	xy	xy	xy	xy	xy	xy	xy	xy	xy	xy	xy	xy	xy	xy	xy	xy	xy	xy	xy	xy	xy
$f(\{y, z\})$	y	y	y	y	y	yz	yz	yz	y	y	z	z	y	y	y	y	y	y	y	yz	yz	yz	yz	yz	yz	yz	yz	yz	yz	yz	yz	yz	z	z	z	z	z
$f(\{x, z\})$	x	xz	z	x	xz	xz	xz	z	x	z	xz	z	x	x	x	xz	xz	xz	z	x	x	x	xz	xz	xz	xz	xz	x	xz	z	z	z	x	xz	xz	xz	z
$f(A)$	y	y	y	y	y	yz	z	y	x	yz	z	z	x	xy	y	x	xy	y	y	x	xy	y	x	y	z	xy	xz	yz	A	y	z	yz	x	x	xz	z	z
F transitiv[1]	+	+						+	+	+			+		+								+	+	+	+	+	+	+								
F quasi-transitiv[2]	+	+			+	+	+	+	+	+		+	+		+	+	+	+		+		+	+	+	+	+	+	+	+	+	+	+	+				
F azyklisch[3]	+	+		+	+	+	+	+	+	+	+	+	+	+	+	+	+	+	+	+	+	+	+	+	+	+	+	+	+	+	+	+	+	+	+	+	+
$f = \tilde{f}$	+	+	+	+	+	+			+	+	+	+	+	+	+	+	+	+	+	+	+	+	+	+	+	+	+	+	+	+	+	+	+	+	+	+	+
$f \not= \tilde{f}$																																					
f pfad-unabhängig[5]	+	+			+		+	+	+	+	+	+	+	+	+	+	+	+	+	+	+	+	+	+	+	+	+	+	+	+	+	+	+	+	+	+	+
f begrenzt variant[6]																																					

$K(A)$[7]	$f_k(A)$[8]					
x y z	y					
x z y	y					
y x z	y					
y z x	y					
z x y	y					
z y x	y					

Satz 3.1.5.: Sei f eine (R1)-Auswahl-
funktion.

(<u>1</u>) Sei $A \in [X]$. Dann gilt $f(f(A)) = f(A)$.

(<u>2</u>) Sei $A, A' \in [X]$ mit $A \subset A'$. Wenn $A \subset f(A')$, dann $f(A) = A$.

<u>Beweis</u>: (<u>ad</u> (<u>1</u>)): Wegen (V) gilt $f(f(A)) \subset f(A)$, und wegen (R1) gilt $f(A) \cap f(A) \subset f(f(A))$, sodaß sowohl $f(A) \supset f(f(A))$ wie $f(A) \subset f(f(A))$, i.e., $f(A) = f(f(A))$, wie zu beweisen war.

(<u>ad</u> (<u>2</u>)): Wenn $A \subset f(A')$ für irgendein $A' \in [X]$ mit $A \subset A'$, dann ist $A \cap f(A') = A$, und aus (R1) folgt $A = (A \cap f(A')) \subset f(A)$, und da wegen (V) $f(A) \subset A$ immer gilt, folgt $A = f(A)$. ◊

Die Anwendung einer Auswahlfunktion f, die auch (R1) erfüllt, auf eine Auswahlmenge f(A) ergibt also wieder dieselbe Menge f(A): eine einmal erzielte Auswahlmenge f(A) wird durch nochmalige Applikation der Auswahlfunktion f nicht verändert. Außerdem wird die ganze Menge A von f reproduziert, d.h. $f(A) = A$, wenn es eine Obermenge $A' \supset A$ in $[X]$ gibt, deren Auswahlmenge jedes $x \in A$ enthält.

Satz 3.1.6.: Eine (R1)-Auswahlfunktion f hat die Eigenschaft der _Subadditivität_, d.h.,

$$f(A \cup B) \subset f(A) \cup f(B)$$

immer dann wenn A, B ε $[X]$.

Beweis: Sei f eine dezisive (R1)-Auswahlfunktion, und A, B ε $[X]$. Dann ergibt (R1) A ∩ f(A ∪ B) ⊂ f(A) wie auch B ∩ f(A ∪ B) ⊂ f(B); daher f(A ∪ B) = (A ∪ B) ∩ f(A ∪ B) ⊂ f(A) ∪ f(B). ◊

Die Auswahlmenge einer Vereinigungsmenge ist also enthalten in der Vereinigung der beiden Auswahlmengen, aber nicht umgekehrt.[1] Das folgende Schaubild (Fig. 3.1.2.) illustriert _3.1.6._ für den Fall, daß A, B disjunkte Mengen sind.

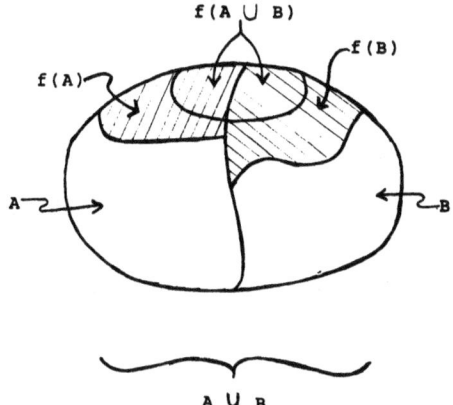

Fig. 3.1.2.

<u>3.1.6.</u> schließt natürlich nicht aus, daß f(A ∪ B) zur Gänze in f(A) oder in f(B) enthalten ist.

Wir stellen nun das Konzept der *"Ausscheidung"* vor, das sozusagen das Spiegelbild der Auswahl in einer Alternativenmenge verkörpert.

Definition 3.1.7.: Eine Funktion a : [X] -> P(X) wird *Ausscheidungsfunktion* genannt, wenn für alle A ε [X] gilt:

(V')   a(A) ⊊ A
(R1') A ⊂ A' ε [X] => A ∩ a(A') ⊃ a(A).   ◊

Mit anderen Worten, a ordnet jeder Menge A eine "ausgeschiedene Menge" a(A) zu - zu interpretieren als "nicht-ausgewählte Untermenge von A" - die stets kleiner

ist als A selbst; diese Bedingung (V') ist das
Pendant zur Verfügbarkeitsbedingung (V) für Auswahlfunktionen. Außerdem verlangen wir von a , daß die
aus einer kleinen Menge $A \subset A'$ ausgeschiedene Menge
a(A) stets enthalten ist im Durchschnitt von A mit der
aus $A' \supset A$ ausgeschiedenen Menge a(A'). Diese Bedingung (R1') entspricht natürlich (R1) für Auswahlfunktionen. Fig. 3.1.3. illustriert, was gemeint ist.

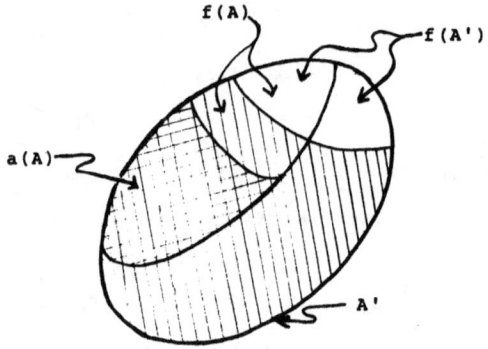

Fig. 3.1.3.

Die senkrecht schraffierte Fläche entspricht a(A'), die
waagrecht schraffierte entspricht a(A), die in der
Menge $A \cap a(A') = [a(A) \cup f(A)] \cap a(A')$ enthalten ist.
Offenbar gilt somit der folgende Satz:

<u>Satz 3.1.8.</u>: a ist eine Ausscheidungsfunktion
genau dann, wenn die auf [X] durch f(A) = A\a(A)
definierte Funktion f eine dezisive (R1)-Auswahlfunktion

ist $(A \varepsilon [X])$. ◊

Bemerkung 3.1.9.: Für einwertige Mengen A gilt stets $a(A) = \emptyset$, für zweiwertige Mengen A gilt Card $a(A) \varepsilon \{0, 1\}$. ◊

Wenn a und f zueinander in der Beziehung von <u>3.1.8.</u> stehen, können wir auch sagen, daß f die durch a verursachte Auswahlfunktion ist, oder daß a die durch f verursachte Ausscheidungsfunktion ist. Im Lichte von <u>3.1.8.</u> ist es an sich gleichgültig, ob das Auswahlproblem mit Hilfe von f oder mit Hilfe von a angegangen wird. Im allgemeinen wählen wir hier aber den "direkten" Weg über f.

Wie ebenfalls in Fig. 3.1.3. gezeigt wird, hat die Ausscheidungsfunktion a eine Eigenschaft, die die Auswahlfunktion f im allgemeinen nicht hat:

Satz 3.1.10.: Die Ausscheidungsfunktion $a : [X] \to P(X)$ wächst monoton, d.h., wenn $A \subset A'$ dann $a(A) \subset a(A')$ $(A, A' \varepsilon [X])$.

<u>Beweis</u>: Sei f die durch a verursachte Auswahlfunktion, und sei $A \subset A'$ mit $A, A' \varepsilon [X]$. Nun ist $a(A) = A \backslash f(A)$ sowie wegen (R1) $A \cap f(A') \subset f(A)$, sodaß $A \backslash f(A) \subset A \backslash f(A')$ (cf. auch Fig. 3.1.3.). Da $A \subset A'$, ist auch $A \backslash f(A') \subset A' \backslash f(A') = a(A')$, sodaß also $a(A) \subset a(A')$. ◊

Mit anderen Worten, die aus einer kleinen Menge A ausgeschiedenen Elemente bleiben ausgeschieden, wenn wir zu einer größeren Menge A' ⊃ A übergehen. Andererseits gilt nicht, wie ebenfalls in Fig. 3.1.3. illustriert, daß die in A gewählten Elemente auch alle zur Auswahlmenge in A' gehören: manche Elemente aus f(A) mögen zu f(A') gehören, andere nicht.

In der Konsumtheorie ist es vielfach üblich, den Wertebereich einer Auswahlfunktion auf einwertige Mengen zu beschränken: d.h., daß aus einer Menge von Güterkombinationen bei gegebenen Preisen und Einkommen eine und nur eine Güterkombination gewählt werden darf. Ein solches Postulat impliziert eine wichtige Eigenschaft des offenbarten binären Vergleichs F, wie der folgende Satz zeigt.

$\underline{Satz\ 3.1.11.}$: Sei f eine dezisive (R1)-Auswahlfunktion. Von den folgenden Feststellungen sind (1) bis (4) äquivalent, und jede davon impliziert (5).

(1) f ist einwertig auf jeder zweiwertigen Menge Z ε [X];

(2) f ist einwertig auf jeder Menge A ε [X];

(3) $F = \hat{F}$;

(4) $\hat{F}$ ist vollständig;

(5) F ist transitiv.

<u>Beweis</u>: Da die Implikation "=>" transitiv ist, genügt für den ersten Teil von <u>3.1.10</u> der Nachweis, daß

(1) => (2) => (3) => (4) => (1).

(<u>ad</u> (1) => (2)): Angenommen, daß (1) gilt und daß $x, y \in f(A)$ distinkt sind in einer Menge $A \in [X]$. Dann folgt aus (R1), daß $f(\{x, y\}) = \{x, y\}$, im Widerspruch zu (1). Daher muß gelten, daß $x = y$, sodaß (2) gilt.

(<u>ad</u> (2) => (3)): $\hat{F} \subset F$ ist immer wahr. Zu zeigen ist daher $F \subset \hat{F}$. Angenommen, daß xFy bzw. $y \in f(\{x, y\})$ mit $x, y \in X$. Wenn (2) gilt, dann ist $f(\{x, y\})$ einwertig und daher gleich $\{y\}$, sodaß $x\hat{F}y$, womit $F \subset \hat{F}$ und damit (3) gezeigt ist.

(<u>ad</u> (3) => (4)): Da F immer vollständig ist (cf. <u>3.1.4</u>.), impliziert (3) natürlich (4).

(<u>ad</u> (4) => (1)): Nehmen wir irgendein $Z = \{x, y\} \in [X]$. Wenn (4) gilt, so ist wegen (V) entweder $\{x\}$ oder $\{y\}$ gleich $f(Z)$; in beiden Fällen gilt (1). -

Es bleibt nun zu zeigen, daß irgendeine der äquivalenten Feststellungen (1) bis (4) die Eigenschaft (5) von F impliziert.

(<u>ad</u> (3) => (5)): (3) sei wahr und angenommen, daß xFy und yFz gelten. Dann gilt wegen (3) auch $x\hat{F}y$ und $y\hat{F}z$. Aus (R1) folgt dann $\{x, y\} \cap f(\{x, y, z\}) = \emptyset$, und wegen (V) und der Dezisivität von f gilt $z \in f(\{x, y, z\})$. Dann ergibt (R1) aber $z \in f(\{x, z\})$, d.h., xFz, womit die Transitivität von F bewiesen ist. ◊

Wenn die Auswahlfunktion f also dezisiv ist, (R1) erfüllt, und zusätzlich verlangt wird, daß aus jeder Menge A ε [X] nur ein einziges Element gewählt werden darf, so ist der von f offenbarte binäre Vergleich F transitiv. Dieses Resultat wird im folgenden Satz verwendet:

Satz 3.1.12.: Sei a eine Ausscheidungs- und f eine Auswahlfunktion. Dann sind die folgenden Feststellungen äquivalent:

(1) a wächst strikt monoton, d.h., wenn
    A $\subsetneq$ A' dann a(A) $\subsetneq$ a(A');

(2) die durch a verursachte Auswahlfunktion f ist einwertig;

(3) F ist eine Kette.

Beweis: Aus <u>3.1.11</u>. geht hervor, daß (2) bewirkt, daß F antisymmetrisch ist (F = $\hat{F}$) und transitiv; da F immer reflexiv und vollständig ist, folgt also (3) aus (2); daß (2) aus (3) folgt, ist ebenso klar aus <u>3.1.11</u>. Zu zeigen bleibt daher die Äquivalenz von (1) und (2). -

Wenn (1) gilt, so folgt daraus zusammen mit <u>3.1.9</u>., daß für jedes Z = {x, y} $\subset$ X gilt $\emptyset$ = a({x}) $\subsetneq$ a(Z) = Z\f(Z), und da f(Z) $\neq \emptyset$ wegen der Dezisivitätseigenschaft, gilt auch a(Z) $\subsetneq$ Z , womit (1) => (2)

bewiesen ist. - Nun nehmen wir an, daß (2) gilt; sei
A, A' ε ⌈X⌋ mit A $\subsetneq$ A', und weiters {x} = f(A').
Wenn nun x ε A, so ergeben (R1) und (2) zusammen
f(A) = {x} , sodaß a(A) = A\{x} $\subsetneq$ A'\{x} = a(A').
Wenn aber x ∉ A, dann a(A) $\subsetneq$ A ⊂ A'\{x} = a(A'),
sodaß wiederum a(A) $\subsetneq$ a(A'). Damit ist (2) => (1) bewiesen und die Äquivalenz von (1) und (2) gezeigt. ◊

In <u>3.1.11.</u> und <u>3.1.12.</u> haben wir einige Bedingungen eruiert, die hinreichen, um den binären Vergleich F transitiv zu machen. Diese Bedingungen sind zwar nicht notwendig für die Transitivität von F; F könnte transitiv sein, ohne daß diese Bedingungen vorliegen. Aber gesetzt den Fall, F ist nicht transitiv; hat F wenigstens der Transitivität verwandte Eigenschaften?

Definition 3.1.13.: Der von einer Auswahlfunktion f offenbarte binäre Vergleich F heißt <u>quasitransitiv</u> genau dann, wenn $\hat{F}$ transitiv ist. Wir nennen F <u>azyklisch</u> genau dann, wenn für jedes n-Tupel $(x_1, \ldots, x_n) \in \prod_{j=1}^{n} X_j$ immer dann $x_1 F x_n$ gilt, wenn $x_k \hat{F} x_{k+1}$ gilt für jedes k ε ℕ mit k ≤ n-1. ◊

Die beiden Eigenschaften Quasitransitivität bzw. Azyklizität sind wesentlich schwächer als Transitivität. Quasitransitivität verlangt, daß

$$x\hat{F}y \land y\hat{F}z \Rightarrow x\hat{F}z ;$$

wenn aber zum Beispiel f({x, y}) = {x, y} und f({y, z}) = {y, z} (cf. Spalten 20÷32 in Fig. 3.1.1.),

dann verlangt Transitivität von F, daß
$f(\{x, z\}) = \{x, z\}$ (cf. Spalten 23-29 in Fig. 3.1.1.),
während Quasitransitivität auch $\{x\}$ als Auswahlmenge
zuläßt (Spalten 20-22) oder auch $\{z\}$ (Spalten 30-32).

Quasitransitivität ist genauso wie Transitivität
eine Eigenschaft von F für (geordnete) Tripel.
Dagegen ist F azyklisch in einer Menge A, wenn alle
Elemente $x_1, \ldots, x_n$ in A durch $\hat{F}$ strikt geordnet
sind und das erste ("schlechteste") Element x_1 nicht
strikt dem letzten ("besten") Element durch $\hat{F}$ vorgezogen
wird. Diese Eigenschaft ist nicht für Tripel in A zerleg-
bar, denn F kann azyklisch sein für alle Tripel in A
und trotzdem zyklisch für die ganze Menge A. (Ein
Beispiel bei Sen 1970, p. 16.) In Fig. 3.1.1. ist F
in den Spalten 4, 11, 19 und 33 azyklisch, aber nicht
quasitransitiv (also auch nicht transitiv). In Spalte
19 z.B. haben wir $x\hat{F}z$ und $z\hat{F}y$, sodaß Quasitransitivität
$x\hat{F}y$ verlangen würde; tatsächlich aber gilt xFy und
yFx. Für das Verhältnis der drei Eigenschaften gilt also:

Transitivität => Quasitransitivität =>
Azyklizität, aber nicht umgekehrt.

Bevor wir zeigen, welche der drei Eigenschaften der
durch f offenbarte binäre Vergleich F in jedem Fall
besitzt, halten wir ein Resultat bezüglich des durch
eine Ausscheidungsfunktion a offenbarten binären
Vergleichs S fest.

Satz 3.1.14.: Sei $S \subset X \times X$ die durch a in X induzierte Relation (d.h., S sei der durch a in X offenbarte binäre Vergleich, cf. 3.1.2.) definiert durch

$$xSy \iff y \in a(\{x, y\}) \qquad (x, y \in X).$$

S ist transitiv genau dann, wenn F quasitransitiv ist.

Beweis: (ad "S transitiv => F quasitransitiv"): Angenommen, $x\hat{F}y$ und $y\hat{F}z$. Wenn x, y, z nicht alle distinkt sind, dann ergibt sich sowieso trivial $x\hat{F}z$. Seien also x, y, z distinkte Elemente von X. Dann haben wir $\{x\} = a(\{x, y\})$ und $\{y\} = a(\{y, z\})$, also ySx und zSy. Wenn S transitiv ist, dann zSx, was nichts anderes ist als $\{z\} = f(\{x, z\})$, also $x\hat{F}z$, womit gezeigt ist, daß F quasitransitiv ist.

(ad "F quasitransitiv => S transitiv"): Angenommen, xSy und ySz. Dann ergibt sich $y\hat{F}x$ und $z\hat{F}y$, und da für F Quasitransitivität unterstellt ist, $z\hat{F}x$. Daraus folgt xSz, also ist S transitiv. ◊

Bemerkung 3.1.15.: Da wegen 3.1.9. xSy und ySx sich gegenseitig ausschließen, ist S äquivalent zu 3.1.14. definierbar durch

$$xSy \iff \{y\} = a(\{x, y\}) \qquad (x, y \in X).$$

Ferner ist S irreflexiv (es gilt niemals xSx), nicht vollständig und im allgemeinen auch nicht schwach vollständig in X. S ist genau dann schwach vollständig, wenn $\hat{F}$ vollständig in X ist. ◊

Satz 3.1.16.: Der von einer dezisiven (R1)-Auswahlfunktion offenbarte binäre Vergleich F ist nicht unbedingt quasitransitiv in X (daher auch nicht unbedingt transitiv); F ist aber immer azyklisch.

Beweis: Wie schon erwähnt, zeigen die Spalten 4, 11, 19 und 33 in Fig. 3.1.1., daß F nicht quasitransitiv zu sein braucht. - Sei $\{x_1, \ldots, x_n\} \subset X$ eine Sequenz für ein $n \in \mathbb{N}$, und sei angenommen, daß $x_k \hat{F} x_{k+1}$ gilt für jedes $k \in \mathbb{N}$ mit $k \leq n-1$. Dann kann nach 3.1.3. $f(\{x_1, \ldots, x_n\})$ nur $\{x_n\}$ sein, worauf aus (R1) folgt, daß $x_n \in f(\{x_1, x_n\})$, d.h. $x_1 F x_n$, wie zu beweisen war. ◊

Wenn eine Auswahlfunktion f also dezisiv ist und die Rationalitätsbedingung (R1) erfüllt so besitzt F, der durch f offenbarte binäre Vergleich in X, jedenfalls die Eigenschaft der Azyklizität. Wenn wir F als die durch die Auswahlhandlungen f offenbarte Präferenzrelation interpretieren, so sehen wir, daß die Rationalitätsbedingung (R1) für individuelle Konsumhandlungen nicht ausreichen würde, um die den individuellen Präferenzen im allgemeinen unterstellte Eigenschaft der Transitivität zu gewährleisten. (R1), gemeinsam mit der Dezisivität von f,

garantiert lediglich, daß keine zyklische Präferenz
etwa der Art offenbart wird, daß x besser ist als y,
y besser als z, und z besser als x ; sondern 3.1.16.
gewährleistet in diesem Fall, daß x "mindestens so gut"
wie z ist, also besser oder gleich gut. Wenn wir
allerdings Transitivität nicht nur für eine hinreichende,
sondern auch für eine notwendige Bedingung "vernünftiger"
Auswahlhandlungen ansehen, so müssen wir der Auswahlfunktion f eine stärkere Rationalitätsbedingung als
(R1) auferlegen. In Kapitel 3.3. kommen wir darauf
zurück.

$\underline{Bemerkung\ 3.1.17.}$: Daß eine Auswahlfunktion f
(R1) erfüllt, ist nicht hinreichend dafür, daß der von
f offenbarte binäre Vergleich F azyklisch ist. ◊

Zum Beweis nehmen wir ein $A = \{x, y, z\} \in [X]$.
Nun sei angenommen $x\hat{F}y$, $y\hat{F}z$, und $z\hat{F}x$ sowie $f(A) = \emptyset$.
Dann erfüllt f Bedingung (R1) trivial, denn $B \cap f(A)$
$= \emptyset \subset f(B)$ für alle $B \subset A$, aber F ist zyklisch. Wenn
wir Dezisivität von f verlangt hätten, dann würde f
(R1) verletzen, gleichgültig welche Auswahlmenge f(A)
angenommen wird. Für dezisive f gilt also: entweder
Erfüllung von (R1) und Azyklizität von F , oder Verletzung von (R1) und Zyklizität von F .

3.2. Binäre oder Richter-rationale Auswahlfunktionen und die Rationalitätsbedingungen "R2" und "R3".

Wir gehen nun über zu Auswahlfunktionen, die auf binären Relationen beruhen.

Von Richter (1966) wurde das Konzept eines "Konsumenten" wie folgt formalisiert. Ein *Budgetraum* $(X, \mathcal{B})$ ist eine nichtleere Menge X (von Güterbündeln) mit einer Familie $\mathcal{B}$ von nichtleeren Untermengen ("Budgets") B von X; $\mathcal{B}$ wird ebenfalls als nichtleer angenommen. Dann ist ein *Konsument* in einem Budgetraum $(X, \mathcal{B})$ eine Funktion h, die jeder Menge $B \in \mathcal{B}$ eine nichtleere Untermenge $h(B) \subset B$ zuordnet. Es wird nicht verlangt, daß $h(B)$ unbedingt eine einwertige Menge ist; wenn sie mehrwertig ist, werden alle Elemente von $h(B)$ als "gleichermaßen erwünscht" interpretiert. Da $h(B)$ als die Menge jener Güterbündel interpretiert werden kann, die der Konsument h innerhalb des Budgets B allen anderen vorzieht, wird $h(B)$ "Auswahlmenge für B" genannt.

Offensichtlich ist unsere Auswahlfunktion f auch ein "Konsument", wenn f dezisiv ist. Für die Familie $\mathcal{B}$ haben wir die vereinfachende Annahme gemacht, daß $\mathcal{B} = [X]$, während bei Richter $\mathcal{B} \subset [X]$.[1] Für h wie f gilt die Verfügbarkeitsbedingung (V).

Nun stellt Richter die Frage: wann ist der Konsument h "rational"? "A consumer h is <u>rational</u>[2] if we can rationalize its behavior; that is, if there exists a

143

binary relation G ("at least as good as") on X which is total, strongly reflexive, and transitive on X,[1] and such that the choice set is always the set of G-maximal elements of any budget. So:[2]

$$h(B) = \{x \in B \mid y \in B \Rightarrow yGx\}$$

for all $B \in \mathcal{B}$." (Richter (1966), p. 636.)

Diese Interpretation des rationalen Konsumenten entspricht unseren Axiomen 1 bis 3 (Kapitel 1.2.2. und 1.2.3.) für individuelle Auswahlfunktionen, wenn G eine Präferenz (i.e., vollständige Präordnung) R_i auf X ist. Für Auswahlfunktionen schlechthin wäre das eine sehr strenge Voraussetzung.

Richter entwickelte später seinen Ansatz weiter (1971). X, B, $\mathcal{B}$ und h sind wie oben, aber h erhält einen neutraleren Namen: "choice", also Auswahl. G ist wie oben eine binäre Relation, enthalten in X × X, und wird "Präferenz" genannt; eine "reguläre Präferenz" ist eine vollständige Präordnung (p. 31). Die Relation G "rationalisiert" h im Sinne Richters genau dann, wenn für alle $B \in \mathcal{B}$ die Auswahlmenge h(B) die G-besten Elemente in B enthält (cf. 1.1.3.4.): $h(B) = \{x \in B \mid y \in B \Rightarrow yGx\}$ genau wie oben, aber G muß nicht die Eigenschaften einer vollständigen Präordnung aufweisen. Immer wenn eine Auswahlfunktion h eine "Rationalisierung" G zuläßt, ist h eine rationale Auswahl im Sinne Richters.[3]

Definition 3.2.1.: Sei f eine Auswahlfunktion und $G \subset X \times X$ eine binäre Relation in X. Wir nennen f "*Richter-rational*" genau dann, wenn

$$f(A) = \{x \in A \mid y \in A \Rightarrow yGx\} \quad (A \in [X]).$$

Wenn f nicht Richter-rational ist, nennen wir f "*Richter-irrational*". ◊

Wir bringen nun dieses Konzept von Rationalität in Beziehung zu dezisiven Auswahlfunktionen f, die **nicht** unbedingt Richter-rational sind, und zwar definieren wir eine neue Funktion, die auf dem durch f offenbarten binären Vergleich (3.1.2.) beruht.

Definition 3.2.2.: Aus dem binären Vergleich F (3.1.2.) leiten wir eine Funktion $\tilde{f}: P(X) \to P(X)$ ab, definiert durch

$$\tilde{f}(A) = \{x \in A \mid y \in A \Rightarrow yFx\} \quad (A \in P(X)).$$

Die Funktion $\tilde{f}$ erfüllt offensichtlich Bedingung (V) und ist daher eine Auswahlfunktion (1.2.1.); wir nennen sie "*binäre Auswahlfunktion*". Wenn $\tilde{f}$ auf dem durch f offenbarten binären Vergleich F beruht, sagen wir auch, daß $\tilde{f}$ durch f "*determiniert*" ist.

◊

Lemma 3.2.3.: (<u>1</u>) Wenn eine Auswahlfunktion f dezisiv auf X ε χ ist und (R1) erfüllt, dann ist die durch f determinierte binäre Auswahlfunktion $\tilde{f}$ dezisiv auf allen A ε [X], i.e., $\tilde{f}(A) \neq \emptyset$ für alle A ε [X].
(<u>2</u>) Dezisivität von $\tilde{f}$ ist nicht hinreichend für die Alternation "f erfüllt (R1) oder f ist dezisiv", also auch nicht für die Konjunktion.
(<u>3</u>) Sei A ε [X] mit X ε χ und f eine dezisive Auswahlfunktion. Wenn $f = \tilde{f}$, dann gibt es für jedes x ε A\f(A) ein y ε A, das x mittels f strikt vorgezogen wird (i.e., $x\hat{F}y$), wobei yFz für alle z ε f(A) gilt.

Beweis: (<u>ad</u> (<u>1</u>)): Wenn f dezisiv auf X ist und (R1) erfüllt, dann ist F vollständig (daher reflexiv) und azyklisch in X (cf. <u>3.1.4.</u> und <u>3.1.16.</u>). Diese Eigenschaften einer binären Relation R sind nach Sen (1970, Lemma 1*1) eine notwendige und hinreichende Bedingung dafür, daß die Auswahlmenge einer Funktion g vom Typ g(A) = {x ε A| y ε A => yRx} (A ε [X]), also einer binären Auswahlfunktion, nichtleer ist für alle A ε [X]. (In unserem Fall: f(A) kann nur dann leer sein, wenn (a) es ein Tripel der Art in A gibt, daß $x_k \hat{F} x_{k+1} \hat{F} x_{k+2}$ und $x_{k+2} \hat{F} x_k$; aber dann wäre F nicht azyklisch (<u>3.1.13.</u>). Oder (b), wenn es ein Paar (x, y) in A gibt, sodaß weder yFx noch xFy ; aber dann wäre F nicht vollständig (<u>3.1.4.</u>).)

(ad (2)): Sei f eine Auswahlfunktion; sei A ε [X] mit Card A ≥ 4, und angenommen, $\hat{F}$ ist vollständig und transitiv in A, f(A) ist zweiwertig, und f(T) = ∅ für ein Tripel T in A. Dann verletzt f (R1) und ist nicht dezisiv, aber $\tilde{f}$, beruhend auf $F = \hat{F}$, ist dezisiv.

(ad (3)): Aus der Definition von $\tilde{f}$ (3.2.2.) folgt, daß x ∉ f(A) => ╫ (yFx) für ein y ε A. Da F vollständig ist (3.1.4.), gilt dann xFy. Für y haben wir y ε f(A) oder y ε A\f(A). In beiden Fällen gilt yFz für alle z ε f(A). ◊

Bemerkung 3.2.4.: (1) Daß eine Auswahlfunktion f dezisiv auf allen zweiwertigen Z ⊂ X ist und (R1) erfüllt, ist nicht hinreichend für die Dezisivität der durch f determinierten Auswahlfunktion $\tilde{f}$.
(2) Der von einer Auswahlfunktion f offenbarte binäre Vergleich F ist transitiv bzw. quasitransitiv genau dann, wenn der von der durch f determinierten binären Auswahlfunktion $\tilde{f}$ offenbarte Vergleich F transitiv bzw. quasitransitiv ist.

Beweis: (ad (1)): Sei: A = {x, y, z} = X und $\hat{F}$ zyklisch und vollständig. Wenn f(A) = ∅ , dann erfüllt f auch (R1) trivial. Aber $\tilde{f}$ ist natürlich nicht dezisiv.

(__ad__ (2)): Offensichtlich. ◊

Wir prüfen nun die Frage, in welcher Inklusionsbeziehung eine Auswahlfunktion f zu der durch f determinierten binären Funktion $\tilde{f}$ steht.

__Satz 3.2.5.__ f sei dezisiv und erfülle (R1). Es gilt: $f \subset \tilde{f}$, aber nicht unbedingt $\tilde{f} \subset f$; das heißt: Wenn A ε [X] dann $f(A) \subset \tilde{f}(A)$, aber nicht unbedingt $\tilde{f}(A) \subset f(A)$.

__Beweis:__ Sei A ε [X] und x ε f(A). Dann folgt aus (R1) für jedes y ε A: yFx, sodaß x ε $\tilde{f}(A)$. Damit haben wir $f(A) \subset \tilde{f}(A)$. - Daß andererseits $\tilde{f}(A) \not\subset f(A)$ wahr sein kann, geht z.B. aus den Spalten 5, 7, 13 (und vielen anderen) in Fig. 3.1.1. hervor. ◊

$\tilde{f}$ ist, wie aus 3.2.2. hervorgeht, eine Richter-rationale Auswahlfunktion, deren Verhältnis zur (R1)-Bedingung noch zu überprüfen ist; dagegen kann f auch Richter-irrational sein. Die Funktion f ist genau dann Richter-rational, wenn $\tilde{f} \subset f$, und das heißt wegen 3.2.5., wenn $f = \tilde{f}$. Wir halten nun einige Bedingungen fest, die hinreichen für die Gleichung $\tilde{f} = f$.

Satz 3.2.6.: Sei $A \in [X]$. (<u>1</u>) Wenn Card $A \in \{1, 2\}$, dann $f(A) = \tilde{f}(A)$. (<u>2</u>) Jede der Bedingungen (1) bis (4) in <u>3.1.11.</u> ist hinreichend für $f(A) = \tilde{f}(A)$, unabhängig von der Kardinalität von A, wenn f dezisiv ist und (R1) erfüllt.

<u>Beweis</u>: (<u>1</u>) folgt direkt aus dem Definitionen von F (<u>3.1.2.</u>) und $\tilde{f}$ (<u>3.2.2.</u>). Zum Beweis von (<u>2</u>) genügt (1) aus <u>3.1.11.</u>, d.h. f sei stets einwertig auf jeder zweiwertigen Menge $\{x, y\} \in [X]$. Dann folgt aus <u>3.2.6.</u> (<u>1</u>), daß $f(\{x, y\}) = \tilde{f}(\{x, y\})$, und da (1) in <u>3.1.11.</u> äquivalent ist zu (2) bis (4) in <u>3.1.11.</u>, folgt $f = \tilde{f}$ auch für die Bedingungen (2) bis (4).[1] ◊

Wann immer also $f(A)$ einwertig ist für jede Menge $A \in [X]$, bzw. wann immer der binäre Vergleich gleich ist dem strikten binären Vergleich $\hat{F}$, ist $f(A)$ gleich der binären Auswahlmenge $\tilde{f}(A)$, bzw. ist f Richter-rational, vorausgesetzt, daß f dezisiv ist und (R1) erfüllt. Kann die binäre Auswahlfunktion $\tilde{f}$ Bedingung (R1) verletzen?

Satz 3.2.7.: Die binäre Auswahlfunktion $\tilde{f}$ erfüllt Bedingung (R1).

<u>Beweis</u>: Nehmen wir irgendwelche $A, A' \in [X]$ mit $A \subset A'$.

Angenommen, $x \in A \cap \tilde{f}(A')$. Dann impliziert $x \in \tilde{f}(A')$, daß yFx für alle y in A' (3.2.2.), und da $x \in A$ und $A \subset A'$, auch yFx für alle y in A. Daraus folgt $x \in \tilde{f}(A)$, daher gilt $A \cap \tilde{f}(A') \subset \tilde{f}(A)$, wie zu beweisen war. ◊

Da somit $\tilde{f}$ die gleichen Eigenschaften hat wie **eine (R1) erfüllende Auswahlfunktion f** in Kapitel 3.1., gelten auch für $\tilde{f}$ die Sätze aus 3.1. entsprechend. So ist $\tilde{f}$ effizient im Sinne von 3.1.3., die nochmalige Applikation von $\tilde{f}$ auf $\tilde{f}(A)$ ändert das Ergebnis nicht (3.1.5.), und $\tilde{f}$ besitzt die Eigenschaft der Subadditivität (3.1.6.).

In 3.2.6. hatten wir Bedingungen festgestellt, die für die Identität $f = \tilde{f}$ hinreichen. Was ist eine notwendige und hinreichende Bedingung für $f = \tilde{f}$? 3.2.8. und 3.2.11. beantworten diese Frage (sie adaptieren ein Ergebnis aus Sen (1971, ch. 9) für unsere Notation).

Definition 3.2.8.: Sei $A = \{A_1, A_2, \ldots, A_m\} \subset [X]$ und $\bigcup_{i=1}^{m} A_i = B \in [X]$. Eine Auswahlfunktion f erfüllt *Bedingung (R2)* genau dann, wenn

$$(R2) \quad \bigcap_{i=1}^{m} f(A_i) \subset f(B). \quad ◊$$

Bemerkung 3.2.9.: (R2) kann auch für Paare von Mengen formuliert werden (cf. Sen 1971, p. 314):[1]

(R2') $f(A) \cap f(B) \subset f(A \cup B)$ $(A, B \in [X])$,

was ihren komplementären Charakter zur Bedingung der Subadditivität (<u>3.1.6.</u>) zum Ausdruck bringt. ◊

Mit anderen Worten, wenn x in jedem Element einer Familie von Mengen zur Auswahlmenge gehört, dann soll x auch zur Auswahlmenge der Vereinigungsmenge der Familie gehören. Fig. 3.2.1. illustriert (R2).

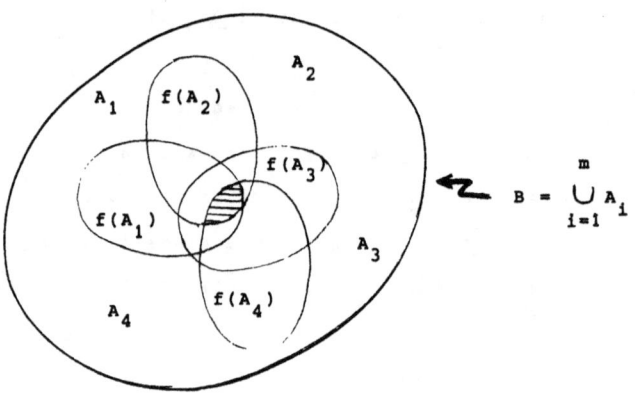

Fig. 3.2.1.

Der ganze Körper entspricht B; für die Mitglieder der Familie A sind nur die jeweiligen Untermengen $f(A_i) \subset A_i$ eingezeichnet, deren Durchschnitt die schraffierte Fläche ist. Dieser Durchschnitt, so verlangt (R2), soll auch zur Auswahlmenge der Vereinigung B gehören.

Lemma 3.2.10.: (R2) impliziert nicht (R1), und (R1) impliziert nicht (R2).

Beweis: Nehmen wir $B = \{a, b, c, d\} \in [X]$, sei $f = \bar{f}$ für alle $A_i \subsetneq B$, und sei F wie in Fig.3.2.2.

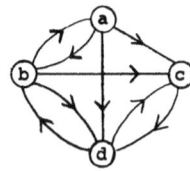

Fig. 3.2.2.

(1) Sei $A_1 = \{a, c, d\}$ und $A_2 = \{a, b, d\}$. Dann ist $f(A_1) = \{a\}$ und $f(A_2) = \{a, b\}$. Wenn $f(B) = \{a\} \cup Y$, wobei $Y \subset B$ mit $c \in Y \triangledown d \in Y$, dann erfüllt f (R2) und verletzt (R1).

(2) Sei $A_3 = \{a, b, c\}$ mit $f(A_3) = \{a, b\}$. Dann ist $f(A_2) \cap f(A_3) = \{a, b\}$. Wenn $f(B) = \{a\}$ oder $\{b\}$, dann erfüllt f (R1) und verletzt (R2). ◊

Satz 3.2.11.: Eine Auswahlfunktion f ist binär (i.e., f ist identisch mit der durch f determinierten binären Funktion $\bar{f}$; wir schreiben kurz: $f = \bar{f}$) genau dann, wenn f (R1) und (R2) erfüllt.

Beweis: (ad "$f = \bar{f}$ => (R1) $\wedge$ (R2)"): Angenommen, f ist binär (<u>3.2.3.</u>) .   Dann erfüllt   f   (R1)

(<u>3.2.7</u>.). Wenn es kein x gibt, das allen $f(A_i)$ ($i = 1, \ldots, m$) gemeinsam ist, gilt (R2) trivial. Wenn es ein solches x gibt, dann folgt aus (R1) yFx für alle y aus irgendeiner Menge A_i, i.e., für alle $y \in B$. Daher $x \in \tilde{f}(B)$, und da $f = \tilde{f}$, $x \in f(B)$.
(<u>ad</u> "(R1) $\wedge$ (R2) $\Rightarrow$ $f = \tilde{f}$"): Angenommen, f erfüllt (R1) und (R2), und x sei in $\tilde{f}(B)$. Aus (R1) folgt $x \in f(A_i)$ ($i = 1, \ldots, m$), worauf aus (R2) folgt $x \in f(B)$. Daher $\tilde{f}(B) = f(B)$, bzw. $f = \tilde{f}$. ◊

Wir stellen nun zwei Versuche an, das Konzept einer binären Auswahlfunktion $\tilde{f}$ zu variieren.

<u>*Definition* 3.2.12</u>.: Die binäre Relation $\tilde{F} \subset X \times X$ in X sei definiert durch

$$x\tilde{F}y \iff y \in \tilde{f}(\{x, y\}) \quad (x, y \in X),$$

und die aus $\tilde{F}$ abgeleitete Auswahlfunktion $\tilde{\tilde{f}}$ ist definiert durch

$$\tilde{\tilde{f}}(A) = \{x \in A \mid y \in A \Rightarrow y\tilde{F}x\} \quad (A \in [X]). \quad ◊$$

Analog zu <u>3.2.5</u>. können wir mindestens erwarten, daß $\tilde{f} \subset \tilde{\tilde{f}}$. Im Falle der Funktion $\tilde{f}$ gilt jedoch das folgende stärkere Resultat.

<u>*Satz* 3.2.13</u>.: $\tilde{F} = F$ und $\tilde{\tilde{f}} = \tilde{f}$.

Beweis: Da wegen 3.2.6.(<u>1</u>) $y \in \tilde{f}(\{x, y\})$ genau dann, wenn $y \in f(\{x, y\})$, gilt $x\tilde{F}y \Leftrightarrow xFy$, also $\tilde{F} = F$. Daraus folgt $\tilde{f} = \overset{*}{f}$. ◊

Die nächste Variante ist der Theorie offenbarter Präferenzen entlehnt.

<u>*Definition* 3.2.14.</u>: Sei f eine (R1)-Auswahlfunktion. Die binäre Relation $\ddot{F} \subset X \times X$ in X ist definiert durch

$$x\ddot{F}y \Leftrightarrow \exists A \in [X]: y \in f(A) \land x \in A,$$

und die aus $\ddot{F}$ abgeleitete Auswahlfunktion $\ddot{f}$ ist definiert durch

$$\ddot{f}(A) = \{x \in A \mid y \in A \Rightarrow y\ddot{F}x\} \quad (A \in [X]). \quad ◊$$

Die Aussage $x\ddot{F}y$ kann interpretiert werden als "y wird x direkt vorgezogen [directly revealed preferred], wenn y aus einem Budget A in [X] gewählt wird und x hätte gewählt werden können" (cf. Richter 1971, p.32, Fishburn 1973d, p. 201). Anders als etwa bei Uzawa (1960, 1971) verlangt <u>3.2.14</u>. nicht, daß $\ddot{f}$ einwertig ist für alle $A \in [X]$, denn $x\ddot{F}y$ und $y\ddot{F}x$ schließen sich nicht gegenseitig aus; es kann also gleichzeitig gelten "y wird x direkt vorgezogen" und "x wird y direkt vorgezogen".

<u>*Satz* 3.2.15.</u>: $\ddot{F} = F$ und $\ddot{f} = \tilde{f}$.

Beweis: Wir schreiben AFx für $\forall y \in A: yFx$. - Sei
$A \in [X]$. Wir nehmen irgendein $x \in \ddot{f}(A)$, d.h. AFx.
Dann gilt für jedes $y \in A$, daß $x \in f(\{x, y\})$, sodaß
yFx und $y \in \ddot{f}(\{x, y\})$. Daher AFx und $x \in \ddot{f}(A)$,
sodaß $F \subset \ddot{F}$ und $\tilde{f} \subset \ddot{f}$. Um die umgekehrte Inklusion
zu zeigen, nehmen wir irgendein $x \in \ddot{f}(A)$, d.h. AFx.
Dann gibt es für jedes $y \in A$ ein $B \subset X$ mit
$x \in B \cup \{y\} \in [X]$ und $x \in f(B \cup \{y\})$. Aus (R1) folgt
$x \in f(\{x, y\})$ bzw. yFx für alle $y \in A$, sodaß $\ddot{F} \subset F$
und $\ddot{f} \subset \tilde{f}$. Also ergibt sich $F = \ddot{F}$ und $\tilde{f} = \ddot{f}$. ◊

Die Konzepte der F- und $\ddot{F}$- Relation bzw. der $\tilde{f}$-
und $\ddot{f}$- Auswahlfunktionen sind also äquivalent.

Bevor wir unsere Erörterung des zweiten Rationalitäts-
konzepts, der Richter-Rationalität einer Auswahlfunktion,
abschließen, und im nächsten Kapitel die Beziehungen des
Postulats der *Transitivität* des durch eine Auswahlfunktion
offenbarten binären Vergleichs zur (R1)- Bedingung bzw.
zur Bedingung der Richter-Rationalität untersuchen, wenden
wir uns der Frage zu, wann der binäre Vergleich F, aus
dem eine Funktion $\tilde{f}$ abgeleitet wird, *quasitransitiv* ist.
Wie wir wissen (3.2.3. mit 3.1.16.), ist dieses F stets
azyklisch, wenn die Auswahlfunktion f , die F offenbart,
dezisiv ist und (R1) erfüllt, aber nicht unbedingt
quasitransitiv. Sen (1971, Theorem 10) hat eine notwendige
und hinreichende Bedingung für ein quasitransitives F
festgestellt, wenn $f = \tilde{f}$ und f dezisiv ist. Sen's
Resultat wird von uns ergänzt.

Definition 3.2.16.: Sei A, A' $\in [X]$. Eine Auswahlfunktion f erfüllt *Bedingung (R3)* genau dann, wenn

(R3) $\forall x, y \in f(A) : A \subset A' \Rightarrow f(A') \neq \{x\}$. ◊

Das heißt also, wenn x und y zu den Gewinnern in A gehören, so soll weder x noch y *allein* der Gewinner in einer größeren Menge $A' \supset A$ sein; wohl aber wäre zulässig, daß z.B. $f(A) = \{x, y\}$ und $f(A') = \{x, z\}$.

Lemma 3.2.17.: (R3) impliziert nicht (R1), und (R1) impliziert nicht (R3).

Beweis: Sei $A = \{x, y, z\} \in [X]$. Sei $z\hat{F}x$ und $z\hat{F}y$, sowie $f(\{x, y\}) = \{x, y\}$. Angenommen, $f(A) = \{z\}$. Dann erfüllt f (R3) und verletzt (R1).
Der Beweis des zweiten Teiles ist dem Leser überlassen. ◊

Satz 3.2.18.: (1) Sei f eine dezisive (R1)-Auswahlfunktion. Wenn f (R3) erfüllt, dann ist der von f offenbarte Vergleich F quasitransitiv, aber die Umkehrung gilt nicht.
(2) Sei f dezisiv und $f = \tilde{f}$ (cf. 3.2.11.). Der offenbarte binäre Vergleich F ist genau dann quasi-transitiv, wenn f (R3) erfüllt.

Beweis: (ad (1)): Sei $A = \{x, y, z\} \in [X]$, f sei dezisiv und erfülle (R3). Angenommen, $x\hat{F}y$ und $y\hat{F}z$. Dann folgt aus (R1) $\{x, y\} \cap f(A) = \emptyset$, und aus der Dezisivität von f und (V) folgt $f(A) = \{z\}$. Daher xFz (3.1.3.). Wenn auch zFx, dann ist $f(\{x, z\}) = \{x, z\}$, woraus sich ein Widerspruch zu (R3) ergibt. Daher xFz und nicht zFx, i.e., $x\hat{F}z$, wie zu beweisen war. Daß die Umkehrimplikation nicht gilt, geht aus folgendem einfachen Beispiel hervor: Sei $A = \{x, y, z\} \in [X]$, sei $f(\{x, y\}) = \{x, y\}$, $f(\{x, z\}) = \{x, z\}$, und $z\hat{F}y$. Dann ist F (trivial) quasitransitiv. Angenommen, $f(A) = \{x\}$. Dann verletzt f (R3).

(ad (2)): Sei f dezisiv und $f = \tilde{f}$. Daß "(R3) => (F quasitransitiv)", geht aus 3.2.18. (1) zusammen mit 3.2.7. hervor. Nun zu "(F quasitransitiv) => (R3)". Wir beweisen die Kontraposition. Sei $x, y \in f(A)$ und $f(A') = \{x\}$ für irgendein $A' \in [X]$ mit $A' \supset A$ und Card $A' = m$. Da $f = \tilde{f}$ und $y \notin f(A')$, gibt es ein $z_1 \in A' \setminus A$, so daß $y\hat{F}z_1$. Da auch $z_1 \notin f(A')$, gibt es ein $z_2 \in A'$, so daß $z_1 \hat{F} z_2$. Die Wiederholung dieses Arguments ergibt: $\forall z_j \in A' \setminus \{x\}: \exists z_{j+1}$ sodaß $z_j \hat{F} z_{j+1}$ für $j = 1, \ldots, m-2$, und für z_{m-1} gilt $z_{m-1} \hat{F} z_m = x$. Somit haben wir $y\hat{F}z$ und $z\hat{F}x$, aber xFy und yFx; daher ist F nicht quasitransitiv, wenn f nicht (R3) erfüllt. ◊

In <u>3.2.18.</u> werden die Beziehungen zwischen (R3) und einem quasitransitiven binären Vergleich F für den Fall dargestellt, daß die Auswahlfunktion f dezisiv ist. Wenn wir Dezisivität nicht voraussetzen, gelten auch die Beziehungen aus <u>3.2.18.</u> nicht.

Bemerkung 3.2.19.: Sei f nicht dezisiv.
(<u>1</u>) Die Erfüllung von (R3) und die Gleichung $f = \tilde{f}$ zusammen sind nicht hinreichend dafür, daß F quasitransitiv ist.
(<u>2</u>) Die Gleichung $f = \tilde{f}$ und ein quasitransitives F sind nicht hinreichend dafür, daß f (R3) erfüllt.

<u>Beweis</u>: (<u>ad</u> (<u>1</u>)): Sei $A = \{x, y, z\} \in [X]$ und $f = \tilde{f}$. Angenommen, $x\hat{F}y$ und $y\hat{F}z$. Wenn $f(\{x, z\}) = \{x\}$ bzw. $\{x, z\}$, und $f(A) = \emptyset$, dann ist (R3) erfüllt, aber F ist zyklisch bzw. azyklisch.
(<u>ad</u> (<u>2</u>)): Sei $A \in [X]$ mit Card $A = m \geq 4$. Sei $A = \{x, y, z_1, z_2, \ldots, z_{m-2}\}$. Angenommen, $f(\{x, y\}) = \{x, y\}$, i.e., xFy und yFx, sowie $z_i\hat{F}x$ für alle $z_i \in A$; außerdem gelte $z_j\hat{F}z_k$ für ein (und nur ein) Paar $z_j, z_k \in A$. Schließlich sei $f(Z) = \emptyset$ für alle zweiwertigen Mengen $Z \subset A$, für die gilt: $x \notin Z \wedge Z \neq \{x, y\} \wedge Z \neq \{z_j, z_k\}$. Dann ist $f(A) = \tilde{f}(A) = \{x\}$, F ist quasitransitiv (da $z_j \hat{F} z_k \hat{F}x$ und $z_j \hat{F} x$), und f verletzt (R3). ◊

3.3. Transitivität cum Binarität und die Rationalitätsbedingung "R4".

In 3.1. haben wir gesehen, daß F, der durch die (R1)-Funktion f offenbarte binäre Vergleich, nicht transitiv zu sein braucht (3.1.16.); daher offenbart die binäre Auswahlfunktion $\tilde{f}$ (3.2.2.) natürlich auch nicht immer ein transitives F. Wir können aber eine neue Funktion definieren, die auf einem transitiven F beruht.

Definition 3.3.1.: Sei $\bar{F}$ der transitive Abschluß (cf. 1.1.3.3.) des binären Vergleiches F (3.1.2.). Die aus $\bar{F} \subseteq X \times X$ abgeleitete Auswahlfunktion $\bar{f}: P(X) \to P(X)$ ist definiert durch

$$\bar{f}(A) = \{x \in A \mid y \in A \implies y\bar{F}x\} \quad (A \in [X]). \quad \diamond$$

Bemerkung 3.3.2.: (1) Aus 1.1.3.3. wissen wir, daß F genau dann transitiv ist, wenn $F = \bar{F}$. Wenn daher F transitiv ist, dann gilt $\tilde{f} = \bar{f}$, und umgekehrt.

(2) Im allgemeinen gilt $\tilde{f} \subseteq \bar{f}$. Wegen 3.2.4. auch $f \subseteq \tilde{f} \subseteq \bar{f}$, wenn f (R1) erfüllt und dezisiv ist.

(3) $\bar{f}$ ist dezisiv, wenn F vollständig ist.

(4) Wie man sich leicht überzeugen kann, erfüllt $\bar{f}$ die Bedingung (R1). $\diamond$

Lemma 3.3.3.: (1) Transitivität von F (3.1.2.) impliziert nicht, daß $f = \tilde{f}$, und (2) $f = \tilde{f}$ impliziert nicht, daß F transitiv ist.

<u>Beweis</u>: Fig. 3.1.1. enthält genügend Beispiele für (<u>1</u>) wie für (<u>2</u>), zum Beispiel Spalte 13 für (<u>1</u>) und Spalte 4 für (<u>2</u>). ◊

Anders ausgedrückt, aus $\tilde{f} = \bar{f}$ folgt nicht, daß $\tilde{f} = f$, und umgekehrt folgt aus $\tilde{f} = f$ nicht, daß $\tilde{f} = \bar{f}$. Wohl aber folgen solche Identitäten aus der Rationalitätsbedingung (R4), die wir jetzt vorstellen.

Definition 3.3.4.: Eine Auswahlfunktion f erfüllt die <u>Rationalitätsbedingung (R4)</u> genau dann, wenn

(R4) $\quad [A \subset A' \ \epsilon \ [X] \ $ und $\ A \cap f(A') \neq \emptyset] \Rightarrow A \cap f(A') = f(A)]$. ◊

(R1) verlangt also nur, daß der Durchschnitt $A \cap f(A')$ enthalten ist in der Auswahlmenge $f(A)$ (wenn $A \subset A'$); (R4) aber verlangt, daß dieser Durchschnitt identisch ist mit $f(A)$, wenn er nicht leer ist. (Für die Bedingung (R1) spielt es keine Rolle, ob er leer ist oder nicht, da immer gilt $\emptyset \subset f(A)$.) Die Bedingung (R4) ist offenbar stärker als (R1); wenn f (R4) erfüllt, dann erfüllt f auch (R1).

Nach <u>3.1.1.</u> illustrierten wir (R1) durch das Beispiel von Bebauungsplänen für ein kommunales Gelände. Rekapitulieren wir: Wenn x_1 ausgewählt wird unter den Alternativen $x_1, \ldots, x_{10}$, dann soll x_1 auch zu den unter $x_1, \ldots, x_5$

ausgewählten Alternativen gehören, postuliert (R1). Die strengere Bedingung (R4) verlangt, daß dann, wenn x_1 der Gewinner in der großen Menge $A' \supset A$ war, x_1 auch der Gewinner in der kleinen Menge ist, vorausgesetzt, daß x_1 zur kleinen Menge gehört; und keine Alternative x_j in der kleinen Menge darf neben x_1 zu den Gewinnern zählen, wenn x_j nicht auch schon zusammen mit x_1 in der großen Menge $A' \supset A$ gewonnen hat.

Die Bemerkungen nach 3.1.1. bezüglich des *"illusionistischen"* Charakters einer Verletzung von (R1) gelten für (R4) analog: Wenn unter den vielen Güterbündeln in A' das in A' verfügbare Güterbündel x als einziges ausgewählt wird, und bei einer Einschränkung der Wahlmöglichkeiten auf $A \subset A'$ das Güterbündel x immer noch verfügbar ist (i.e., $x \in A$ 'bzw. $A \cap f(A') \neq \emptyset$), so unterliegt f einer "Reichtumsillusion" oder besser "Armutsillusion", wenn x nicht auch das in A ausgewählte Güterbündel ist.

Fig. 3.3.1. illustriert die (R4) - Bedingung, auch durch einen Vergleich mit der (R1) - Bedingung.

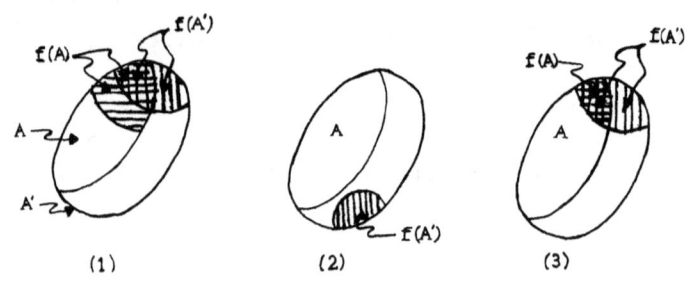

Fig 3.3.1.

Der linke obere Teil repräsentiert jeweils A, der ganze Körper ist A'. Waagrecht schraffiert ist f(A), senkrecht schraffiert ist f(A´).

Zu (1): Hier gilt $\emptyset \neq (A \cap f(A´)) \subset f(A)$. Das ist
kompatibel mit (R1), aber nicht mit (R4).

Zu (2): Hier gilt $A \cap f(A´) = \emptyset$. Also stellt weder (R1)
noch (R4) eine Bedingung für das Verhältnis von
f(A) und f(A´).

Zu (3): Hier gilt $\emptyset \neq (A \cap f(A´)) = f(A)$; also erfüllt
f Bedingung (R4), und daher auch (R1).

In der *Literatur* ist (R4) unter verschiedenen Namen
vor allem in der ökonomischen Theorie offenbarter Präferenzen
behandelt worden.[1] Der Leser sei vor allem auf Arrow's
Bedingung C4 verwiesen (1959), auf Fishburn's Inklusionsbedingung B1 (1973d, p. 194), auf Richter's W-Axiom (1971,
pp. 35/37), auf Plott's Schwaches Axiom der offenbarten
Präferenz (1972, pp. 192/3), auf Hansson 1968 (p. 444, dort
irrtümlich als Arrow's Bedingung der Unabhängigkeit von
irrelevanten Alternativen interpretiert) und Hansson 1969
(Bedingung (c) für eine "Auswahlstruktur", p. 530) sowie
schließlich auf den Übersichtsartikel von Sen (1971). - Ein
detaillierter Vergleich der einzelnen Ergebnisse könnte ein
eigenes Buch füllen. Das zur Literatur über (R1) bzw.
verwandte Bedingungen in 3.1. Gesagte gilt auch hier.

Satz 3.3.5.: Eine dezisive Auswahlfunktion
erfüllt (R4) genau dann, wenn (a) der binäre Vergleich F
transitiv ist und (b) $f = \tilde{f}$; bzw. genau dann, wenn (c)

$f = \bar{f} = \tilde{f}$.

Beweis:[1] (ad "(R4) ⇒ (a)"): Angenommen, f erfüllt (R4) und xFy und yFz. Zu zeigen ist xFz. - Sei A = {x, y, z}. Angenommen, z ∉ f(A). Aber es gilt z ∈ f({y, z}), und (R4) impliziert dann f(A) ∩ {y, z} = ∅, sodaß wegen der Dezisivität von f und (V) {x} = f(A); dies ist wegen (R4) ein Widerspruch zu xFy. Daher muß gelten z ∈ f(A). Daraus folgt wegen (R1) xFz, wie zu beweisen war.

(ad "(R4) ⇒ (b)"): Angenommen f erfüllt (R4). Da $f \subset \tilde{f}$ immer gilt (**3.2.5.**), ist nur $\tilde{f} \subset f$ zu zeigen. - Nehmen wir irgendein A ∈ [X], und angenommen, x ∈ $\tilde{f}$(A)\f(A) und y ∈ f(A). Wegen f(A) ⊂ $\tilde{f}$(A) gilt xFy und yFx bzw. {x, y} ⊂ $\tilde{f}$(A) und natürlich {x, y} ⊂ A. Aus (R4) folgt f({x, y}) = f(A) ∩ {x, y}, denn {x, y} ∩ f(A) ≠ ∅. Daher ist also {x, y} = f({x, y}), und wegen (R4) {x, y} ⊂ f(A), ein Widerspruch zur Hypothese daß x ∉ f(A). Also haben wir $\tilde{f}$(A) ⊂ f(A) und damit $f = \tilde{f}$, wie zu beweisen war.

(ad "(a ∧ b) ⇒ (R4)"): Angenommen, A ∩ f(A´) sei nicht leer. Da A ∩ f(A´) ⊂ f(A) schon wegen (R1) gilt, ist nur die umgekehrte Inklusion zu zeigen; d.h., wenn x ∈ f(A) dann x ∈ A ∩ f(A´). Wir beweisen die Kontraposition. - Sei x ∈ A. Wenn x ∉ A ∩ f(A´), dann gibt es ein y ∈ A´, so daß x$\hat{F}$y. Da für alle z ∈ f(A´) : y ∈ A´ ⇒ yFz, und A ∩ f(A´) ≠ ∅, folgt aus der Transitivität von F, daß es ein z ∈ A gibt mit x$\hat{F}$z. Aber dann x ∉ f(A). Daher gilt f(A) ⊂ A ∩ f(A´), woraus folgt f(A) = A ∩ f(A´).

(<u>ad</u> "(c) <=> (R4)"): Folgt aus dem obigen in Verbindung mit 3.3.2.(<u>1</u>). ◊

<u>Korollar</u> 3.3.6.: (<u>1</u>) Die binäre Auswahlfunktion $\tilde{f}$ erfüllt (R4) genau dann, wenn F transitiv und vollständig ist.
(<u>2</u>) Die Bedingung

$$(\tau) \quad \bar{f} \subset f$$

ist äquivalent zu (R4), wenn es sich um dezisive Auswahlfunktionen handelt.

Beweis: (<u>ad</u> (<u>1</u>)): Offensichtlich.
(<u>ad</u> (<u>2</u>)): Wenn (τ) gilt, dann folgt aus 3.3.2.(<u>2</u>) $f = \tilde{f} = \bar{f}$, und das ist äquivalent zu (R4). Andererseits gilt "$f = \tilde{f} = \bar{f} \Rightarrow \bar{f} \subset f$" trivial. ◊

Für dezisive Auswahlfunktionen ist die Rationalitätsbedingung (R4) somit äquivalent zum Postulat, daß (a) die Auswahlfunktion binär ist <u>und</u> (b) auf einem transitiven binären Vergleich beruht, während Bedingung (R1) weder das eine noch das andere und Richter-Rationalität nur das erste verlangt. Offensichtlich ist (R4) die strengste aller drei Bedingungen und inkludiert die beiden anderen. Falls freilich alle Auswahlmengen <u>*einwertig*</u> sein sollten - i.e., aus jeder Alternativenmenge A ε [X] wird nur ein einziges Element gewählt -, spielt es keine Rolle, welcher Rationalitätsbedingung wir anhängen, wie 3.3.7. zeigt (vorausgesetzt, wir haben es mit dezisiven (R1) - Auswahlfunktionen zu tun).

Korollar 3.3.7.: Sei f eine dezisive (R1) - Auswahlfunktion. Jede der Bedingungen (1) bis (4) in <u>3.1.11.</u> impliziert $f = \tilde{f} = \bar{f}$, (R4) und (τ).

Beweis: Jede der Bedingungen (1) bis (4) in <u>3.1.11.</u> impliziert, daß F transitiv ist, sodaß $\tilde{f} = \bar{f}$ gemäß <u>3.3.2.</u>(<u>1</u>). Aber jede dieser Bedingungen impliziert nach <u>3.2.6.</u>(<u>2</u>) auch, daß $f = \tilde{f}$, sodaß also $f = \tilde{f} = \bar{f}$. Der Rest ist klar gemäß <u>3.3.5.</u> und <u>3.3.6.</u> ◊

Im nächsten Satz legen wir für den Fall, daß (R4) erfüllt ist, die Inklusionsbeziehungen zwischen den Auswahlmengen einer Menge A und einer Menge $A' \supset A$ fest, wie sie auch aus Fig. 3.3.1. zu ersehen sind.

Satz 3.3.8.: Sei A, A' $\in$ [X] mit $A \subset A'$. Dann erfüllt eine dezisive (R1)- Auswahlfunktion f die Bedingung (R4) genau dann, wenn $f(A) \subset f(A')$ oder $f(A) \cap f(A') = \emptyset$.

Beweis: (<u>ad</u> "<="): Angenommen, f erfülle (R4). Wenn $A \cap f(A') = \emptyset$, dann folgt aus (R1) $f(A) \cap f(A') = \emptyset$. Wenn $A \cap f(A') \neq \emptyset$, dann folgt aus (R4) $f(A) \subset f(A')$, weil $f(A) = A \cap f(A') \subset f(A')$.

(<u>ad</u> "=>"): Wenn $f(A) \cap f(A') = \emptyset$, dann folgt aus (R1) $A \cap f(A') = \emptyset$, kompatibel mit (R4). Wenn $f(A) \subset f(A')$, so können wir stattdessen auch schreiben $f(A) = A \cap f(A) \subset f(A') \cap A$; (R1) ergibt die umgekehrte Inklusion, sodaß $f(A) = f(A') \cap A$, womit (R4) erfüllt ist. ◊

Korollar 3.3.9.: Wenn die dezisive (R1)- Auswahlfunktion f monoton wächst (i.e., wenn A, A´ ε [X] und A ⊂ A´, dann f(A) ⊂ f(A´)), dann erfüllt f auch (R4).

Beweis: folgt aus 3.3.8. ◊

Die in 3.3.8. formulierte Bedingung entspricht Fishburn's Inklusionsbedingung B3 (1973d, p. 194) bzw. Sen's Property β (1970, p. 17)[1], in der Formulierung

(β) für alle Paare S, T ε K ⊂ [X] und alle Paare
x, y ε C(S) gilt: Wenn S ⊂ T, dann x ε C(T)
genau dann, wenn y ε C(T),

wobei S, T endliche nichtleere Mengen sind und C eine dezisive Auswahlfunktion bezeichnet. 3.3.8. entsprechende Sätze sind ebenfalls in Fishburn (1973d, p. 195; ohne Beweis) und in Sen (1971, Theorem 8) zu finden. Sen beweist außerdem die Äquivalenz von (R4) mit zahlreichen Konzepten der Theorie offenbarter Präferenzen (1971, Theorem 3).

3.4. Über die Kompatibilität von Rationalitätskonzepten mit Typen von Auswahlfunktionen.

In zweiten Kapitel haben wir eine größere Auswahl konkreter Auswahlfunktionen definiert, die besonders, wenn auch nicht ausschließlich, für kollektive Entscheidungen relevant sind. Welche davon sind "rational"?

Eine der ersten jeweils zu klärenden Fragen betrifft die *Dezisivität* einer Auswahlfunktion, da viele Ergebnisse in 3.1. bis 3.3. für dezisive Auswahlfunktionen formuliert sind. Beginnen wir mit der *Konsensfunktion* f_K (2.1.1.).

Satz 3.4.1.: Angenommen, f_K sei dezisiv, sodaß $f_K(A) \neq \emptyset$ für alle $A \in [X]$.

(1)(a) Wenn $f_\omega = f_{\omega'}$ für alle $\omega, \omega' \in \Omega$ und $f_\omega(A) = \{x \in A \mid y \in A \Rightarrow y\hat{F}x\}$, dann erfüllt f_K die Bedingung (R4).

(1)(b) Prämisse wie in (a), statt $\hat{F}$ aber F, und F transitiv: dann Konklusion wie (a).

(1)(c) Prämisse wie (b), aber F nur azyklisch: dann erfüllt f_K die Bedingungen (R1) und (R2).

(2) Angenommen, f_K ist nur deshalb dezisiv, weil es in allen $A \in [X]$ ein x_0 gibt, das als $f_K(A)$ gilt, wenn $f_K(A)$ gemäß 2.1.1. leer wäre; dann verletzt f_K die Bedingung (R1). ◊

Statt der Beweise, die simpel sind, eine kurze Diskussion

für den Fall einer kollektiven Entscheidungssituation
(Ω = N). Wenn alle Präferenzordnungen R_i (i ϵ N) Ketten
auf X und diese Ketten identisch sind, so haben wir damit
den Fall von <u>3.3.7.</u> und daher (R4). Ebenso mit identischen
vollständigen Präordnungen R_i auf X. Genau genommen
genügt es, daß die Präordnungen R_i "fast identisch" sind,
i.e., daß für alle x, y ϵ X gilt: ($\exists i \epsilon N : xP_i y$) $\Rightarrow$
($\forall i \epsilon N : xR_i y$). Aber für größere Kollektive sind diese
Annahmen natürlich sehr unrealistisch. Daher kommt dem
Verfahren nach <u>3.4.1.</u>(<u>2</u>) größere empirische Bedeutung zu (cf.
auch Text vor <u>3.1.1.</u>); x_o ist in aller Regel der status quo,
bei dem es bleibt, wenn keine Einigung erzielt wird. Man kann
leicht Beispiele finden, in denen dieses Verfahren die
schwächste unserer Rationalitätsbedingungen, (R1), verletzt.

$$
\begin{array}{ccc}
y & w & w \\
z & y & y \\
x_o & x_o & z \\
w & z & x_o \\
\\
R_1 & R_2 & R_3
\end{array}
$$

Fig. 3.4.1.

Angenommen, wir haben es mit individuellen Auswahlfunktionen
f_i zu tun. $\bigcap_N f_i (A')$ wäre leer ($A' = \{x_o, y, z, w\}$), sodaß
$\{x_o\}$ als $f_K(A')$ gilt. Nun sei $A = \{x_o, y, z\}$, dann ergibt
sich $\bigcap_N f_i (A) = \{y\}$, sodaß $A \cap \{x_o\} \not\subseteq \{y\}$, womit (R1) verletzt
ist. - In einem Sonderfall würde ein Verfahren gemäß <u>3.4.1.</u>(<u>2</u>)
trivialerweise (R4) erfüllen, nämlich dann, wenn die

Präferenzen R_i (i ε N) auf X so kontrovers sind, daß $f_K(A)$ gemäß <u>2.1.1.</u> leer ist für alle A ε [X] mit Card A ≥ 2: dann würde $f_K(A)$ stets $\{x_o\}$ sein.

Gehen wir nun über zu den *Condorcet*- und anderen Mehrheits- Auswahlfunktionen (2.2.). Die Condorcet-Funktion f_M beruht auf einer binären Relation M, die reflexiv und vollständig ist in X (2.2.2.), aber nicht unbedingt azyklisch (<u>2.2.4.</u>). Welche Rationalitätsbedingungen die M-Funktion erfüllt, hängt demnach von den Eigenschaften von M ab. Somit erhebt sich die Frage, *wann* M nicht zyklisch ist. Wir haben diese Frage schon angeschnitten (Text nach 2.2.5.) und wollen nun einen Überblick über die wichtigsten diesbezüglichen Theoreme in der Literatur geben.

Offensichtlich ist M einmal dann nicht zyklisch, wenn das schon auf Grund der numerischen Verteilung der vollständigen Präordnungen R_ω unmöglich ist: z.B., wenn eine bestimmte Präordnung R_ω öfter als Card Ω/2-mal vorkommt; wenn wir etwa im Beispiel 2.2.4. die Zahl der ω ε Ω auf 5 erhöhen und $zP_\omega y P_\omega x$ für ω = 1, 2, 3 gelten lassen, dann tritt natürlich kein Abstimmungsparadoxon auf. Wenn andererseits unabhängig von dieser numerischen Verteilung die Dezisivität von f_M garantiert sein soll, so muß der Definitionsbereich von f_M eingeschränkt werden; f_M läßt sich ja schreiben als

$$f_M : [X] \times \mathcal{D}_n(X) \to P(X)$$

wobei $\mathcal{D}_n(X)$ die Menge der mathematisch möglichen Kombinationen von $R_\omega \in Q(X)$ ist, wenn Card Ω = n (cf. Kapitel 1.2.2.). Mit anderen Worten: soll f_M dezisiv sein, so darf nur eine Untermenge $\mathcal{D}_n^-(X) \subset \mathcal{D}_n(X)$ zulässig sein; im Kontext kollektiver Entscheidungen: nur bestimmte Gesellschaften dürfen zulässig sein. Genau welche zulässig sind, zeigen die folgenden Definitionen, formuliert nach Sen (1970, Ch. 10) bzw. Sen und Pattanaik (1969).

Definition 3.4.2.: Bedingung der "*Begrenzten Übereinstimmung*" (BÜ): In einem Tripel $(x, y, z) \in \Pi_3 X$ gibt es ein geordnetes Paar (x, y), sodaß für alle $\omega \in \Omega$ gilt: $yR_\omega x$ ($R_\omega \in Q(X)$). ◊

Definition 3.4.3.: Bedingung der "*Begrenzten Rangübereinstimmung*" (BRÜ): In einem Tripel $(x, y, z) \in \Pi_3 X$ gibt es ein Element (sagen wir: x), sodaß für alle $\omega \in \Omega$, deren $R_\omega \subset X \times X$ nicht identisch ist mit der universellen Relation $U = X \times X$, gilt: $(\forall \omega : yP_\omega x \lor zP_\omega x) \lor (\forall \omega : xP_\omega y \lor xP_\omega z) \lor [\forall \omega : (yP_\omega x \land zP_\omega x) \lor (xP_\omega y \land xP_\omega z)]$
                                            ($R_\omega \in Q(X)$). ◊

Definition 3.4.4.: Bedingung der *Übereinstimmung im Kontroversen*" (ÜK): Für jede Permutation eines Tripels $(x, y, z) \in \Pi_3 X$ gilt: $(\exists \omega \in \Omega : zP_\omega y \land yP_\omega x) \Rightarrow (\forall \omega' \in \Omega : xP_\omega z \Rightarrow xP_\omega y \land yP_\omega z)$ ($\omega \neq \omega'$, $R_\omega \in Q(X)$). ◊

(BÜ) entspricht Sen's Limited Agreement, (BRÜ) entspricht Sen's Value Restriction, und (ÜK) entspricht Sen's Extremal

Restriction. Ein Tripel T erfüllt (BRÜ), wenn es ein x
in T gibt, das in jeder Präordnung R_ω nicht den schlechtesten, oder nicht den besten, oder nicht den mittleren Platz
in der Rangordnung des Tripels einnimmt (vorausgesetzt, daß
$\omega \in \Omega$ nicht vollständig indifferent gegenüber allen
Elementen des Tripels ist). Die Bedingung (ÜK) verlangt,
daß zwei Präordnungen P_ω, $P_{\omega'}$ auf einem Tripel T sich
spiegelbildlich zueinander verhalten müssen, wenn für die
eine gilt "x besser als y besser als z" und für die
andere "z besser als x"; was in P_ω am besten, soll dann
in $P_{\omega'}$ am schlechtesten sein.

Satz 3.4.5.: Genau dann, wenn jedes Tripel $T \in \Pi_3 X$
wenigstens eine der drei Bedingungen (BÜ), (BRÜ) oder (ÜK)
erfüllt, ist die Relation $M \subset X \times X$ (_2.2.1._) quasitransitiv,
und ist $f_M(A) \neq \emptyset$ für alle $A \in [X]$, unabhängig von der
relativen Häufigkeit der $R_\omega \in Q(X)$ ($\omega \in \Omega$). ◊

Der Beweis ist bei Sen (1970, Ch. 10*) und Sen-Pattanaik
(1969) nachzulesen. Zu beachten ist, daß _3.4.5._ beschreibt,
wann unabhängig von der numerischen Verteilung der $\omega \in \Omega$
auf die einzelnen $R \in Q(X)$ die Dezisivität der M-Funktion
garantiert ist; bzw. wann gleichgültig, aus welchem $A \in [X]$
auszuwählen ist, und gleichgültig, mit welcher Häufigkeit
die einzelnen $R \in Q(X)$ auftreten, die Auswahlmenge $f_M(A)$
nichtleer ist. Zu beachten ist weiter (cf. dazu Sen-Pattanaik
1969, p. 199), daß im speziellen Fall der M-Funktion, die

auf vollständigen Präordnungen $R_\omega \in Q(X)$ beruht, Quasitransitivität von M hinreichend *und notwendig* ist für die Dezisivität von f_M, während ja im allgemeinen, wie wir wissen, nur Azyklizität notwendig ist (3.2.3.). <u>3.4.5.</u> kann damit vereinfacht durch das folgende Schaubild illustriert werden (cf. Inada 1970, p. 38):

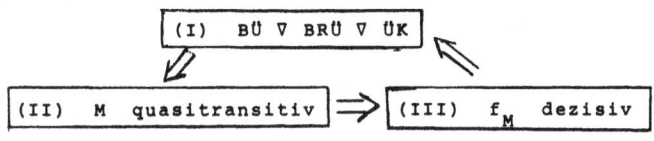

(Annahme: alle R_ω transitiv)

Fig. 3.4.2.

Die drei Blöcke in 3.4.2. sind somit durch eine Äquivalenzbeziehung miteinander verbunden. Diese Beziehungen zwischen transitiven Relationen $R_\omega \in Q(X)$, der Dezisivität von f_M und der numerischen Verteilung der R_ω sind hinreichend interessant, um durch ein Beispiel geklärt zu werden; die Präordnungen R_ω ($\omega \in \{1, 2, 3,\}$) seien die aus Fig. 3.4.3.

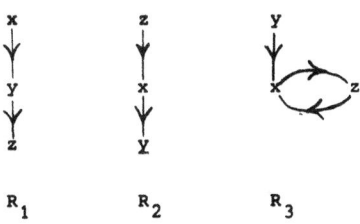

Fig. 3.4.3.

Es kann leicht überprüft werden, daß das Tripel (x, y, z) keine der drei Bedingungen (BÜ), (BRÜ) oder (ÜK) erfüllt; also folgt aus <u>3.4.5.</u>, daß $f_M(A) = \emptyset$ (A = {x, y, z}). Nun ist aber die Relation M für die Präordnungskonfiguration in 3.4.3. azyklisch:

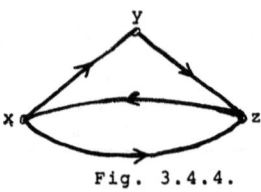

Fig. 3.4.4.

Daher folgt aus <u>3.2.3.</u>, daß $f_M(A) \neq \emptyset$, in diesem Fall $f_M(A) = \{x\}$. Ein Widerspruch zu <u>3.4.5.</u>? Nein! Denn es gibt Häufigkeitsverteilungen der R_ω, sodaß $f_M(A) = \emptyset$: zum Beispiel sei $\omega^\cdot \in \{1^\cdot, \ldots, 5^\cdot\}$ mit $R_1 = R_{1^\cdot}$, $R_2 = R_{2^\cdot} = R_{3^\cdot}$ und $R_3 = R_{4^\cdot} = R_{5^\cdot}$; dann ergibt sich $y\hat{M}x$, $z\hat{M}y$, und $x\hat{M}z$, sodaß M zyklisch ist und $f_M(A) = \emptyset$.

Wie Inada (1970) bewiesen hat, gilt <u>3.4.5.</u> in dieser Form nicht, wenn für die Relationen $R_\omega \subset X \times X$ ($\omega \in \Omega$), auf denen M beruht, nicht Transitivität, sondern nur Quasitransitivität vorausgesetzt wird. (Im Kontext kollektiver Entscheidungen: die individuelle Indifferenzrelation I_i braucht dann nicht transitiv zu sein, und aus xI_iyP_iz braucht nicht xP_iz zu folgen.)

<u>Satz 3.4.6.</u>: Angenommen, die Relationen $R_\omega \subset X \times X$ ($\omega \in \Omega$), auf denen $M \subset X \times X$ beruht (<u>2.2.1.</u>), sind quasitransitiv. M is quasitransitiv genau dann, wenn jedes Tripel

T ε Π X wenigstens eine der drei Bedingungen (BÜ), (BRÜ)
3
oder (ÜK) erfüllt; und wenn M quasitransitiv ist, dann
ist die M-Funktion dezisiv. (Inada 1970.)[1] ◊

Fig. 3.4.2. muß somit modifiziert werden (cf. Inada 1970, p. 38):

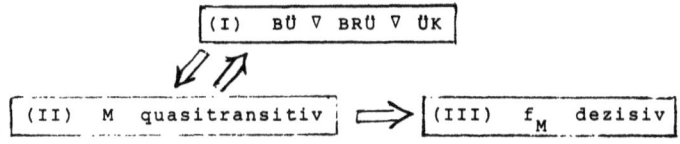

(Annahme: alle R_ω quasitransitiv)

Fig. 3.4.5.

Während in 3.4.2. alle Blöcke äquivalent waren, sind
jetzt nur (I) und (II) äquivalent, und (II) impliziert (III)
(daher impliziert (I) auch (III)). Aber (III) impliziert weder
(II) noch (I); die M-Funktion kann also auch dezisiv sein,
ohne daß eine der Bedingungen (BÜ), (BRÜ) oder (ÜK) erfüllt
wäre, bzw. ohne daß M quasitransitiv wäre, wenn die
R_ω ($\omega \,\epsilon\, \Omega$) quasitransitiv, aber nicht transitiv sind. (Ein
Beispiel bei Inada 1970, p. 39).

Schließlich halten wir die Voraussetzung dafür fest, daß
das Condorcet- Verfahren eine Soziale Wohlfahrtsfunktion im
Sinne Arrow's ist (cf. <u>1.2.6.</u>); dieser Satz wurde bewiesen
von Sen und Pattanaik (1969, Theorem XI), die im wesentlichen
auf Inada (1969) rekurrieren.

Satz 3.4.7.: Unabhängig von der relativen Häufigkeit der $R_\omega \in Q(X)$ ($\omega \in \Omega$) ist die Relation $M \subset X \times X$ (2.2.1.) genau dann transitiv, wenn jedes Tripel $T \in \Pi_3 X$ die Bedingung (ÜK) erfüllt. ◊

Fassen wir also zusammen:

Korollar 3.4.8.: Unabhängig von der relativen Häufigkeit der $R_\omega \in Q(X)$ ($\omega \in \Omega$) erfüllt die M-Funktion die Rationalitätsbedingungen (R1), (R2) und (R3), wenn jedes Tripel von Alternativen in X eine der Bedingungen (BÜ), (BRÜ) oder (ÜK) erfüllt; und zusätzlich erfüllt sie auch Bedingung (R4), wenn jedes Tripel in X die Bedingung (ÜK) erfüllt. ◊

Besonders in der kollektiven Präferenztheorie ist häufig der Fall relevant, daß alle $R_\omega \subset X \times X$, aus denen die Relation M in X abgeleitet wird, *Ketten* auf X sind. Dann gilt nach Sen und Pattanaik (1969, Theoreme VIII und XII):

Satz 3.4.9.: Angenommen, die Relationen R_ω ($\omega \in \Omega$) sind Ketten auf X. (<u>1</u>) Die Relation M (2.2.1.) ist quasi-transitiv genau dann, wenn jedes Tripel $T \in \Pi_3 X$ die Bedingung (BRÜ) erfüllt. (<u>2</u>) Die Bedingung (BRÜ) ist eine notwendige, aber keine hinreichende Bedingung für die Transitivität von M; notwendig und hinreichend ist auch hier

Bedingung (ÜK) (cf. 3.4.7.). ◊

Das Pendant zu 3.4.8. gemäß 3.4.9. ist offenkundig.
Leicht einzusehen ist auch der folgende Satz.

Satz 3.4.10.: (1) Wenn $M = \hat{M}$ (2.2.1.) bzw. $\hat{M}$ vollständig in X ist (cf. auch 2.6.1.(3) (c) und (d)), dann ist M entweder zyklisch oder transitiv.
(2) Wenn $M = \hat{M}$ und f_M (2.2.3.) dezisiv ist für alle A ε [X], dann ist M quasitransitiv bzw. $\hat{M}$ transitiv, und die M- und die $\hat{M}$- Funktion erfüllen (R1) bis (R4).

Beweis: (ad (1)): Angenommen, $x\hat{M}y$ und $y\hat{M}z$. Wenn x, y, z nicht alle distinkt sind, gilt trivial $x\hat{M}z$. Wenn sie distinkt sind, gilt, da $\hat{M}$ vollständig in X ist, $x\hat{M}z$ (transitiv) oder $z\hat{M}x$ (zyklisch).
(ad (2)): Da $\hat{M}$ nur zyklisch oder transitiv sein kann, wenn $M = \hat{M}$ (cf. (1)), und es ein Tripel $T \subset X$ gäbe, so daß $f_{\hat{M}}(T) = \emptyset$ wenn $\hat{M}$ zyklisch wäre, muß $\hat{M}$ transitiv sein. Der Rest folgt aus 3.3.7. mit 2.6.1.(3c). ◊

Bisher haben wir notwendige und hinreichende Bedingungen dafür untersucht, daß die M-Funktion dezisiv ist, d.h. daß $f_M(A) \neq \emptyset$ für alle A ε [X]. Wenn wir dieses Postulat aufgeben, und nur eine *gegebene* (*fixe*) Menge Y ε [X] betrachten, ohne ihre Untermengen zu analysieren, so vereinfacht sich das Auswahlproblem beträchtlich.

Bemerkung 3.4.11.: Für eine gegebene Menge $Y \in [X]$ kann gelten:

(1) $f_M(Y) \neq \emptyset$ und M ist nicht azyklisch (cf. 3.2.3.);

(2) $f_{\hat{M}}(Y) \neq \emptyset$ und $\hat{M}$ ist vollständig in Y, aber nicht transitiv (cf. 3.1.11. und 3.3.7.). ◇

Das folgende Beispiel illustriert die obige Bemerkung, wobei die Bögen in 3.4.6.(a) die Relation M verkörpern, in (b) die Relation $\hat{M}$.

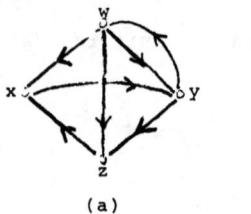

(a)   (b)

Fig. 3.4.6.

Sei $Y = \{x, y, z, w\}$. Dann ist $f_M(Y) = \{w\}$ in (a) und $f_{\hat{M}}(Y) = \{w\}$ in (b), obwohl in beiden Fällen ein Zyklus $x\hat{M}\ z\ \hat{M}y\ \hat{M}x \ldots$ besteht. Weder die M- noch die $\hat{M}$- Funktion ist natürlich dezisiv, denn $f(\{x, y, z\}) = \emptyset$. Zu beachten ist, daß hier zwar für $A, A' \subseteq Y$ mit $A \subseteq A'$

(R1) $\qquad A \cap f(A') \subseteq f(A)$

für die M- Funktion, und

(R4) $\qquad [A \cap f(A') \neq \emptyset \Rightarrow A \cap f(A') = f(A)]$

für die $\hat{M}$- Funktion gilt, wie leicht zu beweisen wäre, aber jene Implikationen der (R1)- bzw. (R4)- Bedingung folgen *nicht*, die für dezisive Funktionen formuliert sind.

Sen und Pattanaik (1969, Ch. VI) liefern einige einfache Resultate bezüglich einer nichtleeren Auswahlmenge $f_M(Y)$, wenn Y fixiert ist. Zunächst benötigen wir die Definition der Pareto-Optimalität.[1]

Definition 3.4.12.: Sei x, y ∈ X ∈ χ, sei $\{R_\omega | \omega \in \Omega\}$ mit $\Omega \in \chi$ eine Familie vollständiger Relationen in X, $\hat{R}$ sei die assoziierte strikte Relation, und f eine Auswahlfunktion. Wir sagen " y ist *Pareto-dominiert* durch x " (cf. 4.4.10) genau dann, wenn

$$\forall \omega \in \Omega : y R_\omega x \land \exists \omega \in \Omega : y \hat{R}_\omega x ,$$

und die dadurch etablierte Relation zwischen x und y wird

$$y \underline{P} x$$

geschrieben. Gegeben eine Menge $Y \in [X]$, heißt ein Element $x \in Y$ "*Pareto-optimal* in Y " genau dann, wenn

$$\nexists y \in Y : x \underline{P} y,$$

und das "*Pareto-Kriterium* ist definiert durch

$$x, y \in Y \land x \underline{P} y \Rightarrow x \notin f(Y). \diamond$$

Satz 3.4.13.: Gegeben sei $Y \in [X]$. Wir schreiben $\underline{P}_Y$ für die Menge Pareto-optimaler Elemente in Y. Es gilt:

(1) $f_M(Y) \neq \emptyset$ genau dann, wenn $f_M(\underline{P}_Y) \neq \emptyset$.

(2) Wenn jedes Tripel T von Elementen in $\underline{P}_Y$ die Bedingung (ÜK) oder (BRÜ) erfüllt, dann ist $f_M(Y)$ nicht leer.

(3) Vorausgesetzt daß Card $\underline{P}_Y \leq 3$, ist die Prämisse von (2) notwendig und hinreichend für $f_M(Y) \neq \emptyset$. $\diamond$

Die Beweise sind relativ einfach und in Sen und Pattanaik

(1969) zusammen mit Pattanaik (1968) zu finden.

Zu guter Letzt sei noch die Möglichkeit erwähnt, daß die M-Funktion durch Einführung einer besonderen Alternative x_o dezisiv gemacht wird.

Bemerkung 3.4.14.: Angenommen, die M-Funktion werde durch ein Verfahren analog zu 3.4.1.(2) dezisiv gemacht. Dann verletzt sie (R1), wenn M nicht azyklisch ist (cf. Fig. 3.4.7.). ◊

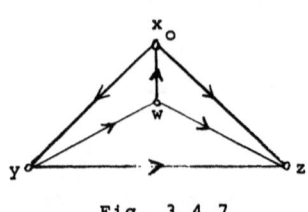

Fig. 3.4.7.

Jeder Bogen in 3.4.7. verkörpert ein Element aus $\hat{M}$. Sei $A´ = \{x_o, y, z, w\}$ und $A = \{x_o, z, w\}$. Dann gilt $f_M(A´) = \{x_o\}$ und $f_M(A) = \{w\}$, obwohl $f_M(A´) \cap A \neq \emptyset$.

Nicht alle Resultate bezüglich der Condorcet- Funktion gelten auch für die Regel der absoluten Mehrheit bzw. Sen's *absolute Mehrheitsregel*. Die Teile (1) und (2) im folgenden Satz werden von Sen und Pattanaik bewiesen (1969, Theoreme I bis III).

Satz 3.4.15.: (1) Wenn jedes Tripel $T \in \Pi_3 X$ die Bedingung (BÜ) oder (BRÜ) erfüllt, dann ist die Relation

$M_s \subset X \times X$ (2.2.11.) quasitransitiv, unabhängig von der relativen Häufigkeit der $R_\omega \in Q(X)$ ($\omega \in \Omega$).

(2) Die Bedingung (ÜK) ist jedoch nicht hinreichend für die Quasitransitivität der M_s-Relation.

(3) Keine der Bedingungen (BÜ), (BRÜ), oder (ÜK) ist hinreichend für die Transitivität von M_s.

(4) Keine der Bedingungen (BÜ), (BRÜ), oder (ÜK) ist notwendig für die Azyklizität oder Quasitransitivität von M_s.

(5) Weder (BÜ) noch (ÜK) ist notwendig für die Transitivität von M_s.

Beweis: (ad (1) und (2)): cf. Sen und Pattanaik (1969).

(ad (3)): Angenommen, wir haben drei vollständige Präordnungen auf $X = \{x, y, z\}$, und zwar (α) zPyPx, (β) yPxIz, und (γ) xIyIz, jede Präordnung für genau ein $\omega \in \Omega$ mit Card $\Omega = 3$. Dann ist M_s nicht transitiv, denn $y\hat{M}_s x$ und $yI_{M_s} z$ und $zI_{M_s} x$, aber jede der drei genannten Bedingungen ist erfüllt.

(ad (4)): Es ist nicht schwer, entsprechende Beispiele zu entwickeln, etwa indem man bestimmte Präordnungskonfigurationen, die in Sen und Pattanaik (1969, p. 192) notiert sind, verwendet. (Zur Vorgangsweise vgl. den Beweis zu (5)).

(ad (5)): Angenommen, wir haben drei vollständige Präordnungen auf $X = \{x, y, z\}$: nämlich (α) zPyPx, (β) xIyPz, und (γ) zPxIy. Dann ist M_s transitiv, unabhängig von der relativen Häufigkeit der R_ω (genau eine Präordnung für ein $\omega \in \Omega$, aber $R_\omega \neq R_{\omega'}$ braucht nicht zu gelten), wie wir nun zeigen.

Schreiben wir Nα) für Card $\{\omega \in \Omega | R_\omega$ ist $(\alpha)\}$. Nun gilt entweder (i) $y\hat{M}_s x$ oder (ii) $yI_{M_s} x$. Wenn (i), dann muß gelten Nα) > $\frac{n}{2}$, wobei n = Card Ω, sodaß M_s gleich ist (α), also transitiv. Wenn (ii), dann Nα) ≤ $\frac{n}{2}$. Kann $z\hat{M}_s y$ und $x\hat{M}_s z$ gelten? Nein, denn dann müßte gelten (Nα) + Nγ)) > $\frac{n}{2}$ und Nβ) > $\frac{n}{2}$, was unmöglich ist, da (Nα) + Nβ) + Nγ)) = n. Kann $yI_{M_s} z$ und $x\hat{M}_s z$ gelten? Nein, denn dann müßte einerseits (Nα) + Nγ)) ≤ $\frac{n}{2}$ und Nγ) ≤ $\frac{n}{2}$ gelten und andererseits Nγ) > $\frac{n}{2}$, was unmöglich ist. Und analog in den anderen Fällen, in denen M_s nicht transitiv wäre. - Da die Präordnungskombination {α, β, γ} die Bedingung (ÜK) verletzt, ist (5) hinsichtlich (ÜK) bewiesen. - Der Beweis hinsichtlich (BÜ) beruht auf den beiden Präordnungen (α) zPyPx und (β) xPyPz. Dann ist M_s, wie leicht zu überprüfen ist, stets transitiv, aber (BÜ) ist verletzt. ◊

Im Gegensatz zur Condorcet-Funktion sind demnach (BÜ) und (BRÜ) hinreichende, aber nicht notwendige Bedingungen für die Quasitransitivität von M_s (cf. 3.4.5.). Hingegen ist (ÜK) notwendig und hinreichend für die Transitivität von M (3.4.7.), aber nicht einmal hinreichend für die Quasitransitivität von M_s; tatsächlich besitzen wir keine hinreichende Bedingung - im Sinne einer Restriktion für die zulässigen "Gesellschaften" D(X) - für die Transitivität von M_s. Schließlich ist zu erwähnen, daß (BRÜ) in 3.4.15.(5) deshalb nicht aufscheint, weil wir weder beweisen konnten, daß (BRÜ) notwendig, noch daß (BRÜ) nicht notwendig für die

Transitivität von M_s ist (cf. auch 3.4.9.(2)). Fassen wir zusammen:

<u>Korollar 3.4.16.</u>: Unabhängig von der relativen Häufigkeit der $R_\omega \in Q(X)$ ($\omega \in \Omega$) erfüllt die M_s-Funktion die Rationalitätsbedingungen (R1), (R2) und (R3), wenn jedes Tripel von Alternativen in X die Bedingung (BÜ) oder (BRÜ) erfüllt. ◊

<u>Bemerkung 3.4.17.</u>: 3.4.11. und 3.4.14. gelten analog auch für die M_s-Funktion. ◊

Für eine gegebene Menge $Y \in [X]$ braucht M_s also nicht azyklisch zu sein, damit $f_{M_s}(Y) \neq \emptyset$, und die M_s-Funktion verletzt Bedingung (R1), wenn sie durch ein x_o-Verfahren analog zu 3.4.1.(2) dezisiv gemacht wird.

Wir gehen nun über zu den Funktionen in 2.3., der <u>Pluralität</u> und verwandten Funktionen. Im Gegensatz zu den bisher in 3.4. behandelten Funktionen sind die meisten dieser Gruppe dezisiv, unabhängig von der Struktur der Präordnungs- bzw. Kettenfamilie $\{R_\omega \mid \omega \in \Omega\}$, die der Auswahl jeweils zugrundeliegt. Dieser Vorteil, den diese Auswahlfunktionen daher etwa gegenüber den Condorcet-Funktionen besitzen, kontrastiert mit ihrem schwachen Abschneiden in Bezug auf unsere Rationalitätsbedingungen.

Satz 3.4.18.: Die P-, P_1-, P_2-, P_3-, P_4- und die D-Funktion (2.3.1., 2.3.3. bis 2.3.7.) verletzen Bedingung (R1).

Beweis: Betrachten wir $X \supset A' = \{x, y, z, w\}$ und $\{R_\omega \in Q(A') \mid \omega \in \Omega\}$ aus Fig. 2.6.1. Dann ist $f(A')$ für die P-, P_1-, P_2- und P_4- Funktion $\{x\}$; aber $A' \supset A = \{x, y\} \cap \{x\} \not\subset \{y\} = f(A)$. – Nehmen wir weiters $A' = \{x, y, z, w\}$ und die R_ω- Familie aus Fig. 2.3.4.; dann ist $f_{P_3}(A') = \{x\}$, aber $A = \{x, z\} \cap \{x\} \not\subset \{z\} = f_{P_3}(A)$. – Schließlich, sei $A' = \{x, y, z, u, v, w\}$ und die R_ω- Familie wie in Fig. 2.6.2.; dann ist $f_D(A') = A'$, aber $A = \{x, y\} \cap A' \not\subset \{x\} = f_D(A)$. ◊

Während die M- Funktion die Bedingung (R1) nur dann verletzt, wenn die Relation M zyklisch ist, d.h. ein Fall des Abstimmungsparadoxons vorliegt, trifft das für die genannten Pluralitätsfunktionen nicht zu: in keinem der im Beweis für 3.4.18. genannten Beispiele tritt ein Abstimmungsparadoxon auf. (In Fig. 2.6.1. ist $\hat{M}$ vollständig und transitiv, sodaß die M- Funktion (R1) bis (R4) erfüllt; ebenso in 2.6.2. In Fig. 2.3.4. ist M azyklisch, sodaß die M- Funktion (R1) und (R2) erfüllt.)

Im Gegensatz zu den bisher genannten Pluralitätsfunktionen sind die P_a- und P_s- Funktion nicht generell dezisiv. Falls aber die der Auswahl zugrunde liegende Kettenfamilie $\{R_\omega \mid \omega \in \Omega\}$ Dezisivität zuläßt, erfüllen diese beiden Auswahlfunktionen gewisse Rationalitätsbedingungen.

<u>Satz 3.4.19.</u>: (<u>1</u>) Wenn die P_a- Funktion (<u>2.3.8.</u>) dezisiv ist in X, dann erfüllt sie mindestens (R1) und (R2). (<u>2</u>) Wenn die P_s- Funktion (<u>2.3.8.</u>) dezisiv ist in X, dann erfüllt sie die Bedingungen (R1) bis (R4).

Beweis: (<u>ad</u> (<u>1</u>)): Für alle $A \in [X]$ gilt: $(f_{P_a}(A) \neq \emptyset)$ $\Rightarrow f_{P_a}(A) = f_M(A)$ (cf. <u>2.6.1.</u>). M.a.W., Dezisivität von f_{P_a} impliziert Identität mit und Dezisivität von f_M. Da f_M eine binäre Auswahlfunktion ist, ist damit gemäß <u>3.2.9.</u> (R1) und (R2) erfüllt. Da nicht ausgeschlossen ist, daß M quasitransitiv oder transitiv ist, wird "mindestens" (R1) und (R2) erfüllt.

(<u>ad</u> (<u>2</u>)): Für alle $A \in [X]$ gilt: $(f_{P_s}(A) \neq \emptyset) \Rightarrow f_{P_s}(A) = f_{\hat{M}}(A)$ (cf. <u>2.6.1.</u>). M.a.W., Dezisivität von f_{P_s} impliziert Identität mit und Dezisivität von $f_{\hat{M}}$. Demnach sind gemäß <u>3.4.10.</u>(<u>2</u>) alle vier Rationalitätsbedingungen erfüllt. ◊

Falls $f_{P_a}(Y)$ nichtleer ist für eine gegebene Menge $Y \in [X]$, aber nicht für alle Untermengen $A \subset Y$, so gilt der Text nach <u>3.4.11.</u> analog. Das heißt, für alle $A \subset Y$ gilt zwar

(R1) $A \cap f_{P_a}(Y) \subset f_{P_a}(A)$,

aber jene Implikationen der (R1)- Bedingung folgen nicht, die auch Dezisivität von f voraussetzen. - Da für alle zweiwertigen $Z \in [X]$

gilt: $f_{P_a}(Z) = f_M(Z)$ (cf. 2.6.10.), ist der aus f_{P_a} abgeleitete binäre Vergleich F (3.1.2.) identisch mit M. Wenn nun $f_{P_a}(Y)$ zwar nicht leer ist, aber f_{P_a} nicht dezisiv ist für alle $A \subset Y$, dann braucht M auch nicht azyklisch zu sein.

In ähnlicher Weise gilt auch, wie leicht einzusehen ist, daß

(R4) $\quad [A \cap f_{P_s}(Y) \neq \emptyset] \Rightarrow [A \cap f_{P_s}(Y) = f_{P_s}(A)]$

für alle $A \subset Y$, aber wenn f_{P_s} nicht dezisiv ist für alle $A \subset Y$, dann folgen auch die Implikationen der (R4)- Bedingung nicht.

Schließlich ist zu erwähnen, daß (R1) verletzt wird, wenn die P_a- (oder die P_s-) Funktion durch Einführung einer besonderen Alternative dezisiv gemacht wird, wie das folgende simple Beispiel zeigt.

x_o	y	z
y	z	w
z	w	x_o
w	x_o	y
R_1	R_2	R_3

Fig. 3.4.8.

Wenn $A´ = \{x_o, y, z, w\}$, so führt ein Verfahren gemäß 3.4.1.(2) zu $f_{P_a}(A´)$ $= \{x_o\}$. Nun sei $A = \{x_o, z, w\} \subset A´$; dann haben wir $A \cap \{x_o\} \not\subset \{z\} = f_{P_a}(A)$.

Wir fassen zusammen:

<u>Bemerkung 3.4.20.</u>: Mutatis mutandis gelten 3.4.11. und

der Text zu Fig. 3.4.6. sowie <u>3.4.14</u>. analog für die P_a- und die P_s- Funktion. ◊

Bezüglich der <u>Rangsummenfunktionen</u> (2.4.) ist daran zu erinnern, daß durch jede Rangfolge $\theta_Y \in {}_LG^Y{}_J$ eine vollständige Präordnung auf $Y \in [X]$ erklärt ist (<u>2.4.4</u>.). Wir müssen jedoch die spezifischen und pauschalen Anwendungen einer Auswahlfunktion jeweils unterscheiden.

<u>Satz 3.4.21.</u>: Gegeben sei $A´ \in [X]$. Dann gilt für jede Rangsummenfunktion f: (<u>1</u>) Wird für alle $A \subset A´$ die Auswahlmenge f(A) durch die pauschale Rangfolge $\theta_{A´}|_A$ (<u>2.4.3</u>.) bestimmt, dann erfüllt f die Bedingungen (R1) bis (R4);

(<u>2</u>) wird aber die Auswahlmenge f(A) durch die spezifische Rangfolge θ_A bestimmt, dann verletzt f im allgemeinen die Bedingung (R1).

<u>Beweis</u>: (<u>ad</u> (<u>1</u>): Gilt die Prämisse, dann ist f(A) = $\{x \in A| \ y \in A \Rightarrow \theta_{A´}(y) \leq \theta_{A´}(x)\}$. Daraus folgt $[A \cap f(A´) \neq \emptyset] \Rightarrow [A \cap f(A´) = f(A)]$, und da f auch dezisiv ist, ist (R4) erfüllt, und damit auch (R1) bis (R3). (Der transitive binäre Vergleich F ist hier definiert durch xFy $\Leftrightarrow \theta_{A´}(x) \leq \theta_{A´}(y)$ (x, y $\in$ A´); cf. <u>2.4.4</u>.).
(<u>ad</u> (<u>2</u>)): (R1) wird verletzt, wenn nicht für alle $A \subset A´$ gilt: $A \cap f(A´) \subset f(A)$, was jede Rangsummenfunktion in einer spezifischen Anwendung zuläßt, denn der binäre Vergleich F´

definiert durch $\theta_{A'}$ ist im allgemeinen keine "Fortsetzung" von F definiert durch θ_A, d.h., es gilt nicht generell daß $\theta_{A'}|_A = \theta_A$. ◊

Die pauschalen Anwendungen der Borda- Auswahlfunktionen (2.4.6. und 2.4.7.), der Copeland- Funktion (2.4.11.) und der kumulativen Punktbewertung (2.4.12.) erfüllen demnach (R1) bis (R4), für eine gegebene Menge $A' \in [X]$, die spezifischen Auswendungen verletzen (R1) und demnach auch alle anderen Rationalitätsbedingungen. Anders als bei den Condorcet- Funktionen hängt der letztgenannte Effekt nicht davon ab, daß die R_ω - Familie (jedes R aus Q(X) oder K(X), ω aus Ω) Merkmale des Abstimmungsparadoxons aufweist. So ergibt sich beispielsweise für Fig. 2.6.9.: $f_B(A) = f_{B_m}(A) = \{y\}$, aber $\{x, y\} \cap \{y\} \not\subset \{x\} = f_B(\{x, y\}) = f_{B_m}(\{x, y\})$, womit (R1) verletzt ist. Auch die spezifische Anwendung der Copeland- Funktion verletzt (R1) selbst dann, wenn die Relation M nicht zyklisch ist, wie aus Fig. 2.6.7. hervorgeht: $f_C(A) = \{y\}$, aber $\{x, y\} \cap \{y\} \not\subset \{x\} = f_C(\{x, y\})$, womit (R1) verletzt ist. Wenn andererseits ein Condorcet- Effekt so wie in 2.2.4. vorliegt, dann verletzen die spezifischen Anwendungen der B-, B_m-, und C- Funktion ebenfalls (R1) (cf. auch 2.4.9.).

Es bleibt noch zu überprüfen, wie die Varianten der *Pluralen Rang-Funktion*, f_{PR_1} bis f_{PR_m} (2.5.), in Bezug auf die Rationalitätsbedingungen abschneiden (cf. dazu Sertel-

Van der Bellen 1974, Ch. 4).

$\underline{Satz\ 3.4.22.}$: Jede Plurale Rangfunktion f_{PR_i} (i ε { 1, ..., n}) ($\underline{2.5.1.}$ bzw. $\underline{2.5.3.}$) erfüllt die Bedingungen (R1) bis (R4).

$\underline{Beweis}$: Wir könnten uns damit begnügen, darauf zu verweisen, daß jede PR- Funktion die pauschalen Rangfolgen $\omega_x|_Y$ für alle Y ε [X] verwendet (cf. $\underline{2.4.3.}$), und einen Analogieschluß mit Rekurs auf $\underline{3.4.21.}$ machen. Wir führen jedoch den ausführlichen Beweis, auch um die Arbeitsweise der PR- Funktionen zu verdeutlichen. - Zunächst zur PR_1- Funktion ($\underline{2.5.1.}$). Sei A, A´ ε [X] mit A ⊂ A´. Dann ist $\bar{\omega}_1(A) \leq \bar{\omega}_1(A´)$. Wenn $\bar{\omega}_1(A) < \bar{\omega}_1(A´)$, dann $A \cap f_{PR_1}(A´) = \emptyset$ und (R4) ist trivial erfüllt. Angenommen $\bar{\omega}_1(A) = \bar{\omega}_1(A´)$; sei x ε $f_{PR_1}(A)$ und y ε $f_{PR_1}(A´)$, und sei k = Card { ω ε Ω| ω(x) = $\bar{\omega}_1(A)$ = $\bar{\omega}_1(A´)$} bzw. k´ = Card { ω ε Ω| ω(y) = $\bar{\omega}_1(A´)$ = $\bar{\omega}_1(A)$}. Wenn k > k´, dann y ∉ $f_{PR_1}(A´)$, was falsch ist; also k ≤ k´. Wenn k < k´, dann $A \cap f_{PR_1}(A´) = \emptyset$, sodaß (R4) trivial erfüllt ist. Wenn k = k´, dann x ε $f_{PR_1}(A)$ <=> x ε $f_{PR_1}(A´) \cap A$, sodaß (R4) erfüllt ist. - Nun zu den PR_i- Funktionen (i ε { 2, ..., n}). Sei wieder A, A´ ε [X] mit A ⊂ A´. Wir wissen bereits, daß f_{PR_1} (R4) erfüllt. Wenn nun $f_{PR_1}(A´) \cap A = \emptyset$, dann folgt aus $f_{PR_2} \subset f_{PR_1}$, daß $f_{PR_2}(A´) \cap A = \emptyset \subset f_{PR_2}(A)$. Angenommen $f_{PR_1}(A´) \cap A \neq \emptyset$. Wenn $\bar{\omega}_2(A´)$ nicht existiert, dann $f_{PR_1}(A´) = f_{PR_2}(A´)$ und weiters, da $f_{PR_1}(A) = f_{PR_2}(A´)$

$\bigcap A \subseteq f_{PR_2}(A')$, existiert auch kein $\bar{\omega}_2(A)$, sodaß $f_{PR_1}(A) = f_{PR_2}(A)$ und $f_{PR_2}(A) = f_{PR_2}(A') \bigcap A$ bzw. (R4) trivial erfüllt ist.

Wenn aber $\bar{\omega}_2(A')$ existiert und $x \in f_{PR_2}(A') \bigcap A$, dann gibt es auch $\bar{\omega}_2(A) = \bar{\omega}_2(A')$. Da Card $\{\omega \in \Omega | \omega(x) = \bar{\omega}_2(A')\} \geq$ Card $\{\omega \in \Omega | \omega(y) = \bar{\omega}_2(A')\}$ für alle $y \in f_{PR_1}(A')$ gilt, gilt das auch für alle $y \in f_{PR_1}(A) = f_{PR_1}(A') \bigcap A \subseteq f_{PR_1}(A')$, sodaß $x \in f_{PR_2}(A) \subseteq f_{PR_1}(A)$. Das zeigt $A \bigcap f_{PR_2}(A') \subseteq f_{PR_2}(A)$ bzw. (R1).

Für (R4) benötigen wir noch die umgekehrte Inklusion. Wieder angenommen, $\bar{\omega}_2(A')$ existiert und $f_{PR_2}(A') \bigcap A \neq \emptyset$, und sei $x \in f_{PR_2}(A)$. Dann gilt wieder $\bar{\omega}_2(A) = \bar{\omega}_2(A')$. Aus $x \in f_{PR_2}(A)$ folgt Card $\{\omega \in \Omega | \omega(y) = \bar{\omega}_2(A)\} =$ Card $\{\omega \in \Omega | \omega(x) = \bar{\omega}_2(A)\}$ für alle $y \in f_{PR_2}(A') \bigcap A$, sodaß $x \in f_{PR_2}(A') \bigcap A$, womit $A \bigcap f_{PR_2}(A') = f_{PR_2}(A)$ und (R4) erfüllt ist.

Die Wiederholung dieser Argumente in Bezug auf die PR_3-, ..., PR_n- Funktion vollendet den Beweis. ◊

Im Lichte von 3.4.21.(1) kann das Ergebnis 3.4.22. kaum überraschen; da die PR- Funktionen mit einer pauschalen Rangfolge auf X arbeiten, erfüllen sie die Rationalitätsbedingungen (R1) bis (R4). Vollständigkeitshalber halten wir noch eine Bedingung fest, die den durch f_{PR_1} definierten binären Vergleich F_{PR} nicht nur zu einer Präordnung, sondern zu einer Kette auf X macht.

__Satz 3.4.23.__: Den binären Vergleich F_{PR} (cf. __3.1.2.__) definieren wir durch

$$xF_{PR}y \iff y \in f_{PR_1}(\{x, y\}) \quad (x, y \in X).$$

F_{PR} ist eine Kette auf X genau dann, wenn

$$(\kappa) \quad \forall x, y \in X: [\bar{\omega}(\{x\}) = \bar{\omega}(\{y\}) \text{ und}$$
$$\text{Card} \{\omega \in \Omega |\ \omega(x) = \bar{\omega}(\{x\})\} =$$
$$\text{Card} \{\omega \in \Omega |\ \omega(y) = \bar{\omega}(\{y\})\}] \Rightarrow x = y.$$

__Beweis__: (__ad__ "$F_{PR} \in K(X) \Rightarrow (\kappa)$"): Klar, denn wenn F_{PR} eine Kette ist, dann ist f_{PR_1} stets einwertig für zweiwertige Mengen $Z \in [X]$, und dann ist (κ) offensichtlich. (__ad__ "$(\kappa) \Rightarrow F_{PR} \in K(X)$"): Es gelte (κ) und x, y sei aus X. Wenn $\bar{\omega}(\{x\}) > \bar{\omega}(\{y\})$, dann $f_{PR_1}(\{x, y\}) = \{x\}$, und analog für "<". Wenn $\bar{\omega}(\{x\}) = \bar{\omega}(\{y\})$, dann folgt aus (κ), daß $f(\{x, y\})$ wieder einwertig ist. M.a.W., (κ) impliziert Antisymmetrie von F_{PR}, und da F_{PR} wegen __3.4.22.__ stets auch reflexiv, vollständig und transitiv ist, ist F_{PR} eine Kette auf X. ◊

Damit haben wir unseren Vergleich von gewissen Auswahlfunktionen mit den in 3.1. bis 3.3. definierten Rationalitätsbedingungen abgeschlossen, und gehen über zu einer Frage, deren Beantwortung eng mit den Rationalitätseigenschaften einer Auswahlfunktion zusammenhängt: der sequentiellen Invarianz einer Auswahlfunktion und verwandten Eigenschaften.

4. Pfad-Unabhängigkeit und verwandte Kriterien.

4.1. Verfahren der sequentiellen Elimination.

In der Praxis sind Arten des folgenden Auswahlverfahrens nicht selten: wenn aus einer Menge X zu
wählen ist, werden zunächst zwei beliebige Elemente
x, y aus X herausgegriffen und miteinander verglichen.
Stellt sich x als besser heraus als y, dann wird y
aus dem weiteren Auswahlverfahren eliminiert, und x
wird mit einem anderen beliebigen Element z ε X
verglichen; wieder wird der "Verlierer" eliminiert, usw.,
solange bis alle Elemente aus X wenigstens einmal in
einem Vergleich geprüft wurden. Die sich aus dem zuletzt
vorgenommenen Vergleich ergebende Auswahlmenge gilt als
Auswahlmenge von X.

Dieses Verfahren beruht also auf einer Serie (oder
Sequenz) von einzelnen Schritten, so daß die Auswahlmenge bei Schritt j abhängt von der Auswahlmenge bei
Schritt j - 1. Die Frage ist nun, ob die Auswahlmengen
f(X) voneinander divergieren, je nachdem, ob die
Alternativen gemäß der Sequenz k oder der Sequenz k´
miteinander verglichen werden. (Eine Sequenz in X ist
ja nichts anderes als eine Kette auf X, d.h. eine
vollständige, transitive und antisymmetrische Relation;
und wenn Card X = m, dann Card K(X) = m!, d.h. dann

gibt es m! Möglichkeiten von Sequenzen.) Falls die
Auswahlfunktion f eine solche Divergenz nicht zuläßt,
sagen wir, daß f *sequentiell invariant* ist.

Das Abstimmungsparadoxon (2.2.4.) ist, wenn z.B.
die Condorcet-Funktion (2.2.3.) angewandt wird, ein
krasses Beispiel dafür, wann sequentielle Invarianz *nicht*
vorliegt. Nehmen wir A und R_ω ($\omega \in \Omega$) wie in 2.2.4.
und eine der Auswahlfunktionen, die bei zweiwertigen
Mengen identisch sind mit der Condorcet-Funktion (2.6.10.).
Beginnen wir mit der Sequenz x, y, z. Dann ist
f({ x, y}) = { x}, sodaß y eliminiert wird; und f({ x, z})
= { z}, sodaß f(A) = { z}. Analog erhalten wir aber für
die Sequenz y, z, x die Auswahlmenge f(A) = { x}, und
für die Sequenz z, x, y die Auswahl f(A) = { y}.

Mit anderen Worten, das Ergebnis des Auswahlverfahrens
wird bestimmt durch die Reihenfolge, in der die Alternativen miteinander verglichen werden. Außer von der
Struktur der Präordnungen R ε Q(X) (cf. etwa die
Bedingungen der Begrenzten Übereinstimmung usw. in 3.4.2.
bis 3.4.4.) und der numerischen Verteilung der ω ε Ω
auf die einzelnen Präordnungen R hängt die Auswahlmenge
f(X) auch von der Sequenz k ab (k ε K(X)), die gerade
angewandt wird. In Bezug auf kollektive Auswahlfunktionen
liegt damit auf der Hand, daß strategischen Überlegungen
große Bedeutung zukommt; d.h., wenn das Kollektivmitglied

i ε N - z.B. der Vorsitzende - in der Lage ist, die
Reihenfolge der Abstimmung bzw. der Elimination zu
beeinflussen, dann kann i ε N damit auch das Ergebnis
des Auswahlverfahrens beeinflussen. Im allgemeinen gilt:
je später die von i präferierte Alternative x ε X
im Eliminationsverfahren an die Reihe kommt, desto
größer die Chance, daß x zur Auswahlmenge f(X) gehört.
Auf diese strategischen Aspekte werden wir aber nicht
näher eingehen.[1]

Wir mögen anmerken, daß sequentielle Varianz nicht
auf der Verwendung der Condorcet- Funktion beruht, da
jede Funktion aus 2.6.10. das gleiche Ergebnis erbringt,
wenn das sequentielle Verfahren in einem Fall des
Abstimmungsparadoxons wie in 2.2.4 angewandt wird.[2] Und
weiters, daß fast alle Auswahlfunktionen aus Kapitel 2
durch eine sequentielle Anwendung *dezisiv* gemacht werden
(ausgenommen z.B. die Konsensfunktion); die nichtleere
Auswahlmenge wird aber u.U. erkauft mit sequentieller
Varianz von f.[3]

Es bleibt noch zu erwähnen, daß nicht jede Funktion,
die den Namen "Eliminations"- Funktion trägt, auf einem
sequentiellen Verfahren beruht. Die Borda- Eliminationsfunktion etwa (2.4.10.) gehört nicht hierher; bei ihr
ist sequentielle Varianz per definitionen unmöglich.
Das gleiche trifft für Black's Exhaustive Voting ("... a
process of elimination...": 1958, p. 69) zu. In diesen

Fällen ist Elimination bloß das Spiegelbild der Auswahl in einer Menge X (vgl. das Konzept der "Ausscheidungsfunktion" in 3.1.7., 3.1.8., 3.1.10., 3.1.12., und 3.1.14.).

Wir formalisieren nun das Konzept der sequentiellen Invarianz und ähnliche Kriterien und überprüfen ihre Implikationen für Auswahlfunktionen.[1]

4.2. Sequentielle Invarianz, Begrenzte Varianz, Pfad-Unabhängigkeit

Definition 4.2.1.: Sei $A \in [X]$ mit $X \in \chi$ und Card $A = m \in \mathbb{N}$, $K(A)$ sei die Menge aller Ketten auf A, und f sei eine Auswahlfunktion. In jedem $k \in K(A)$ bezeichnen wir das j-te Element von A in Bezug auf k mit $e_k^j(A)$, wobei $j \in \{1, \ldots, m\}$. Eine *Eliminationsfunktion* $e: A \rightarrow P(A)$ ist definiert durch

$$e(e_k^j(A)) = f(e(e_k^{j-1}(A)) \cup \{e_k^j(A)\})$$

mit der Konvention, daß $e_k^o(A) = \emptyset$, und der Notation

$$e(e_k^m(A)) = f_k(A) \, . \quad \diamond$$

Die Funktion e ordnet also jedem $x \in A$ eine Menge $B \subset A$ zu, die definiert ist durch die Auswahlmenge der Vereinigung von x mit dem Bild von $y \in A$ gemäß der Funktion e, wobei y das x vorausgehende Element von A gemäß der Kette oder dem *Pfad* $k \in K(A)$ ist. Wenn die Auswahlfunktion f dezisiv ist, dann ist auch die Eliminationsfunktion e dezisiv, i.e., dann gilt $e: A \rightarrow [A]$. Die folgende Figur (4.2.1.) dient vor allem der Illustration der Notation.

K(A) für A = {x, y, z}.			
Pfad $k_i \varepsilon K(A)$	$e^1_{k_i}(A)$	$e^2_{k_i}(A)$	$e^3_{k_i}(A)$
k_1	x	y	z
k_2	x	z	y
k_3	y	x	z
k_4	y	z	x
k_5	z	x	y
k_6	z	y	x

Fig. 4.2.1.

Definition 4.2.2.: Eine Auswahlfunktion f wird genau dann bezeichnet als

(<u>1</u>) "begrenzt sequentiell variant", oder kurz:
"*begrenzt variant*", wenn die Menge $s_f(A)$, definiert
durch

$$s_f(A) = \bigcap_{K(A)} f_k(A) ,$$

nicht leer ist für jede endliche Menge $A \varepsilon [X]$;

(<u>2</u>) "*sequentiell invariant*", wenn $f_k(A) = f_{k'}(A)$ für
alle k, k' ε K(A) und jede endliche Menge
$A \varepsilon [X]$;

(<u>3</u>) "*pfad-unabhängig*", wenn $f_k(A) = f(A)$ für alle

k ε K(A) und jede endliche Menge A ε $[X]$. ◊

Mit diesen drei Kriterien versuchen wir wünschenswerte Eigenschaften von Verfahren der sequentiellen Elimination in den Griff zu bekommen. Pfad-Unabhängigkeit verlangt, daß die "Pfad-Auswahlmenge" $f_k(A)$ stets identisch ist mit $f(A)$, also jener Auswahlmenge von A, die sich auch ergeben hätte, wenn f nicht als sequentielle Elimination verwendet worden wäre; und zwar muß diese Identität für alle Pfade k ε K(A) gelten. Der Name ist Arrow entlehnt, der vermerkte, daß Transitivität "the independence of the final choice from the path to it" garantiere (1963 p. 120). Sequentielle Invarianz verlangt, daß die Auswahlmengen nicht je nach eingeschlagenem "Pfad", d.h. je nach Kette auf A divergieren; aber Identität der Pfad-Auswahlmengen $f_k(A)$ mit $f(A)$ wird nicht postuliert. Und Begrenzte Varianz verlangt lediglich, daß allen Auswahlmengen, die sich je nach eingeschlagenem Pfad ergeben, wenigstens ein Element gemeinsam ist. Das ist wohl als Minimalbedingung eines "vernünftigen" Eliminationsverfahrens anzusehen, denn wenn auch die Bedingung der Begrenzten Varianz verletzt werden kann, dann ist der in 4.1. beschriebene Effekt des Abstimmungsparadoxons ebenfalls zulässig. Für die Beziehungen zwischen den drei Kriterien gilt:

Bemerkung 4.2.3.: Wenn f dezisiv ist, dann
impliziert Pfad-Unabhängigkeit Sequentielle Invarianz, und
Sequentielle Invarianz impliziert Begrenzte Varianz, aber
keine der Umkehrimplikationen ist wahr.

Beweis: Die Implikationen sind offensichtlich. Daß Begrenzte
Varianz nicht Sequentielle Invarianz impliziert, wird in Beispiel 4.2.4. deutlich, und "Invarianz $\not\Rightarrow$ Pfad-Unabhängigkeit"
in 4.2.7. ◊

Beispiel 4.2.4.:   Wir illustrieren Begrenzte
Varianz. Sei $A = \{x, y, z\}$ und $f(A) = \{z\}$, sowie
$x\hat{F}y$, $y\hat{F}z$, xFz und zFx; dann ergeben sich Auswahlmengen $f_{k_i}(A)$ wie in Fig. 4.2.2., wobei jede Kette
k_i aus Fig. 4.2.1. entnommen ist. In diesem Fall ist
also $s_f(A) = \{z\}$ und f ist begrenzt variant, aber
nicht sequentiell invariant.

k_i	$e(e_{k_i}^1(A))$	$e(e_{k_i}^2(A))$	$e(e_{k_i}^3(A)) = f_{k_i}(A)$
k_1	$\{x\}$	$\{y\}$	$\{z\}$
k_2	$\{x\}$	$\{x, z\}$	$\{z\}$
k_3	$\{y\}$	$\{y\}$	$\{z\}$
k_4	$\{y\}$	$\{z\}$	$\{x, z\}$
k_5	$\{z\}$	$\{x, z\}$	$\{z\}$
k_6	$\{z\}$	$\{z\}$	$\{x, z\}$

Fig. 4.2.2.

Eine wichtige Frage ist, ob die Auswahlmenge einer Auswahlfunktion f, die auf Grund eines Vergleichs jeder Alternative mit jeder anderen ermittelt wird, wesentlich divergieren kann von jener Auswahlmenge, die sich auf Grund eines sequentiellen Eliminationsverfahrens mittels f ergibt. Wir definieren das Kriterium der "Sequentiellen Quasi-Ermittelbarkeit":

Definition 4.2.5.: Sei $A \in [X]$ mit $X \in \chi$. Eine Auswahlfunktion f ist

(1) "*sequentiell quasi-ermittelbar*" genau dann, wenn

$$f(A) \subset s_f(A),$$

und

(2) "*sequentiell ermittelbar*" genau dann, wenn

$$f(A) = s_f(A). \quad \diamond$$

Satz 4.2.6.: (<u>1</u>) (a) Jede (R1)-Auswahlfunktion ist sequentiell quasi-ermittelbar, aber (b) nicht jede sequentiell quasi-ermittelbare Auswahlfunktion erfüllt (R1).

(<u>2</u>) Nicht jede dezisive (R1)-Auswahlfunktion ist sequentiell ermittelbar.

(<u>3</u>) Nicht jede dezisive Auswahlfunktion ist sequentiell quasi-ermittelbar (daher auch nicht sequentiell ermittelbar).

(<u>4</u>) Sei f eine Auswahlfunktion, die den binären Vergleich F offenbart. Für die auf F beruhende binäre Auswahlfunktion $\tilde{f}$ gilt

$$s_f(A) \subset \tilde{f}(A),$$

wobei $A \in [X]$ und $X \in \chi$.

<u>Beweis</u>: (<u>ad</u> (<u>1</u>(a)): Die Auswahlfunktion f erfülle (R1). Wir zeigen $f(A) \subset f_k(A)$ für alle Ketten $k \in K(A)$. Sei $A \subset X \in \chi$ und Card $A = m$. Nehmen wir irgendein $k \in K(A)$ und irgendein $x \in f(A)$. Ohne Beschränkung der Allgemeinheit sei $x = e_k^j(A)$ für ein $j \in \{1, \ldots, m\}$, d.h. $x \in e(e_k^{j-1}(A)) \cup \{e_k^j(A)\}$. Dann folgt aus (R1), daß $x \in e(e_k^j(A))$. Auf induktive Weise ergibt sich auch $x \in e(e_k^{l-1}(A)) \cup \{e_k^l(A)\}$ für alle $l \in \{j, \ldots, m\}$, im besonderen für $l = m$. Daher $x \in e(e_k^m(A))$, i.e., $x \in f_k(A)$, wie zu beweisen war.

(<u>ad</u> (<u>1</u>(b)): Sei $A' = \{a, b, c, d, e\} \subset X$, sei $A = A' \setminus \{e\}$ und F transitiv wie in Fig. 4.2.3.:

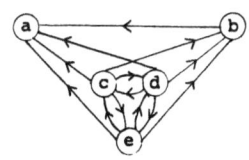

Fig. 4.2.3.

Sei weiter $f(B) = \tilde{f}(B)$ für alle $B \subset A'$ mit $B \neq A$, und $f(A)$ sei $\{c\} \subsetneq \tilde{f}(A) = \{c, d\}$. Dann ist, wie der Leser überprüfen mag, $f(A) \subset s_f(A) = \{c, d\}$, bzw. generell $f(B) \subset s_f(B)$ für alle $B \subset A'$, auch für $B = A'$; also ist f sequentiell quasi-ermittelbar. Aber f verletzt (R1), denn $A \cap f(A') = \{c, d\} \not\subset \{c\} = f(A)$.

(ad (2)): Cf. Beispiel 4.2.7.

(ad (3)): Sei $A = \{x, y, z\} \subset X$, f offenbare den zyklischen Vergleich $x\hat{F}y$, $y\hat{F}z$, $z\hat{F}x$, und $f(A) = B \neq \emptyset$ für ein $B \subset A$. Dann ist $s_f(A) = \emptyset \not\supset f(A)$.

(ad (4)): Wenn $s_f(A) = \emptyset$, dann ist (4) trivial wahr. Wenn $s_f(A) \neq \emptyset$, dann gilt für alle $x \varepsilon s_f(A)$: $x \varepsilon f_k(A)$ für alle $k \varepsilon K(A)$, im besonderen für jene k, in denen $x = e_k^1(A)$. Da $x \varepsilon f_k(A)$, gilt auch $x \varepsilon e(e_k^2(A))$, wobei $e_k^2(A)$ irgendein $y \varepsilon A$ ist; demnach haben wir $y\tilde{F}x$ für alle $y \varepsilon A$, daher $x \varepsilon \tilde{f}(A)$. Also $s_f(A) \subset \tilde{f}(A)$. ◊

Die Aussage (1) in 4.2.6. läßt sich auch so ausdrücken, daß

$$f(A) \subset f_k(A) \qquad (A \varepsilon [X] \subset X, k \varepsilon K(A)),$$

daß also die Auswahlmenge $f(A)$ einer Auswahlfunktion, die (R1) erfüllt, stets im sequentiellen Ergebnis $f_k(A)$ enthalten ist, gleichgültig welchen Pfad $k \varepsilon K(A)$ wir nehmen. Dieses Resultat hat offenbar wesentliche Bedeutung für die Bedingung der Begrenzten Varianz; bevor wir jedoch darauf eingehen, belegen wir (2) aus 4.2.6. mit einem Beispiel.

Beispiel 4.2.7.: Als Beleg für 4.2.6. (2) verwenden wir eine dezisive (R1)-Funktion, die einen transitiven binären Vergleich F (3.1.2.) wie in Fig. 4.2.4. offenbart (jeder Bogen von α nach β verkörpert $\beta F \alpha$):

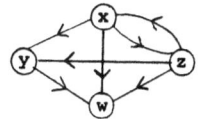

Fig. 4.2.4.

Nehmen wir $A = \{x, y, z, w\}$ und $f(A) = \{x\} \subsetneq \tilde{f}(A) = \{x, z\}$, und nehmen wir weiter an, daß $f(B) = \tilde{f}(B)$ für alle $B \subsetneq A$, sodaß zum Beispiel $f(\{x, y, z\}) = \{x, z\}$. Dann ergibt sich für alle $4! = 24$ Ketten k auf A, daß $f_k(A) = \{x, z\}$, sodaß $s_f(A) = \{x, z\} \neq f(A)$. (Zum Beispiel ergibt sich für die Kette k $e_k^1(A) = y$, $e_k^2(A) = z$, $e_k^3(A) = w$, $e_k^4(A) = x$, daß $e(e_k^1(A)) = \{y\}$, $e(e_k^2(A)) = \{z\}$, $e(e_k^3(A)) = \{z\}$, $e(e_k^4(A)) = \{x, z\}$; die übrigen 23 Ketten zu prüfen, sei dem Leser überlassen.) •

Nun zur Implikation von 4.2.6. (1) für die Bedingung der Begrenzten Varianz:

Satz 4.2.8.: Eine dezisive (R1)-Auswahlfunktion erfüllt (1) jedenfalls die Bedingung der Begrenzten Varianz, aber (2) nicht unbedingt die der Sequentiellen Invarianz.

Beweis: Daß (2) wahr ist, geht aus 4.2.4. hervor. Daß (1) wahr ist, folgt aus 4.2.6. (1): Da $f(A) \subset s_f(A)$ für alle $A \in [X]$ und $f(A) \neq \emptyset$ für alle $A \in [X]$, folgt $s_f(A) \neq \emptyset$; daher ist f stets begrenzt variant. ◊

Für dezisive Auswahlfunktionen, die (R1) erfüllen, sagt somit Begrenzte Varianz beträchtlich mehr aus, als aus der Definition <u>4.2.2</u>. unmittelbar ersichtlich ist; denn durch <u>4.2.6</u>. (<u>1</u>) wissen wir nicht nur, daß $s_f(A) \neq \emptyset$ für alle $A \in [X]$, sondern auch daß $s_f(A) \supset f(A)$ für alle $A \in [X]$. Interessant wäre nun zu wissen, wann der Durchschnitt der f_k-Auswahlmengen von A nicht nur $f(A)$ enthält, sondern identisch ist mit $f(A)$, mit anderen Worten, wann f sequentiell ermittelbar ist. Zunächst eine Vorbemerkung dazu.

Bemerkung 4.2.9.: Eine Auswahlfunktion ist pfad-unabhängig genau dann, wenn sie sequentiell invariant und sequentiell ermittelbar ist. ◊

Betrachten wir nun nochmals <u>4.2.7</u>. mit Fig. 4.2.4. In diesem Beispiel ist f sequentiell invariant, aber nicht pfad-unabhängig, daher auch nicht sequentiell ermittelbar. Aber $\tilde{f}$, die auf dem von f offenbarten binären Vergleich F beruhende binäre Auswahlfunktion (<u>3.2.2</u>.), ist pfad-unabhängig, denn $\tilde{f}(B) = \tilde{f}_k(B)$ für alle $B \subset A$, auch für $B = A$, und für alle $k \in K(A)$. Also ist $\tilde{f}$ hier auch sequentiell ermittelbar. Dieses Ergebnis ist aber generalisierbar für alle binären Auswahlfunktionen, auch wenn sie nicht pfad-unabhängig sind:

Satz 4.2.10.: (<u>1</u>) Jede binäre Auswahlfunktion f (<u>3.2.2</u>.) ist sequentiell ermittelbar.
(<u>2</u>) Jede sequentiell ermittelbare Auswahlfunktion f erfüllt Bedingung (R1).

Beweis: (<u>ad</u> (<u>1</u>)): Sei f eine binäre Auswahlfunktion. Dann gilt wegen <u>4.2.6.</u>(<u>1</u>) und <u>3.2.7.</u>: $f(A) \subset s_f(A)$, und wegen <u>4.2.6.</u>(<u>4</u>): $s_f(A) \subset f(A)$, sodaß $f(A) = s_f(A)$.

(<u>ad</u> (<u>2</u>)): Sei f eine sequentiell ermittelbare Auswahlfunktion, i.e., $f = s_f$, und sei A, A' ϵ [X] mit X ϵ χ und A $\subset$ A'. Angenommen, x ϵ A $\cap$ f(A'). Da x dann auch in $s_f(A')$, gilt x ϵ $f_{k'}(A')$ für alle k' ϵ K(A'). Wenn x $\notin$ $f_k(A)$ für irgendein k ϵ K(A), dann x $\notin$ $f_{k'}(A')$ für jenes k', dessen Restriktion auf A übereinstimmt mit k ϵ K(A). Daher x ϵ $f_k(A)$ für alle k ϵ K(A), i.e., x ϵ $s_f(A) = f(A)$. Damit ist A $\cap$ f(A') $\subset$ f(A) bewiesen und f erfüllt (R1). ◊

Jede pfad-unabhängige Auswahlfunktion ist also durch einen einzigen willkürlich gewählten Pfad k ϵ K(A) sequentiell ermittelbar; eine binäre Auswahlfunktion f braucht jedoch nicht pfad-unabhängig zu sein, um sequentiell ermittelbar zu sein: maximal brauchen wir alle m! Ketten von A (mit Card A = m ϵ $\mathbb{N}$), um f(A) zu ermitteln. (Der Suchprozeß kann z.B. immer dann abgebrochen werden, wenn Card $f_k(A)$ = 1, denn dann $f_k(A)$ = f(A), wie schon aus <u>4.2.6.</u> (<u>1</u>(a)) folgt, vorausgesetzt, daß f dezisiv ist und (R1) erfüllt.)

Eine weitere mögliche Eigenschaft einer Auswahlfunktion, in ihrer Ausprägung als sequentielle Elimination, mag uns in Fig. 4.2.4. auffallen: Wann immer die ersten beiden Glieder einer Kette k die Alternativen x und z sind, gilt $e(e_k^j(A))$ = {x, z} = f(A) für jedes j ϵ {3, 4}. Diese Eigenschaft wird verallgemeinert als "Absorption" oder "*Aufsaugung*" bezeichnet.

Definition 4.2.11.: Eine Auswahlfunktion f wird
(<u>1</u>) genau dann "*punkt-aufsaugend*" oder "punkt-absorptiv"
genannt, wenn

$$f(f(A) \cup \{x\}) = f(A)$$

für alle x einer beliebigen endlichen Menge A ε [X]; und

(<u>2</u>) genau dann "*aufsaugend*" oder "absorptiv" genannt,
wenn

$$f(f(A) \cup B) = f(A)$$

für jede Untermenge B einer beliebigen endlichen Menge
A ε [X]. ◊

Lemma 4.2.12.: Jede (R1)-Auswahlfunktion
ist aufsaugend genau dann, wenn sie punkt-aufsaugend ist.

<u>Beweis</u>: Nehmen wir eine endliche Menge A ε [X] und
irgendein B $\subset$ A, und eine punkt-aufsaugende Funktion f.
Angenommen, b ε f(f(A) $\cup$ B) für irgendein b ε B\f(A).
Dann folgt aus (R1), daß b ε f(f(A) $\cup$ {b}), ein
Widerspruch zur Punkt-Aufsaugung. Daher gilt
f(f(A) $\cup$ B) $\subset$ f(A). Da aber f(A) $\cup$ B $\subset$ A, folgt wieder
aus (R1), daß f(A) = (f(A) $\cup$ B) $\cap$ f(A) $\subset$ f(f(A) $\cup$ B),
daher f(f(A) $\cup$ B) = f(A) . -
Die Umkehrimplikation ist offensichtlich.   ◊

Satz 4.2.13.: Wenn eine (R1)-Auswahl-
funktion f aufsaugend ist, dann ist
(<u>1</u>) der binäre Vergleich F quasitransitiv, und
(<u>2</u>) f pfad-unabhängig.

Beweis: (<u>ad</u> (<u>1</u>)): Angenommen, f ist aufsaugend, $A = \{x, y, z\}$ und $x\hat{F}y$ und $y\hat{F}z$. Dann folgt $f(A) = \{z\}$ wegen (R1), und da f aufsaugend ist, folgt $f(\{x, z\}) = f(A) = \{z\}$, i.e., $x\hat{F}z$.[1]

(<u>ad</u> (<u>2</u>)): f sei aufsaugend und erfülle (R1), und A sei eine endliche Menge in $[X]$. Nehmen wir an, daß f nicht pfad-unabhängig ist ist, d.h., daß es eine Kette $k \in K(A)$ gibt, so daß $f_k(A) \neq f(A)$, i.e., $f(A) \subsetneq f_k(A)$. Dann gibt es $x \in A$, so daß $x \in f_k(A)$, aber $x \notin f(A)$. Da $f_k(A) = f(B)$ für irgendeine Teilmenge $B \subset A$ ist (<u>4.2.1.</u>), und da $f_k(A) \supset f(A) \cup \{x\}$, muß B die Menge $f(A) \cup \{x\}$ enthalten (wegen Bedingung (V)). Wegen der Aufsaugungs-eigenschaft von f kann B nicht gleich $f(A) \cup \{x\}$ sein, also $B = f(A) \cup \{x\} \cup Y$ mit $Y \neq \emptyset$ und $Y \subset A$. Da aber $f_k(A) = f(f(A) \cup \{x\} \cup Y) \supset f(A) \cup \{x\}$, folgt aus (R1) ein Widerspruch zur aufsaugenden Eigenschaft von f, nämlich $x \in f(f(A) \cup \{x\})$. Daraus folgt, daß $f_k(A) = f(A)$ für alle Ketten $k \in K(A)$, i.e., daß f pfad-unabhängig ist. ◊

<u>Satz 4.2.14.</u>: Wenn $A \in [X]$ endlich ist und eine binäre Auswahlfunktion f (cf. <u>3.2.9.</u>) auf einem quasitransitiven binären Vergleich F beruht, dann ist f aufsaugend.

<u>Beweis</u>: Nehmen wir irgendein endliches $A \in [X]$, $f = \tilde{f}$ und $\hat{F}$ transitiv. Angenommen,

(α) $\exists a_1 \in A \setminus f(A): a_1 \in f(f(A) \cup \{a_1\})$,

d.h., f sei nicht punktabsorptiv. Dann folgt aus (R1) yFa_1 für alle $y \in f(A)$. Da aber $a_1 \notin f(A)$, gibt es ein $a_2 \in A$, so daß $a_1 \hat{F} a_2$. Wenn $a_2 \in f(A)$, dann ist (α) unmöglich. Wenn $a_2 \notin f(A)$, dann gibt es $a_3 \in A$: $a_2 \hat{F} a_3$. Auf diese Weise gelangen wir nach endlich vielen Schritten zu einem $a_j \in A$, so daß $a_{j-1} \hat{F} a_j$ und $a_j \in f(A)$. Da $\hat{F}$ transitiv ist, haben wir eine Folge $a_1 \hat{F} a_2 \ldots a_{j-1} \hat{F} a_j$ mit $j \in \{2, \ldots, j = \text{Card } A\}$, daher ist (α) unmöglich. Daher ist f punkt-aufsaugend, und wegen <u>4.2.12.</u> auch aufsaugend. ◊

Nach diesen Implikationen halten wir einige Eigenschaften von f fest, die unabhängig von der Aufsaugungseigenschaft bzw. der Pfad-Unabhängigkeit von f sind.

<u>Satz 4.2.15.</u>: Sei f eine dezisive (R1)-Auswahlfunktion. Daß f aufsaugend ist, ist (<u>1</u>) weder notwendig noch hinreichend dafür, daß (a) der binäre Vergleich F transitiv ist, oder (b) daß f binär ist; und (<u>2</u>) nicht

notwendig dafür, daß f pfad-unabhängig ist.

Beweis: (<u>ad</u> (<u>1</u>) (a)): Sei $A = \{x, y, z\}$, $f(A) = \{x, z\}$, $f(\{x, y\}) = \{x, y\}$ und $y\hat{F}z$. Dann ist f aufsaugend, aber F ist nicht transitiv. - Aus dem Beweis zu (<u>2</u>) geht hervor, daß die Aufsaugungseigenschaft auch nicht notwendig für ein transitives F ist.

(<u>ad</u> (b)): Cf. Beispiel <u>4.2.4.</u>, in dem $f = \tilde{f}$ gilt, aber f nicht aufsaugend ist; also ist Aufsaugung nicht notwendig für $f = \tilde{f}$. - Sei $A = \{x, y, z\} \in [X]$ und $f(Z) = Z$ für alle zweiwertigen $Z \subset A$, und $f(A)$ sei zweiwertig. Dann ist f aufsaugend und $f \not\subseteq \tilde{f}$, also ist Aufsaugung nicht hinreichend für $f = \tilde{f}$.

(<u>ad</u> (<u>2</u>)): Sei $A = \{x, y, z\}$ und $f(Z) = Z$ für alle zweiwertigen $Z \subset A$, und $f(A)$ sei einwertig. Dann ist f pfad-unabhängig in A, aber nicht aufsaugend. ◊

Satz 4.2.16.: Gegeben eine endliche Menge $A \in [X]$, und eine dezisive (P1)-Auswahlfunktion, ist (<u>1</u>) Transitivität von F weder hinreichend noch notwendig für Sequentielle Invarianz (also auch nicht für Pfad-Unabhängigkeit) der Auswahlfunktion f, die F offenbart; und (<u>2</u>) Pfad-Unabhängigkeit von f weder hinreichend noch notwendig dafür, daß f binär ist.

Beweis: (<u>ad</u> (<u>1</u>)): Sei $A = \{x, y, z\}$, $z\hat{F}y$, $z\hat{F}x$, $f(\{x, y\}) = \{x, y\}$ sowie $f(A) = \{y\}$. Dann ist F transitiv und f nicht sequentiell invariant. - Sei $A = \{x, y, z\}$, $z\hat{F}y$, $f(\{x, y\}) = \{x, y\}$, $f(\{x, z\}) = \{x, z\}$, $f(A) = \{x, y\}$. Dann ist f pfad-unabhängig und F nicht transitiv.

(ad (2)): cf. die Beispiele im Beweis zu 4.2.15
(1(b) und (2)). ◊

Mit unserem nächsten Satz setzen wir den Eckpfeiler zu einem wichtigen Zwischenergebnis, das darauf folgen wird.

Satz 4.2.17.: Der durch eine Auswahlfunktion f offenbarte binäre Vergleich F ist stets quasi-transitiv, wenn f sequentiell invariant ist.

Beweis: Nehmen wir eine Auswahlfunktion f, die sequentiell invariant ist. Angenommen $x\hat{F}y$ und $y\hat{F}z$ mit $A = \{x, y, z\} \in [X]$. Dann ist $f_k(A) = \{z\}$ für die Kette $e^1(A) = x$, $e^2(A) = y$, und $e^3(A) = z$. Da f sequentiell invariant ist, muß auch $f_k(A) = \{z\}$ für die Kette $e^1(A) = y$, $e^2(A) = z$, $e^3(A) = x$ gelten, was genau dann der Fall ist, wenn $\{z\} = f(\{x, z\})$, i.e., $x\hat{F}z$. Also ist F quasi-transitiv. ◊

Satz 4.2.18.: Wenn eine Auswahlfunktion f binär ist, dann sind folgende Aussagen äquivalent:

(1) der binäre Vergleich F ist quasitransitiv;

(2) f ist aufsaugend oder absorptiv;

(3) f ist pfad-unabhängig;

(4) f ist sequentiell invariant.

__Beweis__: Sei f eine binäre Auswahlfunktion (<u>3.2.2</u>).

"(1) = (2)" ist in <u>4.2.14</u> bewiesen;

"(2) = (3)" in <u>4.2.13</u>;

"(3) = (4)" ist klar (<u>4.2.3</u>);

"(4) = (1)" wird in <u>4.2.17</u> gezeigt.

Damit ist die Äquivalenz der Aussagen (1) bis (4) bewiesen. ◊

Korollar 4.2.19.<u></u>: Jede dezisive (R4)-Auswahlfunktion f ist aufsaugend, daher auch pfad-unabhängig.

__Beweis__: Da f Dezisivität und (R4) genau dann erfüllt, wenn f binär ist - d.h., (R1) und (R2) erfüllt - und der offenbarte binäre Vergleich F transitiv und vollständig ist (<u>3.3.5</u>.), folgt aus <u>4.2.14</u>., daß f aufsaugend, und aus <u>4.2.13</u>., daß f daher pfad-unabhängig ist. Auch <u>4.2.18</u>. kann natürlich zum Beweis benützt werden. ◊

Wie steht es demnach mit Arrow's Feststellung, daß
Transitivität die Unabhängigkeit der endgültigen Auswahl
vom Pfad zu ihr garantiere (1963 p. 120)? Sie ist
richtig, wenn wir es mit binären Auswahlfunktionen f zu
tun haben; in diesem Fall ist aber Transitivität nicht
notwendig, da bereits Quasitransitivität hinreichend ist
für die Aufsaugungseigenschaft von f (<u>4.2.14</u>.), also
auch für die Pfad-Unabhängigkeit (<u>4.2.13</u>.) von f.
Transitivität allein aber - ohne daß die Auswahlfunktion
f binär wäre - ist nicht hinreichend für Sequentielle
Invarianz (<u>4.2.16</u>.), also auch nicht für Pfad-Unabhängigkeit von f. Andererseits ist es weder notwendig noch
hinreichend, eine dezisive binäre Auswahlfunktion, also
eine (R1) und (R2) erfüllende Auswahlfunktion zu verwenden,
um Pfad-Unabhängigkeit zu erhalten (<u>4.2.16</u>.); nicht
hinreichend, da eine binäre Auswahlfunktion zusätzlich (R3)
erfüllen muß, um pfad-unabhängig zu sein (<u>4.2.18</u>.), und
nicht notwendig, da z.B. jede aufsaugende (R1)-Auswahlfunktion
f (<u>4.2.12</u>.) pfad-unabhängig ist (<u>4.2.13</u>.) und aus "f
aufsaugend" nicht "f binär" folgt (<u>4.2.15</u>.). Mit anderen
Worten, Richter-Rationalität einer Auswahl-
funktion f ist weder notwendig noch hinreichend für die
Pfad-Unabhängigkeit von f. Diese Zusammenhänge wollen
wir im folgenden Implikations-Diagramm (Fig. 4.2.5.)
nochmals verdeutlichen.

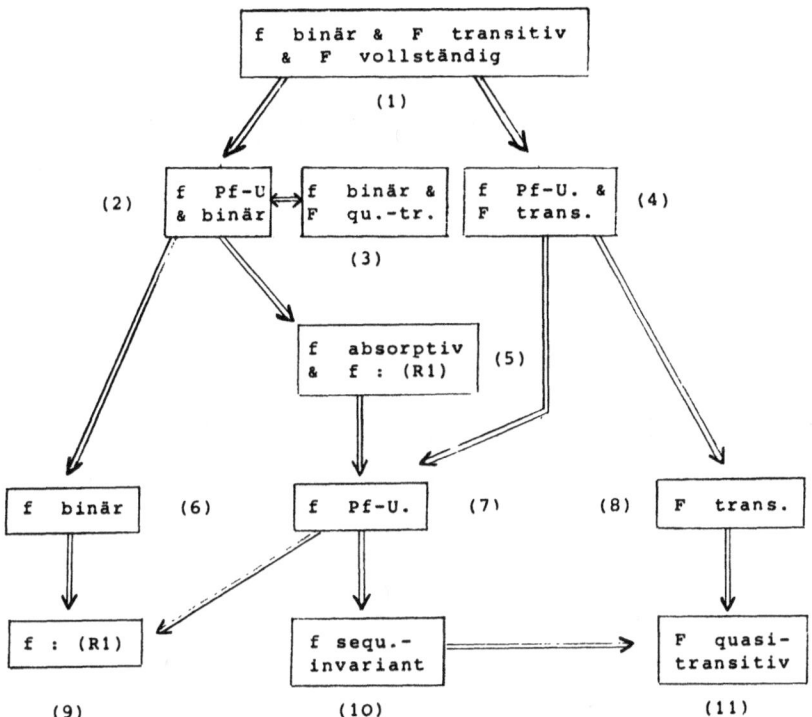

Fig. 4.2.5.

Zur Erläuterung: (a) Das Implikationsdiagramm ist *vollständig*, d.h., außer den eingezeichneten Implikationen "(α) => (β)" gibt es keine zwischen den angegebenen Aussagen (1) bis (11), abgesehen natürlich vom transitiven Abschluß der einzelnen Implikationen, der nicht eingezeichnet ist. (Aus "(1) => (2)" und "(2) => (5)" und "(5) => (7)" folgt natürlich "(1) => (7)", etc.)

(b) Zur *Notation:* "(α) ⇹ (β)" bezeichnet im folgenden "(α) ≠> (β) ∧ (β) ≠> (α)". "Pf-U." bedeutet pfad-unabhängig, "f : (R1)" bedeutet f erfüllt (R1), und "qu.-tr." bedeutet natürlich quasi-transitiv.

(c) Unterhalb von (1) kann zusätzlich angenommen werden, daß f dezisiv ist; auch dann bleiben die Nicht-Implikationen erhalten (die Implikationen sowieso).

(d) Nun die entsprechenden Hinweise zum Beweis des Diagramms 4.2.5.:

(ad "(1) => (2)"): (1) Kann auch gelesen werden als " f ist dezisiv und erfüllt (R4)". Die Implikation folgt aus 4.2.19.

(ad "(1) => (4)"): ebenfalls 4.2.19.

(ad "(2) ≠> (1)"): Es kann gelten " f pfad-unabhängig & binär & F quasitransitiv".

(ad "(4) ≠> (1)"): Es kann gelten " f pfad-unabhängig & F transitiv & f nicht-binär".

(ad "(2) => (6)", "(4) => (7)", "(4) => (8)", "(7) => (10)", "(8) => (11)"): alle trivial.

(ad "(2) <=> (3)"): cf. 4.2.18.

(ad "(3) ↛ (4)"): cf. "(4) ↛ (1)" oben.

(ad "(2) => (5)"): Wenn f pfad-unabhängig, dann F quasitransitiv (4.2.17.), was zusammen mit "f = f̃" hinreicht für "f absorptiv" (4.2.14.); (R1) folgt aus 4.22.1. (1) oder 3.2.6.

(ad "(5) ↛ (2)"): cf. 4.2.15 (1 (b)).

(ad "(4) ↛ (5)"): cf. 4.2.15. (1(a)) und (2).

(ad "(5) ↛ (6)"): cf. 4.2.15. (1(b)).

(ad "(5) => (7)"): cf. 4.2.13. (2). In 4.2.22. (2) wird gezeigt, daß Absorption allein nicht ausreicht für Pfad-Unabhängigkeit.

(ad "(7) ↛ (5)"): cf. 4.2.15. (2).

(ad "(5) ↛ (8)"): cf. 4.2.15. (1(a)).

(ad "(6) ↛ (7)"): cf. 4.2.16. (2)

(ad "(6) => (9)" und "(7) => (9)"): cf. 3.2.6. bzw. 4.2.22. (1).

(ad "(7) ↛ (8)"): cf. 4.2.16. (1).

(ad "(8) ↛ (9)"): cf. Beweis zu 4.2.21. (5), und 3.1.16.

(ad "(8) ↛ (10)"): cf. 4.2.16. (1).

(ad "(9) ↛ (10)"): cf. 4.2.8. (2) und den Beweis zu 4.2.21. (5).

(ad "(10) => (11)"): cf. 4.2.17.

(ad "(11) ↛ (10)"): cf. 4.2.16. (1).

Damit sind die Zusammenhänge in Fig. 4.2.5. ausreichend belegt. Die in (d) nicht erwähnten Beziehungen sind entweder trivial oder gehen aus früheren Sätzen hervor. In einigen wenigen Fällen wurde der Vollständigkeit halber auf künftige Ergebnisse dieses Kapitels vorgegriffen. Wir

prüfen nun eine Frage, die der Problemstellung im Diagramm
4.2.5. ähnlich ist, nämlich, ob die binäre Funktion $\tilde{f}$,
die auf einem durch die Funktion f offenbarten Vergleich
F beruht, die Eigenschaften von f "erbt", und
umgekehrt.

Bemerkung 4.2.20.: Sei f eine Auswahlfunktion,
die ein vollständiges F offenbart, und $\tilde{f}$ sei die
binäre Auswahlfunktion, die von F rationalisiert
wird.
(<u>1</u>) Wenn f sequentiell invariant ist, dann ist $\tilde{f}$
pfad-unabhängig, aber nicht umgekehrt;
(<u>2</u>) wenn f sequentiell ermittelbar ist, dann ist auch
$\tilde{f}$ sequentiell ermittelbar, aber nicht umgekehrt.

<u>Beweis</u>: (<u>ad</u> (<u>1</u>)): Wenn f sequentiell invariant ist,
dann ist der von f offenbarte binäre Vergleich F
quasitransitiv (<u>4.2.17.</u>), woraus Pfad-Unabhängigkeit
von $\tilde{f}$ folgt (<u>4.2.18.</u>). Die Umkehrimplikation gilt
nicht: Sei A = {x, y, z}, f({x, y} = {x, y}, f({x, z}) =
{x, z}, und z$\hat{F}$y, sodaß $\tilde{f}$(A) = {x, y}
und $\tilde{f}$ pfadunabhängig ist. Wenn f(A) $\subsetneq$ $\tilde{f}$(A) und
f(B) = $\tilde{f}$(B) für alle B $\subsetneq$ A, dann ist f nicht sequentiell
invariant, sondern nur begrenzt variant.
(<u>ad</u> (<u>2</u>)): Daß $\tilde{f}$ von f "erbt", aber nicht umgekehrt,
ist trivial, denn $\tilde{f}$ ist immer sequentiell ermittelbar
(<u>4.2.10.</u>), aber f nicht (<u>4.2.8.</u>, und <u>4.2.6.</u> (<u>2</u>)). ◊

Das Verhältnis von f und $\tilde{f}$ läßt sich noch besser in den Griff bekommen, wenn wir die Funktion s_f betrachten, definiert wie in 4.2.2. (1), die eine auf $[X]$ erklärte Auswahlfunktion ist (X ∈ χ); denn $s_f = \tilde{f}$ für jene binäre Auswahlfunktion, die auf dem von f offenbarten binären Vergleich F beruht (4.2.10.). Daraus folgt:

Satz 4.2.21.: Sei X ∈ χ , f eine Auswahlfunktion, und K(X) die Menge aller Ketten auf X. Die Auswahlfunktion s_f ist definiert durch

$$s_f(A) = \bigcap_{K(A)} f_k(A) \qquad (A \in [X]).$$

(1) Alle folgenden Resultate in 4.2.21. über das Verhältnis zwischen f und s_f gelten auch für das Verhältnis zwischen f und jener binären Auswahlfunktion $\tilde{f}$, die auf dem von f offenbarten binären Vergleich beruht.

(2) Die Auswahlfunktion s_f erfüllt (R1).

(3) Wenn f dezisiv ist und (R1) erfüllt, dann folgt (a), daß auch s_f dezisiv ist (und (R1) erfüllt), aber nicht (b), daß s_f pfad-unabhängig ist.

(4) Nicht hinreichend für Dezisivität von s_f ist (a), daß f dezisiv ist, oder (b), daß f (R1) erfüllt.

($\underline{5}$) Daß s_f dezisiv ist, impliziert nicht, daß f (R1) erfüllt oder daß f dezisiv ist.

($\underline{6}$) Genau dann ist s_f dezisiv, wenn die binäre Auswahlfunktion $\tilde{f}$, die auf dem von f offenbarten F beruht, dezisiv ist.

Beweis: (ad ($\underline{1}$)): Wegen $s_f = \tilde{f}$ für die in ($\underline{1}$) definierte binäre Auswahlfunktion (4.2.10. ($\underline{1}$)).
(ad ($\underline{2}$)): Folgt direkt aus 4.2.10. ($\underline{2}$).
(ad ($\underline{3}$(a)): Folgt aus 4.2.8. ($\underline{1}$) bzw. 4.2.21. ($\underline{1}$).
(ad ($\underline{3}$(b)): Für jede binäre Auswahlfunktion f gilt, daß f (R1) erfüllt, und daß s_f = f (4.2.10). Aber nicht jedes dieser f ist pfad-unabhängig.
(ad ($\underline{4}$(a)): Nehmen wir A = {x, y, z}, $\emptyset \neq f(A) \subset A$, und F zyklisch: f({x, y}) = {x}, f({y, z}) = {y}, und f({x, z}) = {z}. Dann ist $s_f(A) = \emptyset$.
(ad ($\underline{4}$(b)): Wenn f(A) leer ist für alle $A \in \mathcal{P}(X)$, dann ist (R1) trivial erfüllt, und s_f natürlich nicht dezisiv.
(ad ($\underline{5}$)): Wir zeigen, daß "s_f dezisiv" nicht nur die einzelnen Aussagen " f erfüllt (R1)" bzw. "f dezisiv" nicht impliziert, sondern auch nicht deren Alternation. Sei Card A = 4 mit $A \subset X \in \chi$, f(A) = A, $\hat{F}$ sei vollständig und transitiv in A, und f(T) für ein Tripel T in A sei leer. Dann ist f zwar sequentiell invariant, verletzt aber (R1) und Dezisivität; s_f hingegen ist dezisiv (und erfüllt (R1)).

(6) Folgt direkt aus 4.2.10. (1), d.h., aus $\tilde{f} = s_f$. ◊

Im folgenden Diagramm (Fig. 4.2.6.) werden die Ergebnisse aus 4.2.21. illustriert, ergänzt mit der Bedeutung eines quasitransitiven F (cf. 4.2.18.). Wie Fig. 4.2.4. ist auch dieses Implikationsdiagramm vollständig, d.h. außer den angegebenen Implikationen gibt es keine zwischen den Aussagen (1) bis (9), abgesehen vom jeweiligen transitiven Abschluß von zwei und mehr Implikationen, der nicht eingezeichnet ist.

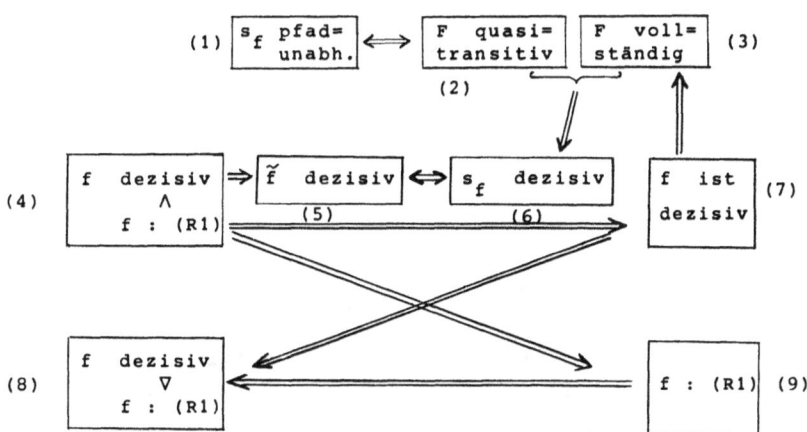

Fig. 4.2.6.

Zur Erläuterung: ("(α) ↛ (β)" bedeutet wie in 4.2.4., daß "(α) ⇏ (β) ∧ (β) ⇏ (α)"):

(ad "(1) <=> (2)"): folgt aus 4.2.10. (1) mit 4.2.18.

(ad "(2) ∧ (3) => (6)"): folgt aus 4.2.10 (1) mit 3.2.3.

(ad "(3) ≠> (7)"): Wenn F vollständig ist, so ist f dezisiv auf zweiwertigen Mengen Z ε [X], und nicht unbedingt auf allen A ε [X].

(ad "(4) ≠> (1)"): cf. 4.2.21. (3 (b)).

(ad "(4) => (5)"): folgt aus 3.2.3.

(ad "(5) <=> (6)"): folgt aus 4.2.10. (1).

(ad "(6) ≠> (4), (6) ≠ (7), (6) ≠ (8), (6) ≠ (9)"): cf. 4.2.21. (4 und 5).

(ad "(7) ≠ (9)"): evident.

Zu guter Letzt analysieren wir noch das Verhältnis zwischen der relativ schwachen Rationalitätsbedingung (R1) einerseits und Pfad-Unabhängigkeit und Absorptionseigenschaft einer Auswahlfunktion andererseits. In 4.2.13. hatten wir festgestellt, daß eine dezisive (R1)-Auswahlfunktion, die punkt-aufsaugend bzw. aufsaugend ist, auch pfad-unabhängig ist, während aus 4.2.15. hervorgeht, daß eine dezisive, pfad-unabhängige (R1)-Auswahlfunktion nicht aufsaugend sein muß. Wie steht es also um das Verhältnis der Eigenschaften aufsaugend bzw. pfad-unabhängig vis-a-vis (R1)?

Satz 4.2.22.: Sei X endlich und f eine Auswahlfunktion.
(1) Wenn f pfad-unabhängig ist, dann erfüllt f auch (R1);
(2) wenn f aufsaugend ist, so folgt weder (R1) noch Pfad-Unabhängigkeit von f daraus.

Beweis: (ad (1)): Folgt aus 4.2.10.(2), da f bei Pfad-Unabhängigkeit sequentiell ermittelbar ist.
(ad (2)): Sei $A = \{x, y, z\} \in [X]$ und $\hat{F}$ zyklisch mit $x\hat{F}y$, $y\hat{F}z$, $z\hat{F}x$, und $f(A) = \{x, y\}$ oder eine andere nicht-einwertige Menge. Dann ist f dezisiv und aufsaugend, erfüllt aber weder (R1) noch Pfad-Unabhängigkeit. ◊

Fassen wir zusammen, in welchem Verhältnis die wichtigsten Kriterien, die wir für sequentielle Eliminationsverfahren entwickelt haben, zur Rationalitätsbedingung (R1) stehen. Andere Teile dieser Beziehungen wurden schon in Fig. 4.2.5. und Fig. 4.2.6. dargestellt. Diese Kriterien sind:

(1) Pfad-Unabhängigkeit einer Auswahlfunktion f,

(2) Absorptionsfähigkeit,

(3) Sequentielle Invarianz,

(4) Sequentielle Ermittelbarkeit,

(5) Sequentielle Quasi-Ermittelbarkeit, und

(6) Begrenzte Varianz.

Nun das Implikationsdiagramm (Fig. 4.2.7.), das auch die Aussagen (7) "f erfüllt (R1)", (8) "F ist quasitransitiv", und (9) "f ist binär" miteinbezieht.

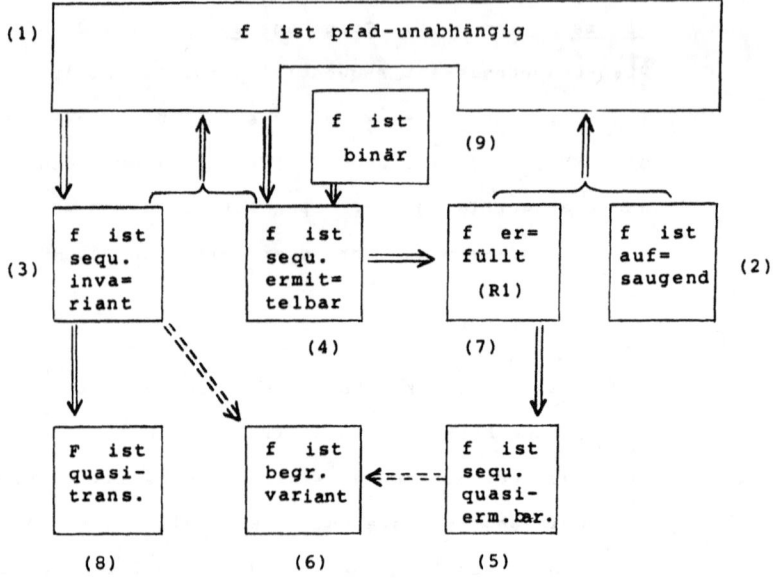

Fig. 4.2.7.

Zur Erläuterung: Das Implikationsdiagramm ist
vollständig (cf. Text zu Fig. 4.2.5.). Die unterbrochenen
Implikationspfeile gelten nur dann, wenn die Auswahlfunktion
f dezisiv ist, die übrigen auch ohne diese Restriktion.
Zu beachten ist besonders, daß die Aufsaugungs-oder
Absorptionsfähigkeit mit keiner anderen Bedingung verbunden
ist, ausgenommen dann, wenn f auch (R1) erfüllt; in
diesem Fall wird Absorption zur stärksten Eigenschaft
und bedingt auch die Pfad-Unabhängigkeit. Für sich
allein aber bedingt Absorption keine der anderen Eigenschaften, im Gegensatz zur Pfad-Unabhängigkeit. Nun
noch die nötigen Hinweise:

(ad "(1) <=> (3) ∧ (4)"): cf. 4.2.3. und die
Definitionen 4.2.2. und 4.2.5. einerseits und
4.2.9. andererseits.

(ad "(3) => (8)"): cf. 4.2.17.

(ad "(4) => (7)"): cf. 4.2.10.(2)

(ad "(7) ∧ (2) => (1)"): cf. 4.2.13.

(ad "(7) => (5)"): cf. 4.2.6.(1).

(ad "(5) => (6) und (3) => (6), wenn f dezisiv ist"):
geht aus den Definitionen hervor, cf. 4.2.2.
und 4.2.5.

(ad "(6) ↛ (4)"): cf. 4.2.8.(1) und 4.2.6.(2).

(ad "(9) => (4)"): cf. 4.2.10.(1).

(ad "(9) ↛ (1)"): cf. 4.2.16.(2).

(ad "(9) ↛ (3)"): cf. 4.2.4.

(ad "(9) ↛ (2)"): cf. 4.2.15.(1(b)).

Wir haben nun eine Menge von Eigenschaften entwickelt, mit denen wir das Verhalten von Auswahlfunktionen, wenn sie als sequentielle Eliminationsverfahren angewandt werden, beschreiben und analysieren können. Abschließend gehen wir noch auf die Ergebnisse einer in diesem Kontext relevanten Arbeit von Plott (1973) ein.

4.3. Divide et impera: Teilbarkeit und Ausscheidungs-Unabhängigkeit einer Auswahlfunktion.

Vor kurzem[1] wurde ein Artikel von Plott (1973) über Rationalität und soziale Auswahl veröffentlicht. Diese Arbeit befaßt sich ebenfalls mit dem Konzept der Pfad-Unabhängigkeit einer Auswahlfunktion, aber von einem anderen Ansatzpunkt aus. Plott arbeitet mit dezisiven Auswahlfunktionen auf nichtleeren endlichen Mengen (Dezisivität ist eigentlich nicht unbedingt nötig; cf. unsere Definition **4.3.1**.) Sein Ausgangspunkt ist Arrow's schon zitiertes Postulat der Transitivität der durch eine Auswahlfunktion offenbarten sozialen Präferenz; es wird gezeigt, daß Transitivität und Binarität, d.h. "rational choice" im Sinne Arrow's (1963 pp. 118-120), nicht notwendig ist für Plott's "independence of path".

Plott's Bedingung der Pfad-Unabhängigkeit ist nicht offensichtlich identisch mit Pfad-Unabhängigkeit im Sinne von **4.2.2**., denn Plott's Pfad-Unabhängigkeit bezieht sich nicht unmittelbar auf eine sequentielle Elimination, wobei der "Pfad" der Elimination vorgezeichnet wäre durch eine Kette $k \in K(A)$ auf der zur Auswahl stehenden Menge A: "... the process of choosing, from a dynamic point of view, frequently proceeds in a type of "divide and conquer" manner. The alternatives are "split up" into smaller sets, a choice is made over each of these sets, the chosen elements are collected, and then a choice is made from them. Path independence, in this case, would mean that the final result would be independent of the way the alternatives were initially divided up for consideration." (Plott 1973, pp. 1079/1080.)

Um Mißverständnisse auszuschließen, nennen wir eine Auswahlfunktion f "*teilbar*" genau dann, wenn f pfad-unabhängig im Sinne von Plott ist; wenn f also teilbar ist, dann ist f konsistent mit dem von Plott beschriebenen "divide et impera" - Verfahren. Wir übersetzen nun Plott's Konzept der "*Teilbarkeit*" von f in unsere Notation.

Definition 4.3.1.: Sei $A_j \in [X]$ mit $X \in \chi$ und $j = 1, \ldots, m$. Eine Auswahlfunktion f ist *teilbar* bzw. erfüllt Bedingung (T) genau dann, wenn

(T) $f(\bigcup_m A_j) = f(f(A_1) \cup f(A_2) \cup \ldots \cup f(A_m))$.

T bezeichnet die Menge aller teilbaren Auswahlfunktionen. ◊

Wann immer also eine Alternativenmenge $A \in [X]$ gegeben ist, die sich aufteilen läßt in (nicht notwendigerweise disjunkte) Teilmengen $A_j \subset A$, sodaß $\bigcup_m A_j$ eine Überdeckung von A ist, soll die Auswahlmenge $f(A)$, die sich bei "direkter" Auswahl in A ergibt, identisch sein mit jener Auswahlmenge, die sich ergibt, wenn der Definitionsbereich von f die Vereinigung aller Teil-Auswahlmengen $f(A_j)$

($j = 1, \ldots, m$) ist, die auf Grund der Auswahl in den Teilmengen A_j zustandegekommen sind. Dabei ist gleichgültig, welche Überdeckung von A verwendet wird; f ist nur dann teilbar, wenn jede beliebige Überdeckung verwendet werden kann.

$\underline{Satz\ 4.3.2.}$: (<u>1</u>) Nicht jede dezisive (R1)-Auswahlfunktion ist teilbar, aber (<u>2</u>) jede teilbare Auswahlfunktion erfüllt (R1).

<u>Beweis</u>: (<u>ad</u> (<u>1</u>)): Sei $A = \{x, y, z\} \in [X]$, $f(\{x, y\}) = \{x, y\}$, $y\hat{F}z$ und $z\hat{F}x$. Dann folgt aus (R1) $f(A) = \{x\}$; f erfüllt (R1), aber $f(A) = \{x\} \neq \{x,y\} = f(f(\{x, z\}) \cup f(\{x, y\})$. Also verletzt f Bedingung (T).
(<u>ad</u> (<u>2</u>)): Sei $f \in T$ und $A, A' \in [X]$ mit $A \subset A'$. Wenn $A = A'$, dann gilt $A \cap f(A') \subset f(A)$ trivial. Angenommen, $A \subsetneq A'$. Wir bezeichnen $A' \setminus A = B \neq \emptyset$. Wegen (T) und (V) gilt nun $f(A') = f(f(A) \cup f(B)) \subset f(A) \cup f(B)$. Da aber $f(A) \subset A$ sowie $f(B) \subset B$ und $A \cap B = \emptyset$, gilt $A \cap f(A') \subset (f(A) \cup f(B)) \cap A = (f(A) \cap A) \cup (f(B) \cap A) = f(A) \cup \emptyset = f(A)$. Also erfüllt f (R1). ◊

Teilbarkeit ist also zweifellos eine stärkere Eigenschaft als Nicht-Illusion im Sinne von (R1), ein Ergebnis, das kaum überraschen kann. Die Wirkung von (T) wird weiter verdeutlicht, wenn wir die zu (T) äquivalente Bedingung (T') betrachten.

Lemma 4.3.3.: Eine Auswahlfunktion f ist teilbar genau dann, wenn sie Bedingung (T') erfüllt:

(T')   f(A ∪ B) = f(f(A) ∪ B)   (A, B ε [X]).

Beweis: (<u>ad</u> "(T) => (T')"):[1] Angenommen, f erfülle (T), d.h., f(A ∪ B) = f(f(A) ∪ f(B)), mit A, B ε [X]. Da f (R1) erfüllt (<u>4.3.2.</u> (<u>2</u>)), können wir für f(A) auch f(f(A)) einsetzen (<u>3.1.5.</u>). Daher

f(A ∪ B) =   f(f(f(A)) ∪ f(B))

=   f(f(f(A) ∪ f(A)) ∪ f(B))

=   f(f(A) ∪ f(A) ∪ B)

=   f(f(A) ∪ B).

(<u>ad</u> "(T') => (T)"): Angenommen, f erfülle (T').
Dann

f(A ∪ B) =   f(f(A) ∪ B)

=   f(A ∪ f(B))

=   f(f(A) ∪ f(B)).

◊

Einige Bemerkungen zur praktischen Bedeutung der Teilbarkeit einer Auswahlfunktion f. Angenommen, A stehe zur Auswahl; f(A) wird ermittelt. Nun erweist sich, daß auch Alternativen der Menge B durchführbar sind; A und B zusammengenommen bilden die Menge A ∪ B möglicher Projekte oder Alternativen. Wenn wir nun eine Auswahl in A ∪ B treffen wollen: müssen die

Alternativen in A\f(A), die also bei der Auswahl in A
schon ausgeschieden waren, wieder berücksichtigt werden
oder nicht? Wenn die Auswahlfunktion f teilbar ist,
brauchen sie nicht nochmals berücksichtigt zu werden,
denn gemäß (T') ist ja $f(A \cup B) = f(f(A) \cup B)$.
Weiter angenommen, aus der nun hinzugekommenen Alternativen-
Teilmenge B wurde ebenfalls schon eine Auswahl vorgenommen;
genügt es, die beiden Auswahlmengen f(A) und f(B)
zu analysieren, um die Auswahlmenge von allen Alternativen,
also $f(A \cup B)$, zu ermitteln? Wiederum: wenn f teilbar
ist, brauchen ausgeschiedene Alternativen, gleichgültig
aus welcher Alternativen-Teilmenge sie stammen, nicht
noch einmal zur Auswahl zugelassen zu werden, denn laut
(T) ist ja $f(A \cup B) = f(f(A) \cup f(B))$, und analog bei
mehr als zwei Alternativen-Teilmengen. Teilbarkeit ist
also sicherlich eine attraktive Eigenschaft einer Auswahlfunktion.

In <u>4.3.2.</u> (<u>1</u>) haben wir notiert, daß Dezisivität
und die schwache Rationalitätseigenschaft (R1) nicht
ausreichen, um eine Auswahlfunktion teilbar zu machen.
Solche Auswahlfunktionen erfüllen lediglich eine abgeschwächte Form von (T), nämlich Bedingung (QT).

<u>*Definition* 4.3.4.</u>: Eine Auswahlfunktion f ist
quasi-teilbar bzw. erfüllt Bedingung (QT) genau dann,
wenn

(QT) $f(A \cup B) \subset f(f(A) \cup f(B))$

$(A, B \varepsilon [X]$ mit $X \varepsilon \chi)$. ◊

Satz 4.3.5.: Eine Auswahlfunktion f ist quasi-teilbar genau dann, wenn sie (R1) erfüllt.

Beweis: (ad "(QT) => (R1)"): Sei f eine quasi-teilbare Auswahlfunktion und A, A' ε [X] mit $X \varepsilon \chi$ und $A \subset A'$. Mutatis mutandis nimmt dann der Beweis genau den gleichen Weg wie der Beweis für *4.3.2.* (2).
(ad "(R1) => (QT)"): Nehmen wir irgendeine (R1)-Auswahlfunktion und A, B ε [X] mit $X \varepsilon \chi$. Da $f(A) \cup f(B) \subset A \cup B$, ergibt (R1):

(α) $f(A \cup B) \cap (f(A) \cup f(B)) \subset f(f(A) \cup f(B))$.

Nun gilt, wenn $x \varepsilon f(A \cup B)$, $x \varepsilon A$ oder $x \varepsilon B$. Aus (R1) folgt: wenn $x \varepsilon A$ dann $x \varepsilon f(A)$, und wenn $x \varepsilon B$ dann $x \varepsilon f(B)$. Deshalb gilt jedenfalls $f(A \cup B) \subset f(A) \cup f(B)$. Daher ist $f(A \cup B) \cap (f(A) \cup f(B)) = f(A \cup B)$. Dieses Ergebnis setzen wir in (α) ein und erhalten

(α') $f(A \cup B) \subset f(f(A) \cup f(B))$,

wie zu beweisen war. ◊

Lemma 4.3.6.: Eine Auswahlfunktion f erfüllt Bedingung (QT') genau dann, wenn sie (R1) erfüllt, wobei (QT') definiert ist durch

$$(QT') \quad f(A \cup B) \subset f(f(A) \cup B)$$

(A, B ε [X] mit X ε χ).

Beweis: (<u>ad</u> "(QT') => (R1)"): Mutatis mutandis wie der Beweis für <u>4.2.3</u>. (<u>2</u>).
(<u>ad</u> "(R1) => (QT')"): Mutatis mutandis wie der Beweis für <u>4.3.5.</u>, zweiter Teil. ◊

<u>Korollar 4.3.7</u>.: Die Bedingungen (QT), (QT') und (R1) sind äquivalent.

Beweis: <u>4.3.5.</u> und <u>4.3.6.</u> ◊

Eine abgeschwächte Form von Teilbarkeit ist also äquivalent zu der im 3. Kapitel definierten Rationalitätsbedingung (R1). Alle Resultate, die wir im Zusammenhang mit Auswahlfunktionen, die (R1) erfüllen, entwickelt haben, gelten demnach genauso für Auswahlfunktionen, die quasi-teilbar sind: Quasi-teilbare Auswahlfunktionen sind subadditiv (<u>3.1.6.</u>), offenbaren einen azyklischen binären Vergleich F (<u>3.1.16.</u>), sind sequentiell quasi-ermittelbar (<u>4.2.6.</u> (<u>1</u>)), begrenzt variant, wenn sie dezisiv sind (<u>4.2.8.</u> (<u>1</u>)), und so weiter.

In der folgenden Figur 4.3.1. werden (T), (T')
und (QT) illustriert, einfachheitshalber für eine
Familie $\{A_1, A_2\}$, die eine Zerlegung der (Alternativen-)
Menge D ist (cf. 1.1.2.). Außerdem wird angenommen,
daß die Auswahlmenge $f(V \cup W)$ einer Vereinigung
$V \cup W$ stets Elemente beider Mengen enthält.

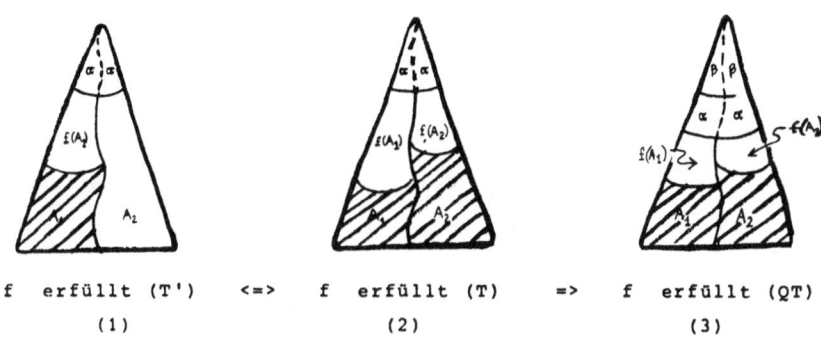

f erfüllt (T')   <=>   f erfüllt (T)   =>   f erfüllt (QT)
  (1)   (2)   (3)

Fig. 4.3.1.

Jede jeweils höher gelegene Menge ist in der
darunter liegenden enthalten. Die untere schräg schraffierte
Fläche deutet jeweils jene Teilmenge von $D = A_1 \cup A_2$ an,
die für die Auswahl in D nicht berücksichtigt zu werden
braucht, wenn die Auswahlfunktion die jeweilige Bedingung erfüllt. "α" steht für die Menge $f(f(A_1) \cup f(A_2))$,
und "β" steht für die Menge $f(A_1 \cup A_2)$. In (1) und
(2) gilt $\alpha = \beta$, in (3) gilt $\beta \subset \alpha$.

Daß eine Auswahlfunktion (QT) oder (R1) erfüllt,
ist also notwendig, aber nicht hinreichend dafür, daß sie
auch teilbar ist. Notieren wir einige Bedingungen, die

weder hinreichend noch notwendig für die Teilbarkeit einer Auswahlfunktion sind.

Satz 4.3.8.: Sei f eine dezisive (R1)-Auswahlfunktion. (1) Daß F transitiv ist, oder (2) daß f binär ist, ist weder hinreichend noch notwendig für die Teilbarkeit von f.

Beweis: (ad (1)): cf. Beweis zu 4.2.16.(1): Beispiele für "F transitiv und f nicht teilbar", und für "f teilbar und F nicht transitiv".
(ad (2)): cf. Beweis zu 4.2.15. (2): "f teilbar und $f \neq \tilde{f}$", und Beispiel 4.2.4.: "$f = \tilde{f}$ und f nicht teilbar". ◊

Wir gehen nun dazu über, Bedingungen zu formulieren, die hinreichen für die Teilbarkeit einer Auswahlfunktion.

Satz 4.3.9.: Sei f eine dezisive Auswahlfunktion. (1) Wenn f (R4) erfüllt, dann ist f teilbar. (2) Die Umkehrimplikation gilt nicht.

Beweis: (ad (1)): Sei $A, B \in [X]$, und sei f eine dezisive Auswahlfunktion, die (R4) erfüllt. Da f dann auch (R1) erfüllt, ist f quasi-teilbar (4.3.5.), i.e., $f(A \cup B) \subset f(f(A) \cup f(B))$. Nun zur umgekehrten Inklusion. Wegen 3.3.5. ist f binär und F ist transitiv. Nehmen wir irgendein $x \in f(f(A) \cup f(B))$. Wenn $x \notin f(A \cup B)$, dann $\exists y \in A \cup B \setminus f(A) \cup f(B)$: $x\hat{F}y$. Da $y \notin f(A) \cup f(B)$, gibt es ein $z \in f(A) \cup f(B)$,

so daß $y\hat{F}z$. Damit ist $x\hat{F}y$ widerlegt, denn aus
zFx und der Transitivität von F ergibt sich $y\hat{F}x$.
Daher gibt es kein solches. y, und $x \in f(A \cup B)$, daher
$f(f(A) \cup f(B)) \subset f(A \cup B)$. Daraus folgt $f(A \cup B) = f(f(A) \cup f(B))$.

(ad (2)): Folgt aus <u>4.3.8.</u>, denn eine dezisive
Auswahlfunktion f erfüllt (R4) genau dann, wenn
$f = \tilde{f}$ ist und F transitiv. ◊

<u>Satz 4.3.10</u>: Eine Auswahlfunktion ist teilbar genau
dann, wenn sie (R 1) erfüllt und absorptiv ist.[1]

<u>Beweis:</u> (<u>ad</u> "(R 1) ∧ absorptiv ⇒ teilbar"): Sei f eine
absorptive (P 1)-Auswahlfunktion. Nehmen wir beliebige A,
$B \in [X]$. Aus (R 1) erhalten wir Quasi-Teilbarkeit (<u>4.3.5</u>),
i.e., $f(A \cup B) \subset f(f(A) \cup f(B)) \subset f(A) \cup f(B)$. Nun schreiben
wir $E = (f(A) \cup f(B)) \setminus f(A \cup B)$, d.h., $f(A) \cup f(B) = f(A \cup B) \cup E$. Daraus ergibt sich $f(f(A) \cup f(B)) = f(f(A \cup B) \cup E)$.
Aber E ist Untermenge von $A \cup B$, daher ergibt Absorption
mit <u>3.1.5(1)</u> $f(f(A \cup B) \cup E) = f(f(A \cup B)) = f(A \cup B)$, somit
also $f(A \cup B) = f(f(A) \cup f(B))$, wie zu beweisen war.
(<u>ad</u> "teilbar ⇒ (R 1) ∧ absorptiv"): Sei f eine teilbare Auswahlfunktion. Dann erfüllt f auch (R 1) (cf.
<u>4.3.2</u>, oder auch <u>4.3.5</u>). Nehmen wir nun beliebige A,B $\in$
$[X]$ mit $B \subset A$. Dann $f(A \cup B) = f(A) = f(f(A) \cup f(B))$. Da
aber f(B) eine beliebige Untermenge von A ist (mit $f(B) \subset B \subset A$), ist f somit absorptiv. ◊

<u>Korollar 4.3.11.</u>: Wenn f eine binäre Auswahlfunktion ist, die auf einem quasi-transitiven binären Vergleich F beruht, dann ist f teilbar.

<u>Beweis:</u>   Die Prämisse in <u>4.3.11</u>. ist hinreichend dafür, daß f aufsaugend ist (<u>4.2.14.</u>). Aus <u>4.3.10</u>. folgt, daß f teilbar ist. ◊

Demnach sind jedenfalls drei Kombinationen von Eigenschaften einer Auswahlfunktion f hinreichend dafür, daß f teilbar ist: (1) f ist dezisiv und erfüllt (R4), (2) f ist punkt-aufsaugend bzw. aufsaugend und erfüllt (R1), und (3) f ist binär und beruht auf einem quasitransitiven F. Alle drei Kombinationen sind auch hinreichend dafür, daß f pfad-unabhängig ist (<u>4.2.19.</u>, <u>4.2.13.</u>, bzw. <u>4.2.14.</u>). In der Tat impliziert auch Teilbarkeit einer Auswahlfunktion f, also Pfad-Unabhängigkeit im Sinne Plott's (1973), daß f pfad-unabhängig in einem sequentiellen Eliminationsverfahren ist:

<u>Satz 4.3.12.</u>: Jede teilbare Auswahlfunktion ist pfad-unabhängig, aber nicht umgekehrt.

<u>Beweis:</u> cf. <u>4.3.10</u> mit <u>4.2.13</u> und <u>4.2.15(2)</u>.
Wir führen auch einen separaten Beweis für den ersten

Teil: Sei $f \in T$ und $A \in [X]$ mit $X \in \chi$. Nehmen wir irgendein $k \in K(A)$; k ordnet A derart, daß $e^i(A) = a_i$ für jedes $i = 1, \ldots, m = \text{Card } A$. Sei $m = 3$. Dann $f(f(\{a_1\}) \cup \{a_2\}) = f(\{a_1, a_2\})$ und $f(f(f(\{a_1\}) \cup \{a_2\}) \cup \{a_3\}) = f(\{a_1, a_2, a_3\}) = f_k(A)$, für jedes $k \in K(A)$. Für Card $A = m$ ergibt sich $f(A) = f(f(\ldots f(f(\{a_1\}) \cup \{a_2\}) \ldots) \cup \{a_m\}) = f_k(A)$. Also ist f pfad-unabhängig. ◊

Mit diesem Resultat sind wir in der Lage, die Eigenschaft (T) noch genauer einzuordnen, d.h. weitere ihrer Implikationen festzustellen.

Korollar 4.3.13.:   Wenn eine Auswahlfunktion f teilbar ist, dann ist der von ihr offenbarte binäre Vergleich F quasitransitiv.

Beweis: Wenn $f \in T$, dann ist f pfad-unabhängig (4.3.12.), also auch sequentiell invariant, und daher ist F quasitransitiv (4.2.17.). ◊

Korollar 4.3.14.   Wenn eine Auswahlfunktion f binär ist, dann sind die fünf Aussagen in Fig. 4.3.2. äquivalent:

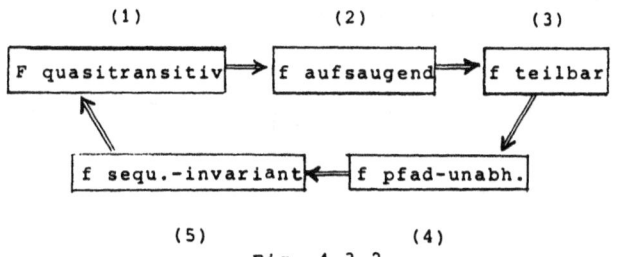

Fig. 4.3.2.

Beweis: Sei f binär und beruhe auf F.

(**ad** "(1) => (2)"): cf. 4.2.14.

(**ad** "(2) => (3)"): cf. 4.3.10.(1)

(**ad** "(3) => (4)"): cf. 4.3.12.

(**ad** "(4) => (5)"): cf. 4.2.3.

(**ad** "(5) => (1)"): cf. 4.2.17.

◊

4.3.14. ist die Ergänzung von 4.2.18. mit den Resultaten des Kapitels 4.3. Dieses Korollar zeigt, welche Bedeutung die Frage hat, ob wir es mit binären oder nicht-binären Auswahlfunktionen zu tun haben: Die vier Konzepte, die hier entwickelt und analysiert wurden, nämlich die Sequentielle Invarianz, Pfad-Unabhängigkeit, die Aufsaugungseigenschaft und die Teilbarkeit einer Auswahlfunktion bedingen einander wechselseitig, sofern wir es mit binären Auswahlfunktionen zu tun haben, sind aber nicht äquivalent, wenn die verwendete Auswahlfunktion nicht-binär ist. Außerdem impliziert keine dieser Bedingungen, daß eine Auswahlfunktion, die sie erfüllt, binär ist. Allein daraus ist schon die Begrenzung eines Ansatzes ersichtlich, der das Problem der Auswahl, sei sie kollektiver Natur oder nicht, ausschließlich mit binären Funktionen, oder Richter-rationalen Funktionen, angeht, wie es in der Literatur, auch in den bahnbrechenden Arbeiten von Arrow und Sen, vielfach üblich ist.

Abschließend erörtern wir noch eine Bedingung, die

tatsächlich impliziert, daß jede mit ihr kompatible Auswahlfunktion binär ist. Diese Bedingung ist Plott's "Axiom 2" (1973 p. 1089); aus Gründen, die gleich klar werden, nennen wir diese Bedingung "Ausscheidungs-Unabhängigkeit" einer Auswahlfunktion.

$\underline{\mathit{Definition\ 4.3.15.}}$: Eine dezisive Auswahlfunktion f ist *ausscheidungs-unabhängig* bzw. erfüllt Bedingung (AU) genau dann, wenn

$$(AU) \quad f(A) \cap B \neq \emptyset \Rightarrow f((B \setminus A) \cup (f(A) \cap B)) = f(B)$$

$(A, B \in [X]$ mit $X \in \chi)$. ◊

Fig. 4.3.3. verdeutlicht die Bedingung der Ausscheidungsunabhängigkeit.

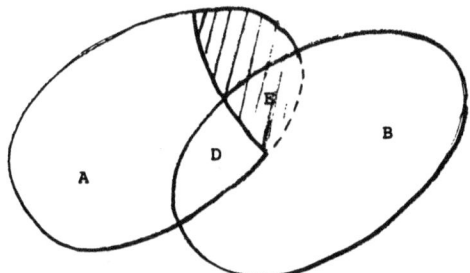

Fig. 4.3.3.

$D = B \cap A \setminus f(A) = B \cap A \setminus E;$

$E = B \cap f(A);$

$B \setminus A = B \setminus (D \cup E).$

Die schraffierte Fläche ist die Auswahlmenge $f(A)$ von A. Bedingung (AU) verlangt, daß

$$f(B) = f(B \setminus D).$$

Mit anderen Worten: Wenn die Alternativenmenge A

zur Auswahl steht, und f(A) gewählt wurde, dann
sollen bei der Auswahl in einer Alternativenmenge B,
die A zumindest teilweise überlagert (oder auch ganz
A enthält), die in A bereits ausgeschiedenen
Alternativen keine Rolle mehr spielen. Wir können daher
auch schreiben

$$f(B) \cap D = f(B) \cap A\backslash f(A) = \emptyset .$$

Wenn $A \subset A' = B$, die Alternativenmenge im "zweiten
Schritt" also vergrößert wird, statt A nur zu über-
lappen, dann wird (AU) natürlich zu

$$f((A'\backslash A) \cup f(A)) = f(A').$$

Die Auswahl in der "neuen" Menge B, die die "alte"
Menge A überlappt, soll demnach unabhängig von jenen
Alternativen sein, die in A nicht zur Auswahlmenge
gehörten. Daher der Name "Aussscheidungs-Unabhängigkeit"
für diese Bedingung. Eine Auswahlfunktion, die (AU)
verletzt, läßt zu, daß Alternativen, die in einer
Alternativenmenge A zu den "Verlierern" zählten, auch
dann einen Einfluß auf die Auswahl in einer Menge B
haben, wenn B neben solchen Verlierern auch "Gewinner"
von A enthält.

Durch die Interpretation, daß "zuerst" die Auswahl
in A vorgenommen wird, und "danach" die Auswahl in
B, ergibt sich der Zusammenhang zu den Bedingungen für
Eliminationsverfahren bzw. zur Teilbarkeit von Auswahl-

funktionen. Ist Ausscheidungs-Unabhängigkeit einer Auswahlfunktion ein stärkeres oder schwächeres Postulat als Pfad-Unabhängigkeit, Sequentielle Invarianz, Teilbarkeit, usw. ?

__Satz 4.3.16.__: Sei f eine dezisive Auswahlfunktion; f ist ausscheidungs-unabhängig genau dann, wenn f die Rationalitätsbedingung (R4) erfüllt.

__Beweis__:[1] (ad "(AU) => (R4)"): Sei f dezisiv und erfülle (AU).
(a) Wir zeigen, daß der von f offenbarte Vergleich F transitiv ist.

Sei $A = \{x, y, z\} \subset X$ mit xFy und yFz. Angenommen, $z \notin f(A)$ und $y \in f(A)$. Aus (AU) folgt, da $f(A) \cap \{y, z\} \neq \emptyset$, $f(\emptyset \cup \{y\}) = \{y\} = f(\{y, z\})$, in Kontradiktion zur Annahme yFz. Also $y \notin f(A)$. Angenommen, $z \notin f(A)$ und $x \in f(A)$. Da $f(A) \cap \{x, y\} \neq \emptyset$, folgt aus (AU), daß $f(\emptyset \cup \{x\}) = f(\{x, y\})$, in Widerspruch zur Annahme xFy. Also folgt aus $z \notin f(A)$ ein Widerspruch zur Annahme der Dezisivität, daher $z \in f(A)$. Wenn $z \notin f(\{x, z\})$, dann $f(\{x, z\} = \{x\}$. Da $f(\{x, z\}) \cap A \neq \emptyset$, folgt aus (AU), daß $f(\{y\} \cup \{x\}) = f(A)$, in Widerspruch zu $z \in f(A)$. Daher $z \in f(\{x, z\})$, i.e., xFz, womit die Transitivität von F bewiesen ist.

(b) Wir zeigen, daß f binär ist und auf dem von f offenbarten F beruht.

Sei $A \in [X]$. Zunächst zu $f(A) \subset \tilde{f}(A)$, i.e., $x \in f(A) \Rightarrow \forall y \in A : yFx$. Angenommen, $x \in f(A)$ und $\exists y \in A : x\hat{F}y$. Da $f(\{x, y\}) \cap A \neq \emptyset$, folgt aus (AU) $f(A\setminus\{x, y\} \cup \{y\}) = f(A\setminus\{x\}) = f(A)$, im Widerspruch zur Verfügbarkeitsbedingung (V) $x \in f(Y) \Rightarrow x \in Y$, für alle Mengen $Y \in [X]$. Daher gilt $\forall y \in A : yFx$, i.e., $x \in \tilde{f}(A)$, also $f \subset \tilde{f}$.

Nun zu $\tilde{f} \subset f$. Angenommen, $x \in \tilde{f}(A)$ aber $x \notin f(A)$ für irgendein $A \in [X]$, i.e., $f(A) \subsetneq \tilde{f}(A)$. Dann gibt es ein Paar $x, y \in A$ derart, daß $x, y \in \tilde{f}(A)$ und $x \notin f(A)$. Da $\{x, y\} \cap f(A) \neq \emptyset$, ergibt (AU) $f(\emptyset \cup \{y\}) = \{y\} = x\hat{F}y$, in Widerspruch zu yFx wegen $x \in \tilde{f}(A)$. Daher $x \in f(A)$, i.e., $\tilde{f} \subset f$, woraus zusammen mit $f \subset \tilde{f}$ folgt $f = \tilde{f}$.

(c) Da ein dezisives f (R4) genau dann erfüllt, wenn $f = \tilde{f}$ und F transitiv ist, ist "(AU) => (R4)" bewiesen.

(<u>ad</u> "(R4) => (AU)"): Sei f dezisiv und erfülle (R4), i.e., $f = \tilde{f}$ und F ist transitiv. Sei $A, B \in [X]$ und $f(A) \cap B \neq \emptyset$. Sei $D = B \cap A\setminus f(A)$. Wenn $x \in D$, dann $\exists y \in A : x\hat{F}y$. Da für alle $z \in f(A) \cap B$ gilt: $y \in A \Rightarrow yFz$, folgt $x\hat{F}z$ aus der Transitivität von

F. Daher $x \notin f(B)$, i.e., $f(B) \cap D = \emptyset$. Daher $f(B) = f((B\setminus A) \cup (f(A) \cap B))$, i.e., f ist ausscheidungs-unabhängig. ◊

Ausscheidungs-Unabhängigkeit einer Auswahlfunktion f ist also äquivalent zur stärksten unserer Rationalitätsbedingungen: sie ist notwendig und hinreichend dafür, daß f Richter-rational, also binär ist und auf einer transitiven Relation beruht. Diese Bedingung impliziert demnach alle anderen dieses Kapitels, sie ist stärker als Pfad-Unabhängigkeit, Absorption, Teilbarkeit usw.

Im folgenden Implikationsdiagramm fassen wir die wichtigsten Resultate zusammen. Fig. 4.3.4. ist eine Ergänzung von Fig. 4.2.5. und Fig. 4.2.7.; die Hinweise auf die einzelnen Sätze können daher im wesentlichen dort nachgelesen werden.

Zur Ergänzung hier nur folgendes:

(<u>ad</u> "(10) => (17)" und "(16) => (17)"): gilt nur, wenn f dezisiv ist.
(<u>ad</u> "(1) <=> (12)") : cf <u>4.3.16</u>.
(<u>ad</u> "(5) <=> (13)") : cf. <u>4.3.10</u>.
(<u>ad</u> "(13) => (7)") : cf. <u>4.3.12</u>.
(<u>ad</u> "(9) <=> (15)") : cf. <u>4.3.7</u>.
(<u>ad</u> "(7) <=> (18)"): cf. <u>4.2.9</u>.

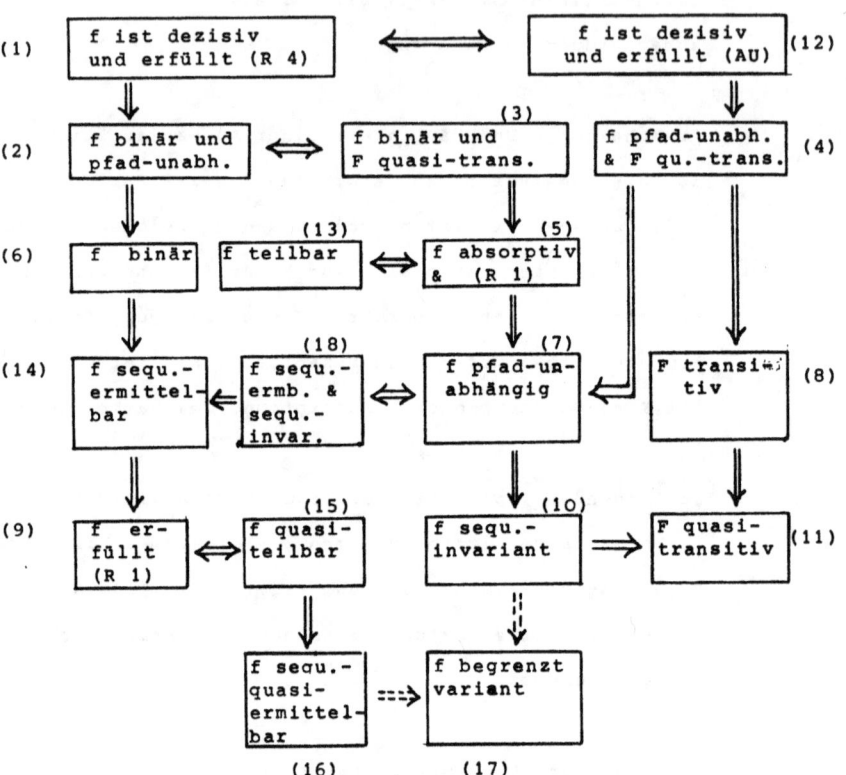

Fig. 4.3.4

4.4. Diskussion einiger konkreter Eliminationsverfahren.

Die theoretische Struktur, die in 4.2. und 4.3. entwickelt wurde, paßt für Auswahlfunktionen, deren Eliminationsfunktionen wie in 4.2.1. definiert sind. Gewisse praktische Auswahlfunktionen, wie sie in Kapitel 2 definiert und beschrieben wurden, lassen sich ohne weiteres in Eliminationsverfahren umdeuten und als Anwendungsfälle der hier entworfenen theoretischen Struktur interpretieren.

Im besonderen ist das für sequentielle Elimination durch *Mehrheitsfunktionen* der Fall (im Kontext kollektiver Auswahl: durch Mehrheits-"Abstimmungen"). Alle Mehrheitsfunktionen sind binäre Auswahlfunktionen; die Condorcet-Funktion beruht auf der Relation der einfachen Mehrheit (2.2.1.), andere beruhen auf der Relation der absoluten Mehrheit (2.2.6., 2.2.9.). Ob bzw. bei welchen Restriktionen diese - und andere - Auswahlfunktionen bestimmte Rationalitätsbedingungen erfüllen, wurde in 3.4. analysiert. Aus diesen Resultaten läßt sich angesichts der in 4.2. und 4.3. gezeigten Theoreme ohne weiteres bestimmen, wie sich diese Auswahlfunktionen als sequentielle Eliminationsverfahren verhalten. Der Übersichtlichkeit halber halten wir einige dieser Ergebnisse als Korollare von 3.4. bzw. 4.2. und 4.3. fest.

Korollar 4.4.1.: Die Condorcet-Funktion (2.2.3.), angewendet als dezisives sequentielles Eliminationsverfahren im Sinne von 4.2.1., ist absorptiv, teilbar und pfad-unabhängig genau dann, wenn sie eine der Bedingungen (1) Begrenzte Übereinstimmung (BÜ), (2) Begrenzte Rang-Übereinstimmung (BRÜ) oder (3) Übereinstimmung im Kontroversen (ÜK) gemäß 3.4.5. bzw. 3.4.6. erfüllt.

Beweis: 4.3.14. mit 3.4.5. bzw. 3.4.6.   ◊

Überflüssig zu betonen, daß natürlich andere Eigenschaften wie Sequentielle Invarianz, Sequentielle Ermittelbarkeit, Quasi-Teilbarkeit etc. ebenfalls erfüllt werden, wenn eine Auswahlfunktion z.B. teilbar ist : cf. die Diagramme 4.2.6., 4.2.7. und 4.3.4. über die Implikations beziehungen zwischen den Eigenschaften; in Hinkunft wird hier immer nur die stärkste Eigenschaft erwähnt. Zu erinnern ist vielleicht daran, daß die Bedingungen (ÜK), (BRÜ) und (BÜ) ausreichen, um die Auswahlfunktion f_M unabhängig von der relativen Häufigkeit der Präordnungen $R_\omega \in Q(X)$ ($\omega \in \Omega$), die die Relation M determinieren, dezisiv zu machen bzw. die Zyklizität der Relation M zu verhindern.

Korollar 4.4.2.: Die Condorcet Funktion als dezisives sequentielles Eliminationsverfahren ist ausscheidungs-unabhängig genau dann, wenn sie die Bedingung (ÜK) im Sinne von 3.4.7 erfüllt.

Beweis: 4.3.16 mit 3.4.7.   ◊

Korollar 4.4.3 : Wenn alle R_ω ($\omega \in \Omega$), die die M - Relation determinieren, Ketten sind, dann ist die Condorcet-Funktion als dezisives sequentielles Eliminationsverfahren absorptiv, pfad-unabhängig usw. genau dann, wenn sie die Bedingung (BRÜ) in Sinne von 3.4.9(1) erfüllt.

Beweis: 4.3.14 mit 3.4.9 (1). ◊

Korollar 4.4.4.: Wenn die $\hat{M}$-Relation vollständig in X und die Condorcet-Funktion dezisiv in X ist, dann ist die Condorcet-Funktion als dezisives sequentielles Eliminationsverfahren ausscheidungs-unabhängig.

Beweis: 4.3.16. mit 3.4.10. (2). ◊

Die Condorcet-Funktion bzw. deren Auswahlmengen beruhen nur auf dem jeweiligen strikten Teil der Präordnungen $R_\omega \in Q(X)$, die die Relation M bzw. $\hat{M}$ determinieren. Bei den absoluten Mehrheits-Funktionen haben mehrwertige Indifferenzklassen innerhalb der $R_\omega \in Q(X)$ insofern eine gewisse Bedeutung, als sie die Vollständigkeit der Relation $\hat{M}_a$ bzw. $\hat{M}_s$ beeinflussen (cf. 2.2.6. und 2.2.9.). Für die M_s-Funktion, eine der absoluten Mehrheits-Funktionen (2.2.11.), gilt:

Korollar 4.4.5.: Wenn die M_s-Funktion eine der Bedingungen (BÜ) oder (BRÜ) im Sinne von 3.4.15. (1) erfüllt, dann ist sie als dezisives sequentielles Eliminationsverfahren absorptiv, pfad-unabhängig, usw.

Beweis: 4.3.14. mit 3.4.15. ◊

Die meisten der *Pluralitäts*-Funktion haben die attraktive Eigenschaft der Dezisivität, und die weniger attraktive, daß sie Bedingung (R1) verletzen (<u>3.4.18</u>.) In einer Anwendung als sequentielle Eliminationsverfahren ist daher nicht zu erwarten, daß sie in der Regel dem Pfad gegenüber invariante Auswahlmengen erbringen. Unter Umständen stimmen ihre Pfad-Auswahlmengen mit jener der Condorcet-Funktion überein:

<u>Bemerkung 4.4.6</u>.: Angenommen, eine Pluralitätsfunktion wird in einer Menge $A \in [X]$ ($X \in \chi$) als sequentielles Eliminationverfahren gemäß <u>4.2.1</u>. verwendet. Sei Card $A = m \in \mathbb{N}$, und sei $\{R_\omega | \omega \in \Omega\}$ mit $\Omega \in \chi$ eine Familie von Ketten auf A. Wenn für alle $j \in \{1, ..., m\}$ in einer Kette $k \in K(A)$ gilt: Card $e(e_k^j(A)) = 1$, dann ist $f_k(A)$ gemäß der Pluralitätsfunktion identisch mit $f_k(A)$ gemäß der Condorcet-Funktion.

<u>Beweis</u>: Die Prämisse in <u>4.4.6</u>. bedingt, daß die Auswahlfunktion f stets auf höchstens zweiwertigen Teilmengen $Z \subset A$ angewandt wird. Daraus folgt die Konklusion nach <u>2.6.10</u>. ◊

Die *Rangsummenfunktionen* sind dezisiv und erfüllen, wie erwähnt, (R4) in ihrer pauschalen Anwendung im Sinne von <u>3.4.21</u>. (<u>1</u>), verletzen aber in ihrer spezifischen Anwendung im allgemeinen (R1) (<u>3.4.21</u>. (<u>2</u>)).

Als sequentielles Eliminationsverfahren kommt aber
praktisch in erster Linie eine spezifische Anwendung in
Frage, d.h., für alle $j \in \{1, \ldots, m\}$ mit
Card $A = m \in \mathbb{N}$ gilt: $e(e_k^j(A))$ wird durch eine
spezifische Anwendung von f auf $e(e_k^{j-1}(A)) \cup \{e_k^j(A)\}$
ermittelt $(A \subset X \in \chi,\ k \in K(A);$ cf. Definition
<u>4.2.1.</u>). Da die spezifische Anwendung eine Erfüllung
von (R1) bzw. Quasi-Teilbarkeit (<u>4.3.7.</u>) nicht garantiert,
ist auch Begrenzte Varianz nicht garantiert. Bemerkung
<u>4.4.6.</u> gilt analog für Rangsummenfunktionen.

Eine pauschale Anwendung in Eliminationsverfahren
kommt deshalb kaum in Frage, weil dann, wenn die Rangfolge in einer Menge $A' \supset A$ ohnehin festliegt und auf
A pauschal übertragen werden kann, ein Eliminationsverfahren keine zusätzlichen Informationen bezüglich der
Auswahlmenge erbringt. Eliminationsverfahren sind ja
unter anderem dann attraktiv, wenn dadurch der "technische"
Aufwand bei der Ermittlung der Auswahlmenge reduziert
werden kann; das ist beispielsweise bei den Condorcet-
Funktionen der Fall, denn statt $m(m-1)/2$ binären
Vergleichen (bei Card $A = m$) bei "normaler" Anwendung
der Condorcet-Funktion (jede Alternative muß mit allen
anderen verglichen werden) ist in der Regel bei der
Anwendung als Eliminationsverfahren nur eine geringere
Anzahl von Vergleichen notwendig (ausgenommen im eher
trivialen Fall, daß alle $x, y \in A$ in der Indifferenzrelation $xI_M y$ zueinander stehen: denn dann werden
alle $x \in A$ bis zum letzten "Schritt" $e(e_k^m(A))$ auf
dem "Pfad" $k \in K(A)$ akkumuliert).

Für die *Pluralen Rangfunktionen* (<u>2.5.1.</u>, <u>2.5.3.</u>, <u>3.4.22.</u>) gilt analog das gleiche wie für die Rangsummenfunktionen.

In Kapitel 3.4. wurde festgestellt, daß sich das Auswahlproblem beträchtlich vereinfacht, wenn eine Eigenschaft einer Auswahlfunktion, zum Beispiel Dezisivität, nur für eine ganz *bestimmte* (fixe) Menge $Y \in X$ und nicht auch für alle ihre Untermengen $B \subset Y$ gelten soll (cf. <u>3.4.11.</u>, <u>3.4.13.</u>, <u>3.4.17.</u>, <u>**3.4.20.**</u>). Ähnliches gilt auch für Eliminationsverfahren. Wir beschränken uns auf eine Erörterung der Condorcet-Funktion.

Zunächst brauchen wir einen neuen Terminus. Denn die Aussage "f ist pfad-unabhängig in der Menge Y" besagt, daß f auch pfad-unabhängig in allen Untermengen von Y ist (<u>4.2.1.</u>), und analog für alle Bedingungen λ aus 4.2. und 4.3. Daher ist ein neuer Name für die Bedingung λ nötig, wenn die Auswahlfunktion f die Bedingung λ zwar in Y selbst, aber nicht unbedingt auch in allen $B \subsetneq Y$ erfüllt.

<u>*Definition 4.4.7.*</u>: Wenn die Auswahlfunktion f eine der in 4.2. oder 4.3. entwickelten Bedingungen λ in einer Menge $Y \in [X]$ erfüllt, aber nicht auch in allen Untermengen $B \subsetneq Y$, dann sagen wir "f ist *limitiert* λ in Y" statt "f ist λ in Y". ◊

Bemerkung 4.4.8.: Für eine gegebene Menge $Y \in [X]$ ($X \in \chi$) kann gelten: f_M (*2.2.3.*) ist limitiert pfad-unabhängig in Y und die Relation M ist nicht quasi-transitiv in Y, sondern azyklisch oder zyklisch. ◊

So ist M in Fig. 3.4.6. zyklisch auf dem Tripel $\{x, y, z\} \subset Y$; aber f_M oder $f_{\hat M}$ als sequentielle Eliminationsverfahren ergeben, wie leicht nachzuprüfen ist, für (b) in 3.4.6. stets $f_{\hat M_k}(Y) = f_{M_k}(Y) = \{w\}$, für alle $k \in K(Y)$. Also sind $f_{\hat M}$ und f_M limitiert pfad-unabhängig in Y. Das ist ein Beispiel für ein Theorem von Black, adaptiert für unsere Terminologie:

Lemma 4.4.9.: Für eine gegebene Menge $Y \in [X]$ ($X \in \chi$) gilt:

(<u>1</u>) $[\exists x \in Y : y \in Y \Rightarrow y\hat{M}x] \Rightarrow [\forall k \in K(Y): f_{M_k}(Y) = \{x\}$,
i.e., f_M ist limitiert pfad-unabhängig in Y.]
(Black 1958, Theorem p. 43.)

(<u>2</u>) $[\exists x \in Y : y \in Y \Rightarrow yMx] \Rightarrow [\forall k \in K(Y): x \in f_{M_k}(Y)$,
i.e., f_M ist limitiert begrenzt variant in Y.]

<u>Beweis</u>: (<u>ad</u> (<u>1</u>)): Angenommen, die Prämisse von (1) gilt. Ohne Beschränkung der Allgemeinheit sei $x = e_k^i(Y)$ für ein $i \in \{1, \ldots, m-1\}$ mit Card $Y = m$ und $k \in K(Y)$. Da $f_{\hat M}$ eine binäre Auswahlfunktion ist

(<u>3.2.2</u>.), wirkt dieses x aufsaugend, so daß
$e(e_k^i(Y)) = \{x\}$, und $e(e_k^j(Y)) = \{x\}$ für alle j mit
j > i, im besonderen für j = m. Daher $f_{M_k}(Y) = \{x\}$
für alle k ε K(Y).

(<u>ad</u> (<u>2</u>)): Der Beweis ist analog zu dem von (<u>1</u>), d.h.
wenn $x = e_k^i(Y)$ dann $x \in e(e_k^i(Y))$, usw. ◊

Eine Illustration für <u>4.4.9</u>. (<u>2</u>) ist Fig. 3.4.6. (a),
in der sich für den Pfad x, z, y, w ergibt: $f_{M_k}(Y) =$
{y, w}, und etwa für den Pfad y, x, w, z: $f_{M_k}(Y) = \{w\}$.

Wenn M nicht quasitransitiv ist in der gegebenen
Menge Y, aber limitiert pfadunabhängig in der Menge Y
selbst, dann folgt aus <u>4.2.17</u>. mit <u>4.2.3</u>., daß f_M
die Pfad-Unabhängigkeit in einer Untermenge B ⊊ Y
verletzen muß. So ist in der erwähnten Figur 3.4.6. (b)
f_M nicht einmal begrenzt variant in {x, y, z} ⊂ Y.
Ein Beispiel ohne Zyklizität ist Fig. 4.4.1., worin
wie üblich xMy durch einen Bogen von y nach x
dargestellt wird.

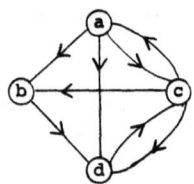

Fig. 4.4.1.

Sei Y = {a, b, c, d}. Die Relation M ist nicht quasitransitiv, sondern azyklisch in Y. Die Condorcet-Funktion ist für jene Häufigkeitsverteilung der $R_\omega \in Q(Y)$, die dieses M determiniert, dezisiv in Y
(und allen B ⊂ Y), und $f_M(Y) = \{a, c\}$. Wie man an

Hand der 4! = 24 Ketten k ε K(A) überprüfen mag, ist f_M limitiert pfad-unabhängig in Y selbst. Aber f_M ist begrenzt variant in $\{b, c, d\} \subset Y$.

Wenn die Prämisse von <u>4.4.9.</u> (<u>1</u>) oder (<u>2</u>) für eine Menge Y nicht zutrifft, dann ist, wie schon in 4.1. erwähnt, die Condorcet-Funktion nicht begrenzt variant; die Auswahlmenge je nach Pfad divergiert, i.e., $f_{M_k}(Y) \cap f_{M_{k'}}(Y) = \emptyset$ ist möglich für $k, k' \in K(Y)$. Fishburn (1971 p. 542) hat darauf hingewiesen, daß dann sogar eine strikt Pareto-dominierte Alternative x aus Y gewählt werden kann.

Definition 4.4.10.: Sei $x, y \in X \in \chi$, sei $\{R_\omega | \omega \in \Omega\}$ mit $\Omega \in \chi$ eine Familie vollständiger Relationen in X, $\hat{R}$ sei die assoziierte strikte Relation, und f eine Auswahlfunktion. Wir sagen "y ist *strikt Pareto-dominiert* durch x "(cf. <u>3.4.12</u>.) genau dann, wenn

$$\forall \omega \in \Omega : y\hat{R}_\omega x,$$

und die dadurch etablierte Relation zwischen x und y wird

$$x\overline{P}y$$

geschrieben. Gegeben eine Menge $Y \in [X]$, heißt ein Element $x \in Y$ "*schwach Pareto-optimal* in Y" genau dann, wenn

$$\not\exists y \in Y : x\overline{P}y,$$

und das "*Schwache Pareto-Kriterium*" ist definiert durch

$$x, y \in Y \wedge x\overline{\underline{P}}y \Rightarrow x \notin f(Y).\quad \Diamond$$

Offenbar ist jedes strikt Pareto-dominierte x auch Pareto-dominiert (cf. <u>3.4.12</u>.), aber nicht umgekehrt; Pareto-Optimalität impliziert Schwache Pareto-Optimalität, aber nicht umgekehrt; und wenn eine Auswahlfunktion f das Schwache Pareto-Kriterium verletzt, verletzt sie auch das Pareto-Kriterium, aber nicht umgekehrt.

Bemerkung <u>4.4.11</u>.: Sei $x \in Y \in [X]$ strikt Pareto-dominiert durch ein $y \in Y$. Wenn $\hat{M}$ zyklisch und vollständig in Y ist, dann ist $f_{\hat{M}_k}(Y) = \{x\}$ nicht ausgeschlossen, sodaß das Schwache Pareto-Kriterium verletzt wird. (Fishburn 1971.) $\Diamond$

Als Beleg verwendet Fishburn ein einfaches Beispiel einer kollektiven Auswahlsituation, in der $X = \{a, b, c, d, x, y\}$ und Card $N = 3$, wobei $D(X)$ gegeben ist durch:

y	c	x
x	d	a
a	y	b
b	a	c
c	b	d
d	x	y
R_1	R_2	R_3

Fig. 4.4.2.

In dieser Gesellschaft ist $b\overline{\underline{P}}a$ und $d\overline{\underline{P}}c$, und $f_{\hat{M}}(X) = \emptyset$. Es gibt $6! = 720$ Pfade $k \in K(X)$, die f_M als sequentielles Eliminationsverfahren "beschreiten" kann. Von diesen 720 gilt für 98 Pfade oder rund ein Siebtel, daß $f_{\hat{M}_k}(X)$ gleich $\{b\}$ oder $\{d\}$ ist, obwohl alle Mitglieder des Kollektivs N eine andere Alternative (nämlich a bzw. c) der Alternative b bzw. d vorziehen. (Z.B. ergibt sich für den Pfad a, x, y, d, c, b, daß $f_{\hat{M}_k}(X) = \{b\}$, und für den Pfad c, b, a, x, y, d, daß $f_{M_k}^{\wedge}(X) = \{d\}$.) Daher wird bei rund 14% aller Pfade das Schwache Pareto-Kriterium verletzt.

Ein ähnliches Problem hat eine Variante des Condorcet-Eliminationsverfahrens, die sich nicht genau an das Verfahren gemäß 4.2.1. hält. Wir definieren diese Form eines verkürzten Eliminationsverfahrens generell für binäre Auswahlfunktionen.

Definition 4.4.12.: Verkürztes Eliminationsverfahren:
Sei f eine binäre, auf der Relation F beruhende Auswahlfunktion, deren Anwendung in einem sequentiellen Eliminationsverfahren wie in 4.2.1. definiert ist. Sei ferner A ε [X] mit X ε χ und Card A = m. Immer dann, wenn $e(e_k^i(A))$ (i ε {1, ..., m-1}, k ε K(A)) mehrwertig ist, d.h. eine mehrwertige F-Indifferenzklasse bildet, wird der Pfad mit einem einzigen beliebig gewählten x ε $e(e_k^i(A))$ fortgesetzt, sodaß $e(e_k^{i+1}(A))$ = $f(\{x\} \cup \{e_k^{i+1}(A)\})$. ◊

Dieses Verfahren versucht mehrwertige Auswahlmengen so weit wie möglich auszuschließen; nur durch den letzten Schritt $e(e_k^m(A))$ kann sich noch eine zweiwertige Auswahlmenge $f_k(A)$ ergeben. Dieses Verfahren vereinfacht die Prozedur erheblich durch die Verringerung der Zahl der notwendigen binären Vergleiche, hat aber folgenden schwerwiegenden Nachteil:

Lemma 4.4.13.: Sei f eine binäre Auswahlfunktion, und sei x ∈ A ∈ [X] (X ∈ χ) strikt Pareto-dominiert durch y ∈ A. Das Verkürzte Eliminationsverfahren (_4.4.12._) läßt eine Verletzung des Schwachen Pareto-Kriteriums zu, wenn der von f offenbarte binäre Vergleich nicht transitiv ist.

Beweis: Cf. das folgende Beispiel um Fig. 4.4.3., in dem F quasitransitiv und die Auswahl einer strikt Pareto-dominierten Alternative nicht ausgeschlossen ist. ◊

Ohne Beschränkung der Allgemeinheit verwenden wir als Beleg für _4.4.13._ ein Beispiel, in dem die Condorcet-Funktion - die ja eine binäre, auf der Relation M beruhende Auswahlfunktion ist - in einem verkürzten sequentiellen Eliminationsverfahren verwendet wird und M quasitransitiv ist. Sei A = {a, b, c, d} und Card Ω = 2, und seien die beiden Präordnungen R_1 und R_2, die die Relation M determinieren, definiert wie in Fig. 4.4.3. (1); M ist dann wie in Fig. 4.4.3. (2), wobei der Einfachheit halber x----y steht für $xI_M y$ und x⇐y für $x\overline{P}y$ (aus $x\overline{P}y$ folgt natürlich $x\hat{M}y$, aber nicht umgekehrt):

```
b   d
a   c
d   b
c   a

R₁  R₂
 (1)                    (2)
```

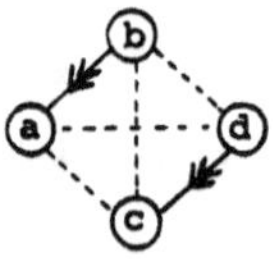

Fig. 4.4.3.

Für den Pfad a, d, b, c ist nicht ausgeschlossen,
daß aus {a, d} d gewählt wird, aus {d, b} b, und
aus {b, c} c, d.h. $f_{M_k}(A) = \{c\}$, obwohl c strikt
Pareto-dominiert ist durch d. Damit wird das Schwache
Pareto-Kriterium verletzt. Die Relation M ist (trivial)
quasitransitiv.

Satz 4.4.14.: Wenn der binäre Vergleich F
transitiv ist, gilt für das Verkürzte Eliminationsverfahren (4.4.12.):

$$f_k(A) \subset f(A),$$

für alle Pfade $k \in K(A)$ $(A \in [X], X \in \chi)$.

Beweis: Angenommen, $x \in f_k(A)$ und $x \notin f(A)$. Dann
gibt es ein $y \in A$ mit $x\hat{F}y$ (3.2.3. (3)). Da y
nicht in $f_k(A)$ sein kann, denn sonst $x \notin f_k(A)$,
gibt es ein $z_1 \in A$, mit dem y eliminiert wurde, also
entweder $yFz_1 \wedge z_1Fy$ oder $y\hat{F}z_1$. In beiden Fällen
folgt aus der Transitivität von F $x\hat{F}z_1$; die Wiederholung
dieses Arguments ergibt, da A endlich ist, daß die
Annahme eines $y \in A$ mit $x\hat{F}y$ auf einen Widerspruch
führt (nämlich $x \notin f_k(A)$); demnach gilt $x \in f(A)$,
i.e., $f_k(A) \subset f(A)$. ◊

Die Auswahlmenge $f_k(A)$ wird von Plott in diesem Fall
- wenn also $f_k(A)$ bei allen Pfaden $k \in K(A)$ stets
in f(A) enthalten ist - als "Gleichgewicht" des Auswahlprozesses bezeichnet (1971 p. 115).[1] Angewandt für die

Condorcet-Funktion besagt <u>4.4.14.</u>: wenn die Mehrheits-Relation M in einer Alternativenmenge A transitiv ist - und M ist transitiv genau dann, wenn die Condorcet-Funktion die Bedingung der Übereinstimmung im Kontroversen im Sinne von <u>3.4.7.</u> erfüllt - , dann ergibt ein verkürztes Eliminationsverfahren gemäß <u>4.4.12.</u> stets eine Auswahl-menge in A, die jedenfalls einen Teil der M-größten oder M-besten Alternativen von A enthält, gleichgültig welcher Pfad k ε K(A) gewählt wurde. Und außerdem ist jedenfalls keine M-dominierte Alternative in einer Pfad-Auswahlmenge enthalten, also keine, die gegenüber irgend-einer anderen aus A mehrheitlich verlieren würde (bzw. es gilt: wenn $x \in f_{M_k}(A)$ dann yMx für alle y ε A).
Für den Fall "F transitiv", oder speziell, "M transitiv", erreicht ein verkürztes Eliminationsverfahren gemäß <u>4.4.12.</u> daher einen Gleichgewichtszustand und erscheint durchaus attraktiv und praktikabel; wenn die Relation M allerdings nicht transitiv ist, dann sind im allgemeinen unerwünschte Effekte wie der in <u>4.4.13.</u> nicht ausgeschlossen.

5. Revaluations-Unabhängigkeit und andere Aggregationsbedingungen.

5.1. Vorbemerkung

Die Rationalitätseigenschaften einer Auswahlfunktion f wurden vor allem an Hand der Fragen geprüft, welche Relationseigenschaften der von f offenbarte binäre Vergleich F besitzt, wie sich die Auswahlmenge einer Alternativenmenge B zu der einer ihrer Obermengen A verhält und ob die Auswahlfunktion binär ist. Die Pfad-Unabhängigkeit und ihr verwandte Kriterien dienten dazu, die Eigenschaften einer Auswahlfunktion zu analysieren, wenn sie als sequentielles Eliminationsverfahren verwendet wird.

Der Terminus "Unabhängigkeit von Revaluation" betrifft einen dritten Fragenkomplex. Nehmen wir eine kollektive Auswahlfunktion $f : P(X) \times D(X) \to P(X)$, die also jedes Paar (Y, D) einer Alternativenmenge $Y \subset X$ und einer "Gesellschaft" D (cf. 1.2.3.) in der Menge der Untermengen von Y abbildet. Wenn nun zwei Gesellschaften D(X), D'(X) zwar die selbe Indexmenge N haben, aber nicht zur Gänze aus denselben Präordnungen $R_i \in Q(X)$ bestehen ($i \in N$), wird dann die kollektive Auswahl unter Elementen von $Y \in [X]$ durch einen Wechsel von D zu D' verändert, d.h., gilt $f(Y, D) \neq f(Y, D')$? Wenn keine Veränderung der Auswahlmenge eintritt, nennen wir die Auswahlfunktion f "revaluations-unabhängig". Wie wir feststellen werden, gibt es schwächere und stärkere Varianten von Revaluations-Unabhängigkeit.

Dazu eine klärende Anmerkung. Man erinnere sich, daß eine Gesellschaft $D(X)$ nichts anderes ist als eine Familie von Präferenzen bzw. Präordnungen $R_i \in Q(X)$, mit der Indexmenge $N = \{1, ..., i, ..., n\}$, wobei N ein Kollektiv von n Personen ist. Wenn nun $D(X) \neq D'(X)$ und $N = N'$, dann $R_i \neq R'_i$ für irgendein $i \in N$; ein Wechsel von D zu D' heißt also in diesem Fall, daß bei mindestens einem $i \in N$ eine Präferenzänderung, mit anderen Worten, eine "Revaluation" stattfindet.

Die Interpretation von D als Gesellschaft bzw. die Beschränkung der Diskussion von Revaluations-Unabhängigkeit auf kollektive Auswahlfunktionen ist dabei unnötig restriktiv. Es genügt, $D(X)$ als Familie vollständiger Präordnungen $R_\omega \in Q(X)$ anzusehen, indiziert mit einer Menge Ω, wobei jedes $\omega \in \Omega$ etwa verstanden werden kann als Kriterium, mit dem X vollständig präordnet wird, oder eben auch als ein Kollektivmitglied $i \in N$ (sodaß also $N = \Omega$), dessen Präferenz auf X mit R_i bezeichnet wird und ebenfalls eine vollständige Präordnung ist. Genau genommen, ist es nicht einmal unbedingt nötig, die Elemente $R_\omega \in D(X)$ als Präordnungen anzusehen; so arbeitet etwa Fishburn (1973 d) mit strikten Halbordnungen R, die vor allem dadurch charakterisiert sind, daß zwar die mit R assoziierte strikte Relation $\hat{R}$ (cf.

1.1.3.4.) transitiv ist, nicht unbedingt aber die
mit R assoziierte Indifferenzrelation (hier definiert
durch "$*(x\hat{R}y) \wedge * (y\hat{R}x)$"; cf. 1.1.3.4.). Wir werden
jedoch wie bisher R_ω bzw. R_i als vollständige
Präordnung ansehen.

Wir stellen nun **vier** unterschiedlich strenge Bedingungen
der Revaluations-Unabhängigkeit vor, deren bekannteste
Arrow's Bedingung der Unabhängigkeit von irrelevanten
Alternativen (1963 p. 27) ist. Anschließend gehen
wir kurz auf weitere Aggregationsbedingungen ein - d.h.
Bedingungen, die die Auswahlmengen in einer Menge X
bei variierenden Präordnungsfamilien D, D'(X) betreffen.

5.2. Kriterien der Revaluations-Unabhängigkeit

Arrow's Bedingung der Unabhängigkeit einer (kollektiven) Auswahlfunktion von irrelevanten Alternativen lautet im Original (1963 p. 27):

> "Let $R_1, \ldots, R_n$ and $R'_1, \ldots, R'_n$ be two sets of individual orderings and let C(S) and C'(S) be the corresponding social choice functions. If, for all individuals i and all x and y in a given environment S, xRy if and only if xR'y, then C(S) and C'(S) are the same."

Umgeschrieben für unsere Notation, und generell interpretiert (nicht nur für soziale oder kollektive Auswahlfunktionen), postuliert diese Bedingung demnach:

Definition 5.2.1: Sei $B \in [X]$ ($X \in \chi$), seien $\{R_\omega \mid R \in Q(X), \omega \in \Omega\} = D \in \mathcal{D}(X)$ sowie $\{R'_\omega \mid R' \in Q(X), \omega \in \Omega\} = D' \in \mathcal{D}(X)$ Familien von Präordnungen auf X, und sei $f: P(X) \times \mathcal{D}(X) \to P(X)$ eine Auswahlfunktion. Dann verlangt *Arrow's Bedingung der Unabhängigkeit von irrelevanten Alternativen* (__Bedingung (RU 1)__):

$$[\forall \omega \in \Omega : R_\omega \cap (B \times B) = R'_\omega \cap (B \times B)] \Rightarrow$$
$$f(B, D) = f(B, D').$$

◊

Die Bedingung (RU1) verlangt, daß dann, wenn die Präordnungen R_ω auf der Menge B unverändert bleiben, auch die Auswahlmenge in B unverändert bleibt. Wenn B eine Teilmenge einer Menge A ε [X] ist, dann soll eine Veränderung der relativen Bewertung einiger Alternativen in A\B keinen Effekt für die Auswahlmenge in B bewirken. Die Alternativen in A\B werden insofern als "irrelevant" angesehen, nämlich irrelevant für die Auswahl in B.

Bedingung (RU1) ist oft mißverstanden worden, vor allem deshalb, weil Arrow selbst die Bedingung durch ein irreführendes Beispiel illustriert hat. Arrow's Beispiel (1963 p. 27) verwendet vier Alternativen (z.B. Kandidaten für ein öffentliches Amt) und die rank-order method of voting, eine Auswahlfunktion, deren Auswahlmengen identisch sind mit jenen der Borda-Funktion (<u>2.4.6</u>.). Die Gesellschaft D für A = X = {a, b, c, d} ist wie in Fig. 5.2.1. definiert.

a	a	c
b	b	d
c	c	a
d	d	b
R_1	R_2	R_3

Fig. 5.2.1.

Die Borda-Auswahlfunktion ergibt {a} als Auswahlmenge in A. Angenommen nun, so argumentiert Arrow, der Kandidat b stirbt oder scheidet aus anderen Gründen aus dem Kreis der Bewerber aus. Dann ist die Gesellschaft D für B = A\{b} wie in Fig. 5.2.2.

```
a    a    c
c    c    d
d    d    a
R₁   R₂   R₃
```
Fig. 5.2.2.

Die Borda-Auswahlfunktion ergibt $\{a, c\}$ als Auswahlmenge in $A\setminus\{b\}$. Das sei, so Arrow, eine Verletzung von Bedingung (RU1).

Eine ähnliche Bedeutung wird (RU1) etwa von Luce-Raiffa (1957 pp. 335 ff.), Musgrave (1959 p. 119), Samuelson (1967 pp. 43/44) und Krelle-Coenen (1968 p. 99) beigelegt. Bei Radner-Marschak (1954 pp. 63/67) ist eine "Bedingung der Unabhängigkeit von irrelevanten Alternativen " identisch mit unserer Rationalitätsbedingung (R1), und bei Hansson (1968 p. 444) und Wilson (1970 p. 350) ist eine Bedingung gleichen Namens identisch mit unserer Rationalitätsbedingung (R4).

Welchen Namen auch immer man jener Bedingung gibt, die wir hier "(RU1)" nennen, es sollte klar sein, daß (RU1) für konstante Alternativenmengen und variable Gesellschaften definiert ist, während in Arrow's Beispiel ebenso wie für (R1) und (R4) die Gesellschaft konstant und die Alternativenmenge variabel ist. Deshalb argumentierte Rothenberg schon 1961 (ch. 6), daß Arrow's Beispiel irrelevant für die Bedingung der Unabhängigkeit von irrelevanten Alternativen sei; dieses Argument wurde seither, m.E. zu Recht, auf verschiedene Weise von Hansson (1973) und Ray (1973) wiederholt.[1]

Wenn die Menge B in <u>5.2.1</u>. als die Menge der durchführbaren oder verfügbaren Alternativen in X interpretiert wird, wie es etwa Arrow selbst tut (1963 pp. 109/110, 1967 pp. 18/19), so wird man die Attraktivität der Bedingung (RU1) nicht ganz abstreiten können: dann postuliert sie, daß für die Auswahl unter den durchführbaren Alternativen nur die Präferenzen bzw. Präordnungen auf diesen durchführbaren Alternativen relevant sind, und nicht auch jene auf nicht realisierbaren Alternativen. Fishburn zum Beispiel ist ein Advokat dieses Arguments; er nennt diese Bedingung von vornherein "Independence from Infeasible Alternatives" und wählt sie als grundlegendes Axiom für sein ganzes Buch über soziale Auswahl.[1] Auf der anderen Seite wird jemand, der für kardinale Nutzen und interpersonelle Vergleiche etwas übrig hat, diese Bedingung nicht akzeptieren wollen, denn sie schließt nicht nur aus, daß bei der Wahl zwischen "Subventionen für die Landwirtschaft" = x und "Abtreibung auf Krankenschein" = y die Präferenz zwischen x bzw. y und "Höheren Militärausgaben" = z eine Rolle spielt, sondern auch, daß außer der Präordnung über x und y auch die Intensität der Wertschätzung eine Rolle spielt; Sen nennt dies den independence- und den ordering-Aspekt von Bedingung (RU1) (Sen 1970 pp. 89-92).

Da manche daher Bedingung (RU1) als zu streng empfinden werden, stellt sich die Frage nach ihren Varianten.

Gärdenfors (1973) und Hansson (1973) haben vor kurzem
schwächere Varianten von Bedingung (RU1) formuliert. Der
Kontext ihrer Ausführungen waren allerdings Auswahlfunktionen, die auf jeder Alternativenmenge A ε [X]
(X ε χ) eine vollständige Präordnung R ε Q(X) erklären,
also Soziale Wohlfahrtsfunktionen; ferner bedienen sie
sich einer völlig anderen Notation. Wir stellen hier
eine verallgemeinerte Version von Hansson's (1973 pp. 43 &
46) Bedingungen der Weak External Similarity Independence
und der Positionalist Independence vor, modifiziert für
Auswahlfunktionen, die jedem A ε [X] eine Auswahlmenge
f(A) ⊂ A zuordnen.

Definition 5.2.2.: Sei A, B ε [X] (X ε χ) mit
B ⊂ A, und seien die sonstigen Annahmen wie in <u>5.2.1</u>.
Dann verlangt <u>Bedingung (RU2)</u>:

$$[\forall \omega \in \Omega: R_\omega \cap [(A \times B) \cup (B \times A)] =$$
$$R'_\omega \cap [(A \times B) \cup (B \times A)]] \Rightarrow$$
$$f(B, D) = f(B, D'). \quad \diamond$$

Die Konklusion ist dieselbe wie bei Bedingung (RU1);
die Prämisse läßt jedoch nur schwächere Revaluationen zu
als jene von Bedingung (RU1): alle $xR_\omega y$, in denen x
oder y, aber nicht notwendigerweise x und y zu B
gehören, bleiben unverändert. Wenn das der Fall ist, so
postuliert Bedingung (RU2), dann soll auch die Auswahlmenge
in B beim Übergang von D zu D' unverändert bleiben.

Eine mögliche Interpretation dieser Bedingung
besagt, daß wir nicht verlangen, daß die Auswahl unter
den Elementen der "durchführbaren" oder "verfügbaren
Menge" B (d.h., daß die Menge B aus den durchführbaren bzw. verfügbaren Alternativen besteht) unverändert
bleibt, wenn eine Relation R_ω zwischen einer durchführbaren Alternative x ε B und einer undurchführbaren
Alternative y ε A\B sich ändert. (Die zu einem gegebenen
Zeitpunkt durchführbaren Alternativen eines Regional-
programms sind zum Beispiel jene, die die öffentliche
Körperschaft bei voller Entschädigung der bisherigen
Grundeigentümer verwirklichen kann, und die undurchführbaren jene Maßnahmen, die ohne Entschädigung verwirklicht
werden könnten. Beide Arten von Alternativen zusammen
bilden die Menge A, die Alternativen mit Entschädigung
die Menge B ⊂ A.)

Bedingung (RU2) ist also wirklich sehr schwach.
Alles, was wir verlangen, ist, daß die Auswahl in der
Alternativenmenge B nicht sensitiv sein soll zu einer
Änderung von Präordnungsrelationen, die lediglich ein
Paar x, y ε A\B betreffen. In Fig. 5.2.3. wird
anschaulich gemacht, welche Revaluationen gemäß der
Prämisse von (RU2) in R_ω zulässig sind. (Wie üblich
zeichnen wir nur den Minimalgenerator für die transitive
Relation R_ω.)

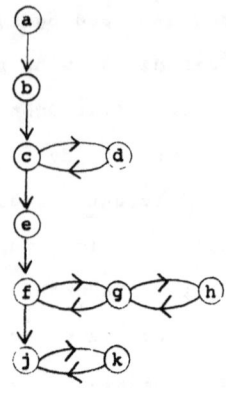

Fig. 5.2.3.

Sei $A = \{a, \ldots, k\}$ und $B = \{c, e, h\}$. Die Prämisse von (RU2) läßt in diesem Fall genau zwei Arten von Revaluationen zu: solche, die nur das Paar (a, b), und solche, die nur das Paar (j, k) betreffen; $aI'_\omega b$ oder $jP'_\omega k$ wäre also zulässig, aber etwa $fP'_\omega g$ wäre unzulässig, da aus der transitiven Eigenschaft von R_ω dann auch $fP'_\omega h$ folgen würde, sodaß eine Alternative aus B von der Revaluation betroffen wäre; die Prämisse von (RU1) dagegen würde auch diese Revaluation zulassen.

Hansson (1973 p. 47) hat in diesem Zusammenhang darauf hingewiesen, daß wir die Alternativen in jeder Präordnung R_ω in vier Gruppen einteilen können[1] (es sei $B \subset A \in [X]$):

(1) Alternativen, die zu einem $y \in B$ indifferent sind,
(2) Alternativen "unterhalb" aller $y \in B$ (im Sinne von Fig. 5.2.3.),
(3) Alternativen "zwischen" einem $y \in B$ und einem $z \in B$,
(4) Alternativen "oberhalb" aller $y \in B$.

Präzise gesagt, sind diese Gruppen also definiert durch:

$G_1 = \{x \in A\backslash B \mid \exists y \in B: xI_\omega y\}$,

$G_2 = \{x \in A\backslash B \mid \forall y \in B: xP_\omega y\}$,

$G_3 = \{x \in A\backslash B \mid \exists y, z \in B: yP_\omega xP_\omega z\}$,

$G_4 = \{x \in A\backslash B \mid \forall y \in B: yP_\omega x\}$.

Die Prämisse von Bedingung (RU2) würde mit gewissen Einschränkungen Revaluationen innerhalb der Gruppen G_2, G_3 oder G_4 gestatten, nicht aber einen Transfer einer Alternative von einer Gruppe in eine andere. Hansson (1973 p. 47) führt nun die Bedingung der *Strong Positionalist Independence* ein, deren Prämisse teilweise auch solche Revaluationen in R_ω zuläßt. Umgeschrieben für Abbildungen in $P(X)$ statt Sozialer Wohlfahrtsfunktionen, und in unserer Notation, verlangt diese Bedingung:

Definition 5.2.3.: Sei $x \in A\backslash B$, und sei $y, z \in B$, bei Annahmen wie in 5.2.2. Dann verlangt Bedingung (RU3):

$$\left[\forall \omega \in \Omega: (R_\omega \cap (B \times B) = R'_\omega \cap (B \times B)) \wedge (yI_\omega x \Leftrightarrow yI'_\omega x) \wedge ((yP_\omega x \wedge xP_\omega z) \Leftrightarrow (yP'_\omega x \wedge xP'_\omega z))\right] \Rightarrow f(B, D) = f(B, D').$$ ◊

Das heißt also, wenn
- alle Präordnungen R_ω auf B unverändert bleiben beim Wechsel von Gesellschaft D zu Gesellschaft D',

- keine Indifferenzrelation zwischen einem $x \in A\setminus B$ und einem $y \in B$ verändert wird, und
- alle Alternativen in der oben erwähnten Gruppe G_3 in einer Präordnung R_ω ihre Position in Bezug auf alle $y \in B$ beibehalten,

dann soll auch die Auswahlmenge in B gleichbleiben. Sie soll auch dann gleichbleiben, wenn eine Alternative, die in R_ω schlechter war als alle $y \in B$, in R'_ω besser ist als alle $y \in B$, also von Gruppe G_2 in Gruppe G_4 übersiedelt ist.

Schließlich sei noch eine letzte Bedingung der Unabhängigkeit von Revaluation genannt, die ebenfalls von Hansson (1969 p. 530) stammt. Plott nennt sie eine "slight alteration" von Arrow's Bedingung der Unabhängigkeit von irrelevanten Alternativen (1971 p. 112); das ist wohl untertrieben, wie in 5.3. gezeigt wird. Umgeschrieben für unsere Notation, besagt diese Bedingung:

Definition 5.2.4.: Die Annahmen seien wie in 5.2.2. Dann verlangt Bedingung (RU4):

$$[\forall \omega \in \Omega: R_\omega \cap (B \times B) = R'_\omega \cap (B \times B)] \Rightarrow B \cap f(A, D) = B \cap f(A, D')$$

oder einer der beiden Durchschnitte ist leer. ◊

Die Prämisse dieser Bedingung ist dieselbe wie die
von (RU1): Die Präordnungen auf B bleiben unverändert.
Unter dieser Voraussetzung postuliert (RU4): wenn es
Alternativen gibt, die zu $B \subset A$ und zur Auswahlmenge
in A gehören - im Kontext der Präordnungsfamilie D -,
dann sollen das genau jene Alternativen sein, die auch
dann, wenn sich die Präordnungsfamilie zu D' verändert
hat, sowohl zu B wie zu f(A) gehören. Wie Hansson
(1969 p. 530) feststellt, können wir vernünftigerweise
nicht generell verlangen, daß $B \cap f(A, D)$ gleich ist
$B \cap f(A, D')$, denn B kann die von der Gesellschaft D
relativ am höchsten eingeschäzte Untermenge von A sein
und gleichzeitig die von der Gesellschaft D' relativ
am schlechtesten eingeschätzte Untermenge von A; in
so einem Falle wäre der erste Durchschnitt nichtleer, der
zweite aber leer. Aber wenn es sowohl bei Gesellschaft
D wie bei Gesellschaft D' A-Gewinner in B gibt,
dann - so postuliert Bedingung (RU4) - sollen die
beiden Durchschnitte identisch sein.

Versuchen wir eine mögliche Motivation dieser
Bedingung für den Fall eines kollektiven Auswahlproblems
etwas konkreter zu formulieren. Gesetzt den Fall, daß
Bedingung (RU4) von einer kollektiven Auswahlfunktion
verletzt wird. Dann kann folgendes passieren: Gegeben
eine Gesellschaft D, gewinnt eine Alternative $x \in B$
in der Obermenge A. In einer anderen Gesellschaft D',

die aber bezüglich der Präferenzen auf B identisch
ist mit D, gewinnt eine andere Alternative y ε B
in A. Wir wollen nun eine Auswahl in B treffen.
Dann mag es im ersten Fall (mit D) richtig scheinen,
x zu wählen, da x Gewinner in der Menge A ist, die
B enthält, während im zweiten Fall (mit D') aus
genau der gleichen Überlegung y gewählt würde, ohne daß
sich der Wähler Meinungen bezüglich Elementen von B
geändert hätten, ohne daß sich also insbesondere die
Wählermeinungen bezüglich des Paares (x, y) geändert
hätten. Das heißt also, daß sich die Auswahl in B
verändert, ohne daß sich die Wählerpräferenzen über B
geändert hätten. Ein solcher Effekt mag dem Kollektiv
unerwünscht erscheinen.

Jedoch ist nicht einsichtig, daß - und so meint
Hansson auch in einem späteren Artikel (1973 p. 41) -
jene Argumente, die Bedingung (RU1) wünschenswert
erscheinen lassen, uns auch dazu zwingen, Bedingung (RU4)
zu akzeptieren. In dem früheren Artikel hatte Hansson
(1969 pp. 527-530) Bedingung (RU 1) als Unabhängigkeits-
bedingung für jene Auswahlfunktionen definiert, die die
Alternativenmenge vollständig präordnen, also für Soziale
Wohlfahrtsfunktionen im Sinne Arrow's; und Bedingung
(RU4) wurde als die korrelierende Unabhängigkeits-
bedingung für jene Wahlfunktionen vorgestellt, die das

Mengensystem $[X] \times \mathcal{D}(X)$ in $[X]$ abbilden, also im wesentlichen für Auswahlfunktionen, mit denen wir hier arbeiten. Zwar ist richtig, daß Arrow's ursprüngliche Formulierung von Bedingung (RU1) für solche Sozialen Wohlfahrtsfunktionen gilt; aber es ist einfach, Bedingung (RU1) für Auswahlfunktionen der zweiten Art umzudefinieren - und tatsächlich haben wir genau das in Definition <u>5.2.1.</u> getan - , ohne daß wir deshalb zu Bedingung (RU4) Zuflucht nehmen müßten. Immerhin aber ist die Bedingung interessant genug, um ihre Implikationen zu überprüfen.

5.3. Die Revaluations-Unabhängigkeit einiger Typen von Auswahlfunktionen

Bevor wir die Eigenschaften konkreter Auswahlfunktionen in diesem Kontext prüfen, ist es nützlich, die Beziehungen der in 5.2. definierten Bedingungen untereinander festzuhalten.

Lemma 5.3.1.: (1) (RU1) => (RU3) => (RU2), d.h., wenn eine Auswahlfunktion f die Bedingung (RU1) erfüllt, dann erfüllt sie auch (RU3), etc.; aber keine der Umkehrimplikationen ist wahr.
(2) Sei f eine dezisive Auswahlfunktion. Dann gilt: (RU4) => (RU1), aber nicht umgekehrt.

Beweis: (ad (1): Klar, denn die Konklusion ist in allen drei Bedingungen gleich, und die Prämisse ist in (RU1) schwächer als in (RU3), und in (RU3) schwächer als in (RU2).
(ad (2)): Angenommen, f ist dezisiv und erfüllt (RU4). Weiter angenommen, A = B. Dann folgt aus derselben Prämisse wie für (RU1), daß $B \cap f(B, D) = B \cap f(B, D')$ oder einer der Durchschnitte ist leer. Da $Y \cap f(Y, D) = f(Y, D)$ für alle $Y \in [X]$ und alle $D \in \mathcal{D}$, kann wegen der Dezisivität von f keiner der Durchschnitte leer sein. Daher folgt auch dieselbe Konklusion wie für (RU1), nämlich $f(B, D) = f(B, D')$. Also impliziert "f erfüllt (RU4) und ist dezisiv", daß f (RU1) erfüllt.
- Daß die Umkehrung nicht gilt, geht aus Beispiel 5.3.2. hervor. ◊

Beispiel 5.3.2.: Sei f eine binäre Auswahlfunktion, die auf dem binären Vergleich F beruht; F sei quasitransitiv. Im besonderen, sei f die Condorcet-Funktion f_M, wobei M durch folgende Präordnungsfamilien D bzw. D' determiniert wird (A = {x, y, z}, B = {y, z}):

```
x    y
z    x
y    z
R₁   R₂
```

$D = \{R_1, R_2\}$ Relation M

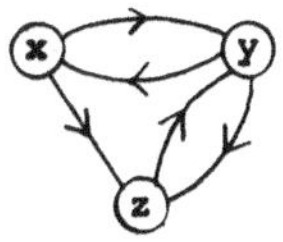

Fig. 5.3.1.

```
z    x
x    y
y    z
R'₁  R'₂
```

$D' = \{R'_1, R'_2\}$ Relation M

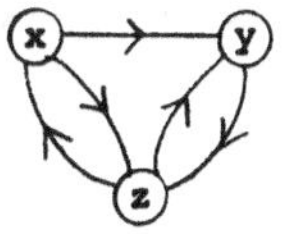

Fig. 5.3.2.

In beiden Fällen ist f_M dezisiv, da die Bedingung der Begrenzten Übereinstimmung (<u>3.4.2.</u>) in beiden Fällen erfüllt ist; daraus folgt auch die Quasitransitivität von M. Weiters geht aus Definition <u>2.2.3.</u> hervor, daß für die Ermittlung von $f_M(B)$ nur die Präordnungsfamilie

D(B) herangezogen wird; da D(B) = D'(B), ist auch
$f_M(B, D) = f_M(B, D')$, sodaß Bedingung (RU1) erfüllt
ist. Andererseits haben wir B ∩ f(A, D) = {y} ≠ {z} =
B ∩ f(A, D'), womit Bedingung (RU4) verletzt ist. ●

Korollar 5.3.3.: Daß eine Auswahlfunktion f
dezisiv und binär ist und auf einem quasitransitiven
Vergleich F beruht, und außerdem (RU1) erfüllt, ist
nicht hinreichend dafür, daß f (RU4) erfüllt.

Beweis: 5.3.2.   ◊

Satz 5.3.4.: Wenn eine Auswahlfunktion f
Bedingung (RU1) und die Rationalitätsbedingung (R4)
(cf. 3.3.4.) erfüllt, dann erfüllt f auch Bedingung
(RU4).

Beweis: Sei A, B ε [X] (X ε χ) mit B ⊂ A und seien
die sonstigen Annahmen wie in 5.2.1. Die Prämisse von
(RU1), identisch mit der von (RU4), bezeichnen wir mit
(α). (RU4) schreiben wir um in (α) => [[B ∩ f(A, D) ≠ ∅
∧ B ∩ f(A, D') ≠ ∅] => B ∩ f(A, D) = B ∩ f(A, D')].
Nun angenommen, f erfüllt (RU1) und (R4). Dann folgt
aus (α):
(i) (RU1)   f(B, D) = f(B, D'), und
(ii) (R4)   (B ∩ f(A, D) ≠ ∅) => B ∩ f(A, D) = f(B, D),
sowie
(B ∩ f(A, D') ≠ ∅) => B ∩ f(A, D') = f(B, D'). Aus (i)
und (ii) folgt dann

$[B \cap f(A, D) \neq \emptyset \land B \cap f(A, D') \neq \emptyset] \Rightarrow B \cap f(A, D) = B \cap f(A, D')$, wie zu beweisen war. ◊

Korollar 5.3.5.: Wenn eine dezisive Auswahlfunktion f binär ist und auf einem transitiven Vergleich F beruht, und außerdem (RU1) erfüllt, dann erfüllt f auch (RU4).

Beweis: Folgt aus <u>5.3.4.</u> mit <u>3.3.5.</u> bzw. <u>3.3.6.</u> ◊

Nach diesen allgemeinen Ergebnissen überprüfen wir nun einige der Auswahlfunktionen aus dem zweiten Kapitel daraufhin, welche Varianten der Revaluations-Unabhängigkeit sie erfüllen. Der Übersichtlichkeit halber halten wir die Ergebnisse in Form von "Bemerkungen" fest. Unter Bezug auf <u>5.3.1.</u> genügt es, jeweils die stärkste Bedingung zu eruieren, die eine Auswahlfunktion f erfüllt; bzw. umgekehrt, wenn f Bedingung (RU3) verletzt, dann verletzt f auch (RU1) usw.

Bemerkung 5.3.6.: Die Konsensfunktionen aus 2.1. erfüllen (RU1), aber nicht unbedingt (RU4). ◊

(RU4) würde etwa dann verletzt, wenn f_K zwar dezisiv ist, aber einen azyklischen Vergleich F offenbart; diese Überlegung verläuft ähnlich zu <u>5.3.2.</u> Daß (RU1) erfüllt wird, folgt klar aus den Definitionen.

Bemerkung 5.3.7.: (<u>1</u>) Die Mehrheitsfunktionen aus 2.2. erfüllen (RU1). (<u>2</u>) Sie erfüllen auch (RU4), wenn die jeweilige Relation M, $\hat{M}$, M_a, $\hat{M}_a$, M_s bzw. $\hat{M}_s$

transitiv und f dezisiv ist. (3) Analoges gilt für
die P_a- bzw. P_s- Funktion aus 2.3. ◊

Der erste Teil von 5.3.7. folgt aus den Definitionen;
vgl. auch 5.3.2. und 5.3.3. Der zweite Teil folgt aus
5.3.5. zusammen mit dem ersten Teil von 5.3.7.

Bemerkung 5.3.8.: Die Pluralitätsfunktionen aus
2.3. (i.e., die P-, P_1- bis P_4-, und die D-Funktion)
erfüllen (RU1) und verletzen im allgemeinen (RU4). ◊

Beispiele für die Verletzung von (RU4) sind nicht
schwer zu konstruieren.

Bemerkung 5.3.9.: (1) Die spezifischen Anwendungen
der Borda-Funktionen (2.4.6., 2.4.7.) erfüllen (RU1)
und verletzen im allgemeinen (RU4). (2) Die pauschalen
Anwendungen der Borda-Funktionen erfüllen (RU3) und
verletzen im allgemeinen (RU1).

Beweis: (ad (1)): Offensichtlich.
(ad (2)): Die B-Funktion in ihrer pauschalen Anwendung
erfüllt (RU3) genau dann, wenn aus der Prämisse von 5.2.3.
folgt, daß für alle x, y ε B gilt (cf. 2.4.6.):
$b_A^\Omega(x) \leq b_A^\Omega(y) \iff b_A^{\Omega'}(x) \leq b_A^{\Omega'}(y)$, denn dann gilt auch
$f(B, D) = f(B, D')$.
Nehmen wir nun die im Text vor 5.2.3. beschriebenen 4
Gruppen G_1 bis G_4 von Alternativen in jeder Präordnung
R_ω ε D(A). Die Prämisse von 5.2.3. erlaubt Revaluationen

innerhalb von G_2 und G_4, auch innerhalb von G_3, wenn die Relation zu keinem $x \in B$ dadurch berührt wird; für diese Revaluationen haben wir $b_A^{\Omega}(x) = b_A^{\Omega'}(x)$ für alle $x \in B$. Weiters sind "Übersiedlungen" beliebiger $z \in A\setminus B$ von G_2 nach G_4 und umgekehrt zulässig; für diese Revaluationen ergibt sich

$$b_A^{R'\omega}(x) = b_A^{R\omega}(x) + k_\omega \qquad (x \in B, \omega \in \Omega)$$

wobei

$$k_\omega = \text{Card } \{z \in A\setminus B \mid xP_\omega z \text{ für alle } x \in B \Rightarrow zP'_\omega x \text{ für alle } x \in B\} -$$
$$\text{Card } \{z \in A\setminus B \mid zP_\omega x \text{ für alle } x \in B \Rightarrow xP'_\omega z \text{ für alle } x \in B\},$$

sodaß

$$b_A^{\Omega'}(x) = b_A^{\Omega}(x) + \sum_\Omega k_\omega \qquad (x \in B),$$

woraus $b_A^{\Omega}(x) \leq b_A^{\Omega}(y) \iff b_A^{\Omega'}(x) \leq b_A^{\Omega'}(y)$ für alle $x, y \in B$ folgt, wie zu beweisen war. – Analog folgt aus der Prämisse von 5.2.3. für die B_m-Funktion (2.4.7.)

$$\underline{b}_A^{R'\omega}(x) = \underline{b}_A^{R\omega}(x) + 2k_\omega \qquad (x \in B)$$

sodaß $\quad \underline{b}_A^{\Omega'}(x) = \underline{b}_A^{\Omega}(x) + 2\sum_\Omega k_\omega \qquad (x \in B),$

woraus sich das gleiche Ergebnis wie für die B-Funktion ergibt. –

Beispiele für die Verletzung von (RU1) sind leicht zu finden (cf. etwa den von Sen 1970, p. 39, erwähnten Fall; oder hier 5.3.13. ◊

Mit 5.3.9. (2) haben wir den ersten Fall einer
Verletzung von Arrow's Bedingung der Unabhängigkeit von
irrelevanten Alternativen: die spezifische Anwendung
der Borda-Funktion erfüllt (RU1), die pauschale Anwendung
verletzt (RU1). Damit dürfte ein für alle Mal eine
merkwürdige Verwirrung in der Literatur geklärt sein:
Fishburn (1971 p. 539) versichert, daß die Borda- wie die
Copeland-Funktion Arrow's Bedingung erfüllen; in das
gleiche Horn stößt Plott (1972 p. 187), der meint, daß
überhaupt alle bekannten Auswahlfunktionen mit dieser
Bedingung kompatibel sind. Arrow (1963 p. 27), Sen
(1970 p. 39) und Hansson (1973 p. 33) erwähnen dagegen
die Borda-Funktion bzw. in ihrem Ergebnis äquivalente
Funktionen als Beispiele für die Verletzung von (RU1).
Offensichtlich dachte die letzte Gruppe von Autoren
implizit an pauschale Anwendungen, und die erste Gruppe
an spezifische Anwendungen.

Bemerkung 5.3.10.: (1) Die spezifische Anwendung
der Copeland-Funktion (2.4.11.) erfüllt (RU1) und
verletzt im allgemeinen (RU4). (2) Die pauschale
Anwendung der Copeland-Funktion erfüllt Bedingung (RU2),
verletzt aber im allgemeinen (RU3).

Beweis: (ad (1)): Offensichtlich.
(ad (2)): Die Prämisse von 5.2.2. läßt nur Revaluationen
über $x, y \in A \setminus B$ zu; sodaß $c_A^\Omega(x) = c_A^{\Omega'}(x)$ für alle
$x \in B$ bzw. $c_A^\Omega \big|_B = c_A^{\Omega'} \big|_B$, sodaß $f(B, D) = f(B, D')$. –

Die Verletzung von (RU3) wird im Beispiel 5.3.14.
illustriert. ◊

Nicht alle Rangsummenfunktionen aus 2.4. schneiden
daher gleich ab in Bezug auf Bedingungen der Revaluations-
Unabhängigkeit: während die pauschalen Anwendungen der
Borda-Funktionen auch (RU3) erfüllen, ist die pauschale
Anwendung der Copeland-Funktion nur mit (RU2), der
schwächsten aller Bedingungen der Revaluations-Unabhängigkeit,
kompatibel.[1]

Die kumulativen Punktfunktionen (2.4.12.) werden
durch die Präordnungen R_ω nicht eindeutig bestimmt,
das heißt für ein und dieselbe Gesellschaft D(B) kann
f(B, D) verschieden sein, je nach "Intensität" der
Punktzuteilung durch $\omega \in \Omega$. Sie sind daher inkompatibel
mit dem von Sen so bezeichneten ordering-Aspekt der
Revaluations-Bedingungen (1970 p. 90).

Das gilt im Prinzip auch für die Pluralen Rangfunktionen aus 2.5. Zwei zusätzliche Bedingungen für
die PR_1-Funktion (2.5.1.) führen jedoch dazu, daß
jede PR_j-Funktion (j ∈ {1, ..., n}) durch R_ω ($\omega \in \Omega$)
eindeutig festgelegt wird. (Die erste dieser Bedingungen
wurde in Sertel-Van der Bellen 1974 entwickelt, um
zu gewährleisten, daß die Auswahlmenge der PR_n-Funktion
nur pareto-optimale Elemente enthält; cf. ebenda, ch. 4.)

Definition 5.3.11.: Die Modifizierte Plurale Rang-Funktion f'_{PR_1} (cf. <u>2.5.1.</u>) ist dadurch definiert, daß

(i) für alle $\omega \in \Omega$ gilt: $\omega(X)$ besteht aus genau solchen Zahlen $k \in M$, daß
Card $\{x \in X | \omega(x) \geq k+1\} = m-k$;

(ii) für alle $\omega \in \Omega$ gilt: $xR_\omega y \Leftrightarrow \omega(x) \leq \omega(y)$
$(R_\omega \in Q(X); x, y \in X)$. ◊

Dazu eine kurze Erläuterung. Zu erinnern ist daran, daß Ω in <u>2.5.1.</u> eine Menge von Funktionen $\omega : X \to M \subset \mathbb{C}$ ist. Wenn diese Funktionen Repräsentationen vollständiger Präordnungen sind (i.e., (ii) ist erfüllt), dann folgt aus (i), daß jede Alternative x der besten oder größten Indifferenzklasse in einer Präordnung R_ω auf X die höchstmögliche Punktezahl m von $\omega \in \Omega$ zugeordnet erhält. Die Alternative y aus der nächstbesten Indifferenzklasse erhält die Punktezahl "m minus Anzahl der Alternativen in der besten Indifferenzklasse". Wenn R_ω eine Kette auf X ist, dann ist $\omega(X)$ identisch mit der Punktzuteilung gemäß Arrow's rank-order method of voting (1963 p. 27; oder Sen 1970 p. 39), deren Auswahlmenge in X identisch mit jener der Borda-Funktion (<u>2.4.6.</u>) ist. Das heißt aber nicht, daß die Auswahlmenge der PR-Funktion ebenfalls identisch mit jener der Borda-Funktion ist; cf. <u>5.3.13</u>. Die folgende Übersicht illustriert <u>5.3.11.</u> weiter.[1]

Punktzuteilung gemäß
Modifizierter Pluraler Rang-Funktion:

R_ω	$\omega(X = \{a, b, c, d,\})$			
	$\omega(a)$	$\omega(b)$	$\omega(c)$	$\omega(d)$
a I b I c I d	4	4	4	4
a P b I c I d	1	4	4	4
a I b P c I d	2	2	4	4
a P b P c I d	1	2	4	4
a I b I c P d	3	3	3	4
a I b P c P d	2	2	3	4
a P b P c P d	1	2	3	4

Fig. 5.3.3.

Die Auswahlmengen der Modifizierten PR_2-, ..., PR_n-Funktion werden genauso wie in 2.5.3., ermittelt.

Bemerkung 5.3.12.: In Definition 5.2.2. sei $A = X$ und $B \subset A$. Dann verletzt die Modifizierte Plurale Rang-Funktion f'_{PR_n} Bedingung (RU3) und erfüllt (RU2).

Beweis: Daß diese Funktion (RU3) verletzt, geht aus Beispiel 5.3.14. hervor. Andererseits gewährleistet die Prämisse von (RU2), daß die Maximalwerte $\bar{\omega}(B)$ für $B \subset A = X$ unverändert bleiben, sodaß $f(B, D) = f(B, D')$.

◊

Die folgende Übersicht (Fig. 5.3.4.) bringt eine Zusammenfassung der Ergebnisse, wobei "+" die Erfüllung und "-" die Verletzung der jeweiligen Bedingung kennzeichnet.

Kap.	Auswahlfunktion	(RU)-Bedingung			
		1	2	3	4
2.1.	Konsens-Funktionen	+	+	+	-
2.2.	Mehrheits-Funktionen				
	(i) M-Relationen nicht transitiv	+	+	+	-
	(ii) M-Relationen trans., f dezisiv	+	+	+	+
2.3.	Pluralitäts-Funktionen	+	+	+	-
2.4.	Borda-Funktionen				
	(i) spezifische Anwendung	+	+	+	-
	(ii) pauschale Anwendung	-	+	+	-
2.4.	Copeland-Funktion:				
	(i) spezifische Anwendung	+	+	+	-
	(ii) pauschale Anwendung	-	+	-	-
2.4.	Kumulative Punkt-F.	-	-	-	-
2.5.	Modifizierte PR_n-Funktion (5.3.11)	-	+	-	-

Fig. 5.3.4.

Abschließend werden einige dieser Ergebnisse in Beispielen illustriert.

Beispiel 5.3.13.: Nehmen wir $A = X = \{x, y, z\}$ und $B = \{y, z\}$ wie in <u>5.3.2.</u>, und $D(A)$ sei wie in Fig. 5.3.1. sowie $D'(A)$ wie in Fig. 5.3.2. Dann haben wir Rangfolgen und ihnen entsprechende Auswahlmengen wie in Fig. 5.3.5.:

$\alpha \in A$	Borda $b_A^R{}_\omega(\alpha)$				Modif. Borda $\underline{b}_A^R{}_\omega(\alpha)$				Copeld. $c_A^\Omega(\alpha)$		Mod. Plur. Rang $\omega_j(A)$			
	$\omega=1$		$\omega=2$		$\omega=1$		$\omega=2$				$j=1$		$j=2$	
	R	R'	R	R'	R	R'	R	R'	D	D'	R	R'	R	R'
x	2	1	1	2	2	0	0	2	1	1	3	2	2	3
y	0	0	2	1	-2	-2	2	0	0	-1	1	1	3	2
z	1	2	0	0	0	2	-2	-2	-1	0	2	3	1	1
f(A, D)	{x}				{x}				{x}		{x, y}			
f(A, D')	{x}				{x}				{x}		{x, z}			
f(B, D)	{y}				{y}				{y}		{y}			
f(B, D')	{z}				{z}				{z}		{z}			

Fig. 5.3.5.

Da $f(B, D) \neq f(B, D')$, verletzen die pauschalen Anwendungen der Borda- und Copeland-Funktionen sowie die Modifizierte PR-Funktion Bedingung (RU1).

Beispiel <u>5.3.14.</u>: Sei $A = X = \{a, b, c, d\}$ mit den Präordnungen R_ω auf A wie in Fig. 5.3.6. ($\alpha I_\omega \beta$ wird durch Nebeneinander von α, β angedeutet und $\alpha P_\omega \beta$ durch Anordnung von α unter β):

```
a           cd          b           d
b           ab          ac          b
c                       d           ac
d

R₁=R'₁      R₂=R'₂      R₃          R'₃
```

Fig. 5.3.6.

Aus diesen Präordnungen bzw. deren Revaluation ergibt sich dann (Fig. 5.3.7.):

$\alpha \in A$	$c_A^\Omega(\alpha)$ (+)		$\omega_j(A)$ (++)				Anmerkungen
	D	D'	j=1	j=2	j=3		(+): Copeland-F.
					R	R'	(++): Modif. Plurale Rang - F.
a	1	-1	4	2	3	2	
b	2	0	3	2	4	3	
c	0	-1	2	4	3	2	
d	-3	2	1	4	1	4	
f(A, D)	{b}		{a, b, c}				$f_{PR_n} = f_{PR_2}$
f(A, D')	{d}		{d}				$f_{PR_n} = f_{PR_1}$
f(B, D)	{a}[(i)]		{b, c}[(ii)]				(i): B = {a, c}
f(B, D')	{a, c}[(i)]		{c}[(ii)]				(ii): B = {b, c}

Fig. 5.3.7.

Da die Revaluierung von R_3 zu R'_3 mit der Prämisse von (RU3) kompatibel ist, und $f(B, D) \neq f(B, D')$ für gewisse $B \subset A$ sowohl bei der pauschalen Anwendung der Copeland-Funktion wie bei der Modifizierten PR-Funktion, verletzen beide Auswahlfunktionen Bedingung (RU3).

5.4. Andere Aggregationsbedingungen

Zum Schluß seien einige Bedingungen erwähnt, die von allen hier diskutierten Auswahlfunktionen erfüllt werden.[1] Der Terminus "Aggregationsbedingungen" ist Plott (1971 p. 111) entlehnt; er bezeichnet Bedingungen für Auswahlmengen bei gegebener Alternativenmenge $Y \in [X]$ und variierenden Mengen von Präordnungen $D, D'(X) \in \mathcal{D}(X)$.

Eine dieser Bedingungen ist die der Neutralität:

Definition 5.4.1.: Sei $X \in \chi$ und sei $g: X \to X$ eine bijektive Funktion (cf. 1.1.3.6.). Eine Auswahlfunktion $f : P(X) \times \mathcal{D}(X) \to P(X)$ ist *neutral* (oder erfüllt die Bedingung der *Neutralität*) genau dann, wenn für alle $Y \in [X]$ und alle $D, D' \in \mathcal{D}(X)$ gilt:

$$[\forall x, y \in Y \text{ und } \forall \omega \in \Omega : xR_\omega y \Leftrightarrow g(x)R'_\omega g(y)] \Rightarrow [x \in f(Y, D) \Leftrightarrow g(x) \in f(Y, D')]. \quad \Diamond$$

Diese Bedingung kann auch als Nichtdiskriminierung zwischen Alternativen bezeichnet werden, denn grob gesagt verlangt sie, daß zwei Alternativen a, b, die in den Präordnungen der "Gesellschaft" D' genau gleich abschneiden wie die Alternativen c, d in D, von der Auswahlfunktion f auf dieselbe Weise "eingestuft" werden wie c, d; der "Name" der Alternative spielt also keine Rolle.[1] Die Auswahlfunktionen aus Kapitel 2 sind alle so definiert, daß sie neutral sind, ausgenommen dann, wenn es eine spezifische Alternative x_o (den "status quo") mit besonderen Eigenschaften gibt (cf. z.B. 3.4.1. (2), 3.4.14, 3.4.17, 3.4.20).[2] Die Neutralitätseigenschaft wird mitunter als notwendiges Charakteristikum einer demokratischen Auswahlfunktion (also im Kontext kollektiver Auswahlfunktionen) angesehen.[3]

Der letzte Gesichtspunkt gilt verstärkt für eine weitere Bedingung:

Definition 5.4.2.: Sei $Y \in [X]$ und $D'(X)$ eine Permutation von $D(X)$. Eine Auswahlfunktion f: $P(X) \times D(X) \to P(X)$ ist *anonym* (oder erfüllt die Bedingung der *Anonymität*) genau dann, wenn

$$f(Y, D) = f(Y, D').$$

◊

Im Kontext kollektiver Auswahlfunktionen handelt es sich um Nichtdiskriminierung zwischen Mitgliedern des Kollektivs: welches $i \in N$ eine bestimmte Präferenz R_i hat, spielt keine Rolle. Daher wird 5.4.2. auch als Bedingung der Gleichheit bezeichnet.[4] In der Realität gibt es natürlich viele Beispiele für Abstimmungsverfahren,

die in diesem Sinn nicht anonym sind: Dirimierungsrecht
des Vorsitzenden, Privilegien von Teilmengen des
Kollektivs, etc.

Die nächste Bedingung, die der Monotonie (monotonicity)
einer Auswahlfunktion, verlangt:[1] wenn $x \in f(Y, D)$,
und D ändert sich zu D' allenfalls insofern, als
sich die Stellung von x in einer Präordnung R_ω
verbessert, dann auch $x \in f(Y, D')$:

Definition 5.4.3.: Sei $x \in X \in \chi$ und $A = X\setminus\{x\}$,
und sei $R_\omega \in Q(X)$. Eine Auswahlfunktion $f : P(X) \times D(X) \to P(X)$ ist *monoton* genau dann, wenn:

Wenn $R_{\omega'} \cap (X \times X) = R'_{\omega'} \cap (X \times X)$ für $\omega' \neq \omega$,
und $R_\omega \cap (A \times A) = R'_\omega (A \times A)$, dann
(1) wenn $yP_\omega x \Rightarrow yP'_\omega x$ und $yI_\omega x \Rightarrow yR'_\omega x$ für alle
$y \in A$, dann:
$x \in f(Y, D) \Rightarrow x \in f(Y, D')$;
(2) wenn $xP_\omega y \Rightarrow xP'_\omega y$ und $xI_\omega y \Rightarrow xR'_\omega y$ für alle
$y \in A$, dann:
$x \notin f(Y, D) \Rightarrow x \notin f(Y, D')$
($Y \in [X]$; $D, D' \in D(X)$; $\omega, \omega' \in \Omega$).

◊

So wie die Bedingung der Monotonie erfüllen alle
hier diskutierten Auswahlfunktionen auch die Bedingung
der Nicht-Diktatur:[2]

Definition 5.4.4.: Sei $Y \in [X]$. Eine Auswahlfunktion $f : P(X) \times D(X) \rightarrow P(X)$ ist *nichtdiktatorisch* genau dann, wenn

$$\not\exists \omega \in \Omega : [\forall x, y \in Y : yP_\omega x \Rightarrow y \notin f(Y, D)].$$ ◊

Und schließlich ist zu erwähnen, daß alle besprochenen Auswahlfunktionen beide Varianten des *Pareto*-Kriteriums erfüllen[1] (3.4.12., 4.4.10.), i.e., Pareto-optimale Auswahlmengen erzeugen. Ihre Auswahlmengen können insofern alle als *ökonomisch effizient* bezeichnet werden.[2]

6. Schlußbemerkungen

Zusammenfassende Schlußworte bedingen Wiederholungen, und Wiederholungen ermüden den Schreiber wie den aufmerksamen Leser; zum Wohle beider wird auf den Versuch einer umfassenden Konklusion verzichtet.

Man kann die Auswahltheorie, wenn man ihr unbedingt ein dogmenhistorisches Etikett anheften will, zur Wohlfahrtstheorie bzw. Wohlfahrtsökonomik rechnen. Das Grundproblem ist das gleiche: der Versuch einer Identifikation "optimaler" Auswahlhandlungen. Das ist besonders offensichtlich bei kollektiven Auswahlfunktionen im engeren Sinn, die jedem Paar einer Alternativenmenge und einer Präferenzenmenge eine "Auswahlmenge" von Alternativen zuordnen. Arrow schrieb dazu in einem seiner ersten Artikel über soziale Wohlfahrtsfunktionen (1950 p. 149)[1]:

> "If we adopt the traditional identification of
> rationality with maximization of some sort,
> then the problem of achieving a social maximum
> derived from individual desires is precisely
> the problem which has been central to the field
> of welfare economics."

Mögliche Bedeutungen von "Rationalität" einer Auswahlfunktion wurden im dritten Kapitel operationalisiert. Dort wie auch sonst haben wir uns nicht auf kollektive Auswahlfunktionen im engeren Sinn beschränkt; diese bilden vielmehr bereits einen Anwendungsfall der generellen Resultate, mit gewissen Sonderproblemen (Kapitel 3.4.).

Es wäre ein fragwürdiges Vorgehen, einen bestimmten
Typ von Auswahlfunktionen allein auf Grund seines
Abschneidens in Bezug auf Rationalitätskriterien zu
beurteilen. Die Analyse von isolierten Kriterien -
Fishburn nennt das den "analytic approach" zur Analyse
von Auswahlverfahren (1973d, p. 177) - verschafft zwar
wichtige Informationen, der Facettenreichtum des Auswahlproblems tritt aber erst zutage, wenn Kombinationen
von Kriterien untersucht werden (der "synthetic approach"
nach Fishburn). So wurde im vierten Kapitel der enge
Zusammenhang zwischen der Erfüllung gewisser Rationalitätskriterien und wünschenswerter Eigenschaften von
sequentiellen Eliminationsverfahren festgestellt. Andererseits schneiden gewisse Auswahlfunktionen, die die
stärkste Rationalitätsbedingung, nämlich (R4), erfüllen
und dezisiv sind, in Bezug auf Bedingungen der Revaluations-
Unabhängigkeit (fünftes Kapitel) nicht so gut ab; dieses
Ergebnis steht ganz in Einklang mit Arrow's berühmtem
Unmöglichkeitstheorem.[1]

Arrow's Theorem kann wie folgt reformuliert werden.
Eine dezisive kollektive Auswahlfunktion $f: [X] \times \mathcal{D}(X) \rightarrow [X]$ soll folgende Bedingungen erfüllen (wobei die zur
Auswahl stehende Alternativenmenge $Y \subset X$ endlich ist
und mindestens 3 Alternativen enthält und Ω ebenfalls
endlich ist mit Card $\Omega \geq 2$):

(1) die Rationalitätsbedingung (R4) (<u>3.3.4.</u>);

(2) unbeschränkter Definitionsbereich von f (d.h., alle Gesellschaften D ε $\mathcal{D}$(X) sind zulässig);

(3) schwache Pareto-Optimalität (<u>4.4.10.</u>);

(4) Revaluations-Bedingung (RU1) (<u>5.2.1.</u>);

(5) Nichtdiktatur (<u>5.4.4.</u>).

Für sich genommen, ist jede Bedingung harmlos; aber es ist nicht möglich, wie Arrow bewiesen hat, eine Auswahlfunktion zu finden, die unter den gegebenen Annahmen alle fünf Bedingungen erfüllt. Anders ausgedrückt: eine Auswahlfunktion, die vier von den Bedingungen erfüllt, muß die fünfte verletzen. So erfüllen die Mehrheitsfunktionen Bedingung (1), (3), (4) und (5), aber nur unter Aufgabe von (2). Die pauschalen Borda- und Copeland-Funktionen sowie die Modifizierte Plurale-Rang-Funktion (<u>5.3.11.</u>) erfüllen (1), (2), (3) und (5), verletzen aber (4). Die pauschalen Borda-Funktionen erfüllen die schwächere Variante von (4) bzw. (RU1), nämlich (RU3), während die pauschale Copeland-Funktion sowie die Modifizierte Plurale-Rang-Funktion auch (RU3) verletzen und erst die nächstschwächere Variante erfüllen, nämlich (RU2); aber (RU2) stellt schon so geringe Anforderungen, daß es in der Tat eine eher uninteressante Bedingung ist. Die spezifischen Anwendungen der Borda- und Copeland-Funktionen erfüllen dagegen die Bedingungen (2) bis (5), aber auf Kosten von Bedingung (1) bzw. (R4); sie verletzen sogar die schwächere Bedingung (R1).

In Kenntnis von Arrow's Theorem kann es nicht überraschen, daß kein Typ von Auswahlfunktionen sich als ein durchwegs "optimaler" herausschält.[1]

Weitere Elemente der Auswahltheorie, die zu entwickeln bzw. weiterzuentwickeln wären, betreffen etwa die analytische Integration des status quo, d.h. im besonderen die Analyse seines Einflusses auf die Auswahlmenge, und die Veränderung der Auswahlmenge durch Reduktion oder Extension der Alternativenmenge mit Elementen, die der Auswahlmenge nicht angehören. Für das erste Problem liegen hier einige Ergebnisse im Kapitel 3.4. vor, sowie auch im vierten Kapitel, wenn nämlich der erste "Schritt" $e_k^1(A)$ auf einem Pfad $k \in K(A)$ für eine Alternativenmenge A als status quo interpretiert wird. In Bezug auf das zweite Problem liegt die Vermutung nahe, daß die "Reduktionsregularität" oder "Reduktionsunabhängigkeit" einer Auswahlfunktion f - z.B. die Frage, ob $f(A) = f(A\setminus\{x\})$ wenn $x \in A$ und $x \notin f(A)$ - eng mit den Rationalitätseigenschaften von f zusammenhängt. - Wenn eine Auswahlfunktion f nicht reduktionsregulär ist, dann hängt die Auswahlmenge $f(A)$ von der Zahl der Alternativen in A ab, und zwar auch solcher Alternativen, die sichere "Verlierer" sind. Diese Frage ist somit von großer praktischer Relevanz.[1]

Auch diese beiden Fragen sind Probleme der allgemeinen Auswahltheorie, und nicht nur der kollektiven Auswahltheorie im engeren Sinn. So wie die vorliegende Arbeit wäre ihre Lösung ein Beitrag zur weiteren Integration der beiden Forschungsbereiche.

FUSSNOTEN

Seite   Nr.

1   1   Der Ausdruck "Auswahltheorie" ist im Deutschen noch nicht so gebräuchlich wie im Englischen (Theory of Choice). Wir verwenden "Auswahltheorie" und "Präferenztheorie" synonym.

8   1   Diese "naive" Formulierung der Kardinalität genügt für unsere Zwecke. Für eine präzise Definition der Mächtigkeit und Gleichmächtigkeit (Äquipotenz) von Mengen cf. Dugundji (1970 p. 45), Bourbaki (1968 p. 157), ferner Kamke (1969 pp. 28 ff.).

8   2   Die Definition von "endlich" setzt die der bijektiven Funktion voraus (cf. Kapitel 1.1.3.6): Eine Menge X ist *gleichmächtig* oder äquipotent zu einer Menge Y, wenn eine bijektive Funktion $f: X \to Y$ existiert; und eine Menge X heißt *endlich*, wenn sie mit keiner ihrer echten Untermengen gleichmächtig ist. Eine nicht endliche Menge heißt unendlich. (Cf. u.a. Körth et al. 1972 pp. 70/71.)

11   1   Dugundji (1970) p. 14.

12   1   Von Suppes "relative product of R and S" genannt (1969 p. 226).

15   1   Bourbaki (1968 p. 16) und Egle (1974 p. 13)

Seite   Nr.

verwenden den Ausdruck "vergleichbar" (comparable), wenn es sich um eine Präordnungsrelation R handelt. (Zu Präordnungen cf. unten Kapitel 1.1.3.5.). Ferner wurde ich von K. Egle darauf hingewiesen, daß der Ausdruck "konnex" insofern unglücklich ist, als er in der mathematischen Literatur hauptsächlich in Zusammenhang mit dem topologischen Umgebungs-Konzept verwendet wird (cf. Bourbaki 1966 Chs. I/1 und I/11).

15   2   Suppes verwendet "connected" für schwach konnex und "strongly connected" für konnex (1969 p. 216).

17   1   Cf. vor allem Fishburn (1973d, pp. 72/73).

17   2   Zum Beweis verwenden wir eine Wahrheitswerttabelle für die Implikation "R asymmetrisch => R antisymmetrisch". Cf. Suppes (1969) pp. 214/215. Cf. auch Kapitel 1.1.1. oben.

19   1   Cf. auch Fishburn (1973 d, p. 74). Eine illustrative graphen-theoretische Interpretation bei Harary - Norman - Cartwright (1965, pp. 118-120).

19   2   Anders ausgedrückt: $R_o^g \subset R^g$ für alle R^g von R. Cf. Fishburn (1973 d, pp. 78/9) für Generatoren von strikten Halbordnungen, i.e., irreflexiven und transitiven Relationen.

Seite	Nr.	
21	1	In der mathematischen Literatur werden die Konzepte der maximalen bzw. besten (auch "größten" oder "letzten") Elemente i.d.R. im Zusammenhang mit Ordnungsrelationen (cf. Kapitel 1.1.3.5. unten) diskutiert (cf. Dugundji 1970, pp. 30/31, Bourbaki 1968 pp. 139/140 und 375/376, Egle 1974 p. 15). Für unsere Zwecke ist es aber dienlich, die Eigenschaften einer Ordnung für die Relation R zunächst nicht vorauszusetzen. - Sen (1970 p. 10) nennt die beste Menge von A die "Auswahlmenge von A" (choice set), ein Begriff, der in der vorliegenden Arbeit weiter gefaßt werden wird.
21	2	Cf. vor allem Sen 1970 p. 10.
22	1	Cf. die Beweise sowie zu Äquivalenzklassen allgemein: Dugundji (1970 pp. 15/16), Körth et al. (1972 pp. 63/64), Bourbaki (1968 p. 112-116 und 371).
22	2	Zu den Termini "zerlegt, distinkt, disjunkt" cf. Kapitel 1.1.2..
23	1	Cf. z.B. die Übersicht bei Sen (1970 p. 9).
23	2	Z.B. von Suppes (1969 p. 220) und Sen (1970 p. 9) eine Quasiordnung genannt.

Seite	Nr.	
24	1	Von Dugundji (1970 p. 30), Suppes (1969 p. 221) und Sen (1970 p. 9) "partielle Ordnung" genannt, von Bourbaki (1968 p. 135), Egle (1974 p. 12, 1973 p. 25) und Lancaster (1970 p. 216), "Ordnung" genannt. Bei Kelley (1955 p. 14) ist eine lineare Ordnung transitiv, antisymmetrisch und vollständig.
24	2	Ebenso Sen (1970 p. 9). Bei Fishburn (1973d p. 75) ist eine lineare Ordnung irreflexiv, transitiv und schwach konnex (daraus folgt: auch asymmetrisch und negativ transitiv; cf. Lemma 1.1.1).
25	1	Die folgenden Definitionen stützen sich vor allem auf Körth et al. (1972 p. 65/66) und Dugundji (1970 pp. 10-13).
26	1	In der Literatur werden die Ausdrücke Funktion (function) und Abbildung (map, mapping) häufig synonym verwendet; cf. Dugundji (1970 p. 10), Mostow et al. (1963 p. 494), Kelley (1955 p. 10), Nikaido (1970 p. 33), Bourbaki (1968 pp. 81 und 352); nicht synonym etwa bei Körth et al. (1972 p. 65/66) und McFadden et al. (1963 pp. 206 und 210). Bei Kamke (1969 p. 24) ist eine Abbildung eine "eineindeutige Zuordnung", d.h. eine bijektive Funktion.

Seite	Nr.	
29	1	In der Literatur (cf. etwa Fishburn 1973d) ist es vielfach üblich, eine Auswahlfunktion als $f : [X] \to [X]$ zu definieren, wobei $[X] = P(X) \setminus \emptyset$. In diesem Fall ist eine Funktion, die $f(A) = \emptyset$ trotz $A \neq \emptyset$ nicht ausschließt, keine Auswahlfunktion. - Wir fassen jedoch das Konzept der Auswahlfunktion so generell wie möglich. Unter anderem wäre $f(A)$ nicht definiert, wenn $A \neq \emptyset$ und $[X]$ der Definitionsbereich von f ist, während aus <u>1.2.1</u> dann $f(A) = \emptyset$ folgt.
30	1	In der Literatur wird der Ausdruck "decisiveness" unterschiedlich verwendet. Fishburn (1973d, p. 62) gebraucht ihn in Zusammenhang mit Funktionen, die Indifferenzen zwischen zwei Alternativen vermeiden, Sen (1970, p. 28) im Kontext von Funktionen, deren Wertebereich vollständige binäre Relationen sind.
31	1	cf. Sen (1970 p. 9).
33	1	Ausführlich dazu Gäfgen (1968, pp. 95-175).
34	1	Psychologische Experimente haben zwar gezeigt, daß individuelle Indifferenz nicht notwendig transitiv ist, doch lag das zum Teil auch an der Struktur der Experimente. Vgl. dazu insbesondere J. Marschak (1968 pp. 44/45) und den informativen Übersichtsartikel von A.A. Weinstein (1968), ferner Fishburn (1973 b). Zur Bedeutung nicht-transitiver R_i für Konsum- und Nachfragetheorie cf. u.a. Chipman (1971), Sonnenschein (1971), Jamison - Lau (1973), Fishburn (1970 c sowie 1970), und für die Theorie kollektiver Entscheidungen Fishburn (1973 d, 1971 a), Batra - Pattanaik (1972), Inada (1970), Pattanaik (1970, 1971), ferner

Seite	Nr.	
		Luce - Raiffa (1957, pp. 25/26, 331, 346-348) und Rothenberg (1961, pp. 176-179). Für die deutsche Literatur etwa Gäfgen (1968) und Kirsch (1970, Band I, 1. Kap.).
34	2	Zur Diskussion der "Vernünftigkeit" dieses Axioms cf. auch Arrow (1963 ch. II, 1967, pp. 4-6), Sen (1970 ch. 1), Murakami (1968, pp. 9/10).
34	3	Ein Buch wie jenes von Fishburn (1973·d) "The" Theory of Social Choice zu nennen, ist daher euphemistisch; "die" Theorie der sozialen Entscheidung müßte wohl umfassender sein, als der approach von Fishburn oder mir zuläßt. Cf. dazu die vorsichtigen Bemerkungen von Sen (1970, pp. 5/6), der immerhin auf eine Interaktion Auswahlregel/Präferenzgenese hinweist.
34	4	Ein Graph besteht aus einer Menge X (den sog. Knotenpunkten) und einer Menge Y (den sog. Kanten oder Bögen). Jedem Element $y \in Y$ ist durch die auf Y erklärte sog. Inzidenzfunktion eindeutig entweder ein ungeordnetes Paar von Knotenpunkten zugeordnet (ergibt ungerichtete Graphen) oder ein geordnetes Paar (ergibt gerichtete Graphen). Die Bögen eines gerichteten Graphen sind daher durch eine Menge von geordneten Paaren $(a, b) \in X \times X$ darstellbar. Somit besteht ein gerichteter Graph aus einer Menge X und einer Relation $Y \subset X \times X$ in X.
		Cf. Ore (1962), Körth (1972, pp. 728 ff.); zu gerichteten Graphen Harary - Norman - Cartwright (1965).

Seite	Nr.	
34	5	An sich müßte jedem $x \in X$ auch eine *Schlinge* $\overset{\frown}{x}$ zugeordnet werden, um die Reflexivität von R_i anzudeuten. Diese Schlingen können wir hier aber vernachlässigen. (Cf. auch Harary - Norman - Cartwright 1965, p. 10).
35	1	Ausführliche Darstellung bei Luce - Raiffa (1957, p. 331) und Samuelson (1967, p. 42).
35	2	Z.B.: wenn $m = 4$, dann $1 + \binom{4}{1} 1 + \binom{4}{2} 3 + \binom{4}{3} 13 = 1 + \frac{4!}{1!3!} + \frac{4!}{2!2!} 3 + \frac{4!}{3!1!} 13 = 75$. Murakami's (1968, p. 13) Vermutung, daß Card $Q(X)_m = \sum_{j=1}^{m} j!$, ist falsch.
36	1	Cf. Harary - Norman - Cartwright (1965, pp. 18-20), Ore (1962, p. 3).
37	1	Eigentlich ist $R_i = \{ \ldots \} \cup \Delta$, aber, wie gesagt, wir vernachlässigen hier die (reflexiven) Schlingen.
39	1	Die Bezeichnungsweise lehnt sich an Plott (1971) an. Anders ausgedrückt, ist eine Gesellschaft eine Familie von Präordnungen aus $Q(X)$ mit der Indexmenge N.
43	1	Zum Verhältnis individuelle Auswahl/ individuelle Präferenz siehe insbesondere Sen (1973 und 1971).
43	2	Arrow (1967, p. 5): "Finally, and perhaps most important, it is assumed that the choice from any environment is determined by the ordering, in the sense that if there is an alternative that is preferred to every other alternative in the environment,

Seite	Nr.	
		then it is the chosen element. This is an additional assumption not logically implied by the existence of an ordering itself." Cf. ferner Murakami (1968, p. 3).
43	3	Cf. einige Resultate in Sen (1970, ch. 1*).
44	1	Cf. zu diesen Methoden die interessanten Bemerkungen von Shubik (1970).
45	1	Cf. etwa Schlicht (1974). Ohne Diskussion wird das Postulat z.B. von Fishburn (1973 d, p. 3) akzeptiert.
47	1	Cf. dazu im Kontext "Gemeinwirtschaft" A. Van der Bellen (1970). - Die Probleme der Distributionsabteilung im Sinne Musgrave's (1959 Ch. 1) müssen also jedenfalls zentral gelöst werden, d.h. durch eine Entscheidung des betroffenen Kollektivs. Das Kollektiv kann sich für Nichteingreifen entscheiden, für Symptomkorrekturen, für eine Veränderung der Verteilung der Produktionsmittel, etc. (siehe dazu ebenfalls Arrow, 1974, p. 269).
48	1	Zu Sozialen Wohlfahrtsfunktionen cf. Egle (1974 a, p. 4).
48	2	Cf. Luce-Raiffa (1957, p. 329).
48	3	Sen bedient sich einer anderen Notation.
53	1	Cf. Black (1969 a, p. 239), ferner Wildavsky (1970, p. 369). Man muß natürlich nicht 200 Jahre zurückgehen, um zu sehen, was das Einstimmigkeitserfordernis bei kontroversen Präferenzen der Kollektivmitglieder bewirkt. Anfang 1973 wurde für Südvietnam eine Internationale Kommission bestellt, die den Waffenstillstand

Seite	Nr.	
		bzw. dessen Verletzungen kontrollieren sollte. Das Pariser Abkommen schrieb bindend einstimmige Entscheidungen vor. In einem halben Jahr konnten die vier Mitglieder - Indonesien, Kanada, Polen und Ungarn - in keinem einzigen Fall eines Verstoßes gegen die Waffenruhe eine kollektive Entscheidung fällen. Kanada zog daraufhin aus der Kommission aus; die drei restlichen Mitglieder allein aber waren gemäß Statut beschlußunfähig. (Cf. Frankfurter Rundschau, 1.8.1973).
53	2	Cf. dazu Sen (1970, p. 26).
54	1	Cf. vor allem Buchanan (1962), ferner Tullock (1969), Van der Bellen (1970, pp. 172-185), B. Frey (1970, p. 4).
54	2	Cf. Gäfgen (1968, p. 423); Sen (1970, pp. 24-26) zur Kritik an Buchanan-Tullock (1962). Cf. auch Wicksell's (1896) Postulat der "qualifizierten Mehrheit" bei Änderungen der Steuern oder öffentlichen Ausgaben (dazu Musgrave 1959, pp. 127-8). Cf. u.a. auch 3.4.14, 3.4.17, 3.4.20 hier im Kapitel 3.4.
54	3	Cf. dazu Faber (1973), und die Hochman-Rodgers (1969) folgende Diskussion im American Economic Review, December 1970, sowie die Beiträge von Furstenberg-Mueller (1971), Polinsky (1971), Hochman-Rodgers (1971, 1971 a, 1971 b), Hochman (1972), Mishan (1972).
58	1	Cf. Sen (1970, Ch. 8, besonders S. 125; sowie 1973 a und 1973 b: Ch. 1) über Kardinalität und Vergleichbarkeit.

Seite	Nr.	
58	2	Cf. Arrow (1963, p. 109).
59	1	Zur Konstruktion von Condorcet-Paradoxa cf. Krelle-Coenen (1968, p. 94), Fishburn (1973 d, pp. 90-1).
61	1	2.2.5. (a) ist ein Theorem von Black (1958, p. 14): "At most, only a single motion can get a majority over every other."
62	1	Die folgende Übersicht ist nicht vollständig, doch wird sie dem Leser weiterhelfen: Cf. Batra-Pattanaik (1971), Bowman-Colantoni (1973), Craven (1971), Davis-DeGroot-Hinich (1972), Fine (1973), Fishburn (1973d: Chs. 9-11, 1973 a, 1972), Guilbaud (1952, mit dem originären Beispiel aus Condorcet: Essai sur l'application de l'analyse à la probabilité des décisions rendues à la pluralité des voix, Paris 1785), Inada (1969, 1970), Kelly (1974), Majumdar (1969 a), Nicholson (1965), Pattanaik (1971, 1968), Sen (1970, Ch. 10, 1969 a, 1966), Sen-Pattanaik (1969), Ward (1965). Zu quasitransitiven Präferenzrelationen $R_i (i \in N)$ cf. Batra-Pattanaik (1972), Fishburn (1970 e), Inada (1970), Pattanaik (1970), zu lexikographischen Präferenzen cf. Pattanaik (1973). Die Literatur vor 1960 wird von Riker (1961) besprochen, der einen möglichen Fall des Abstimmungsparadoxons auch empirisch untersucht hat (Riker 1958). Bernholz (1974) prüft den Zusammenhang zwischen Voting Paradox und parlamentarischem Kuhhandel (Logrolling).
62	2	Cf. Blin (1971), DeMeyer-Plott (1968, 1970), Campbell-Tullock (1965), Fishburn (1973, 1974 b, 1974 d), Garman-Kamien (1968), Mackscheidt (1973, pp. 161-9), May R.M. (1971), Niemi-Weisberg (1968, 1972), Tullock-Campbell (1970), Weisberg-Niemi (1973), Williamson-Sargent (1967).

Seite	Nr.	
64	1	Cf. auch Sen-Pattanaik (1969, pp. 188 f), ferner Fishburn's (1973 d, pp. 38, 59) "Weak Majority".
65	1	In der kollektiven Auswahl kann n_e als die Anzahl jener Personen interpretiert werden, die zwischen x und y nicht indifferent, sondern "engagiert" sind.
66	1	Berg behandelt ausführlich das Verhältnis von Mehrheitswahlen zu Demokratie- und Liberalismuskonzepten sowie insbesondere das Problem der sogenannten Mehrheitstyrannei bzw. ständigen Überstimmung einer Minderheit. (Dazu cf. auch Dahl (1956, Ch. 1), ferner Leibenstein (1962, pp. 311-313). Die in der Zwischenkriegszeit vertretenen (gegensätzlichen?) Thesen von Kelsen (1929), daß die Mehrheitswahl die Anzahl freier Bürger maximiere, bzw. von Laski - beide von Berg behandelt - , daß in der Klassengesellschaft auf die Dauer nur die Diktatur einer Minderheit (Kapital und Militär) bzw. der Mehrheit (Arbeiterklasse?) möglich sei, scheinen auch heute relevant zu sein.
70	1	Murakami's (verbale) Definition läßt offen, ob es sich um eine P- oder eine $P_{\frac{1}{2}}$-Funktion handelt. Black's (verbale) Definition (" ... each elector has the right to cast a single vote and the candidate who receives the greatest number of votes is chosen") erweckt den Eindruck, daß die Auswahlmenge stets einwertig ist; das kann aber nur bei bestimmten Kombinationen von Card N = n mit Card X = m garantiert werden.

Seite	Nr.	
70	2	Cf. auch Fishburn (1974 b) zur Frage, mit welcher Wahrscheinlichkeit die P-Funktion einen M-Gewinner (<u>2.2.1</u>.) wählt.
70	3	In Black (1958, p. 216).
70	4	Ein Beispiel eines besonders merkwürdigen Mißverständnisses ist der Politologe Berg (1965). Berg schätzt auf Grund verschiedener demokratietheoretischer Kriterien P-Funktionen als "besser" ein als Mehrheitsfunktionen, und beruft sich dabei auf Dahl (1956). Aber Dahl tritt, wie aus einer formal gefaßten Fußnote (p. 60) hervorgeht, explizit für M-Funktionen ein!
77	1	Fishburn (1971, p. 539) schreibt, das die B-Funktion lineare Präferenzen, d.h. Ketten, unterstellt. Es ist richtig, daß in Borda's Beispielen nur Ketten R_i vorkommen (cf. Black 1858, pp. 156-159). Aber die Definition der B-Funktion läßt die Anwendung für nichtlineare Präferenzen ohne weiteres zu. Tatsächlich kommen in Black's Diskussion der B-Funktion (ibid., pp. 59-65) beide Arten von Präferenzen vor.
78	1	Ein zur Borda-Funktion äquivalentes Verfahren (cf. dazu Fishburn 1973 d, p. 164) wurde z.B. in auto-revue, Nr. 4/1974, verwendet, um acht Reifen (=X) hinsichtlich zehn Kriterien (=Ω) zu ordnen (=R_ω) und den besten Reifen zu ermitteln.
78	2	Cf. Gärdenfors (1973, p. 5). Freilich ist $i \in N$ (wenn $\Omega = N$) nicht gehindert, nicht seine "echte" Präferenz zu offenbaren, sondern etwa aus taktischen Gründen eine andere Punktzuteilung vorzunehmen; cf. dazu auch Musgrave (1959, p. 132).

Seite	Nr.	
79	1	Vgl. dagegen (5) und (6) in Fig. 1.2.4. Gehöre x zur besten Indifferenzklasse in (5) und zur schlechtesten in (6), und umgekehrt für y. Dann erhält x gemäß B-Funktion insgesamt 2 Punkte und y 3 Punkte, gemäß Goodman-Markowitz aber beide je 2 Punkte. Die pauschale Anwendung der B-Funktion für die Auswahl in {x, y} ergibt daher {y}, Goodman-Markowitz' Auswahl ist aber {x, y}. Wenn die $R_i(X)$ daher nicht durchwegs Ketten sind, sind B-Funktion und Goodman-Markowitz-Regel nicht äquivalent.
79	2	Cf. dazu Goodman-Markowitz (1952), Luce-Raiffa (1957, pp. 336-7, mit einem praktischen Beispiel), Gäfgen (1968, pp. 445 ff.), Sen (1970, Ch. 7), Arrow (1963, pp. 115-8), Rothenberg (1961, Ch. 8).
81	1	Ferner Musgrave (1959, p. 129, unter dem Namen "Plurality Rule"), Murakami (1968, pp. 64-67), Ray (1973), Schleicher (1971, pp. 210-13), Van der Bellen (1973).
83	1	Cf. auch Fishburn (1971, p. 539).
84	1	Cf. Goodman (1954), Fishburn (1971, 1973 d, p. 170), Gäfgen (1968, p. 432), Hansson (1973, p. 46).
87	1	Cf. Dodgson (1873, p. 218), Musgrave (1959, p. 132), Schleicher (1971, pp. 217 ff).
87	2	Cf. Musgrave (1959, pp. 130-1), Schleicher (1971, pp. 213-5), Mueller (1973, pp. 67-9), Mueller-Tollison-Willett (1973), Plott (1971, p. 117), Rothenberg (1961, Chs. 6 und 8).

Seite	Nr.	
88	1	Beispielsweise sieht das vorläufige Statut des International Institute of Management, Berlin, eine KP-Funktion für die Wahlen zum Research Council des Instituts vor, mit der Restriktion m = 7. Die sieben Kandidaten mit den relativ höchsten Punktezahlen gelten als gewählt. Sollten mehrere Kandidaten diejenige Zahl erzielen, die gerade noch ausreichend wäre, um als gewählt zu gelten (z.B., zwei Kandidaten erreichen die siebthöchste Zahl, und jeder der sechs ersten hat eine verschiedene Punktezahl), so wird die Wahl wiederholt, wobei die Kandidatenmenge durch Ausscheidung weit abgeschlagener Kandidaten verkleinert wird. Diese erneute spezifische Anwendung der KP-Funktion ändert in der Regel das Verhältnis der von den einzelnen Kandidaten erzielten Punkte.
91	1	Für die KP-Funktion (<u>2.4.12.</u>) müßte die Restriktion m = 5 festgesetzt werden.
94	1	Cf. auch Fishburn (1973 d, p. 169).
108	1	Cf. dazu Definition <u>2.3.7</u>. Bei zwei Alternativen x, y ist Card $\{\omega \in \Omega \mid (A\setminus\{y\})R_\omega x\}$ = Card $\{\omega \in \Omega \mid (A\setminus\{x\})R_\omega y\}$ = = n = Card Ω , sodaß der Anzahl der ersten Plätze jeweils eine Konstante, nämlich n, hinzugezählt wird.
108	2	Cf. auch Fine (1972).
109	1	Cf. auch Fishburn (1973 f) zum Einfluß, den mehr oder weniger starker Konsens unter den Wählern (bzw. deren Präferenzen) auf das Verhältnis von Borda- zu Copeland-Auswahlmengen hat.
110	1	Cf. auch Fishburn (1973 d, p. 172).

Seite	Nr.	
113	1	Als Literatur cf. das amtliche Handbuch des deutschen Bundestags (Geschäftsordnung), sowie die Berichte zur Abstimmung in: Frankfurter Rundschau 23., 25., 26., 27.4., 10.5., 6.6.1974; Der Spiegel, Nr. 17/1974; Süddeutsche Zeitung, 29.4.1974.
114	1	Die Abgeordneten von West-Berlin haben kein Stimmrecht bei Gesetzesanträgen.
117	1	Cf. dazu Sen (1970 pp. 64/65).
119	1	Cf. auch Black (1969a, pp. 232-4), Menges (1969, pp. 57-8), May (1954), Fishburn (1970, 1970a, 1970b, 1970c, 1970f).
128	1	Cf. Definition 3.1.2.
128	2	Aber nicht transitiv; cf. Definition 3.1.13.
128	3	Aber nicht quasitransitiv; cf. Definition 3.1.13.
128	4	Cf. Definition 3.2.2., Sätze 3.2.5. und 3.2.6.
128	5	Cf. Definition 4.2.2.
128	6	Cf. Definition 4.2.2.
128	7	Cf. Definition 4.2.1.
128	8	Cf. Definition 4.2.1. In Fig. 3.1.1. sind nur einige repräsentative Fälle für $f_k(A)$ eingetragen.
130	1	Cf. auch Sen's "Property α^*" (1971 p. 314). Sen's Feststellung, daß Subadditivität äquivalent sei zu "Property α" (cf. Text nach 3.1.1.), ist falsch, wie das folgende Schaubild zeigt:

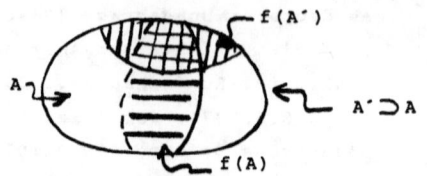

Die waagrecht schraffierte Fläche ist $f(A)$, die senkrecht schraffierte ist $f(A')$. Die Funktion f ist subadditiv, denn $f(A' \cup A) = f(A') \subset f(A') \cup f(A)$. Aber es gilt nicht, daß (R1) $A \cap f(A') \subset f(A)$ bzw. (α) $x \in A \subset A' \Rightarrow [x \in f(A') \Rightarrow x \in f(A)]$; das zeigt die senkrecht, aber nicht waagrecht schraffierte Fläche links oben. (Diesen Hinweis verdanke ich M.R. Sertel).

Richtig ist hingegen, daß (R1) äquivalent ist zur Bedingung der Quasi-Teilbarkeit, die postuliert

$$f(A \cup B) \subset f(f(A) \cup f(B))$$

(cf. <u>4.3.7</u>.).

142	1	Ähnlich wie Richter aber Sertel-Van der Bellen (1974).
142	2	Sperrung im Original.
143	1	In unserer Terminologie: vollständig, reflexiv und transitiv.
143	2	Die Definition von $h(B)$ wurde von mir an die hier verwendete Notation angepaßt.
143	3	Ebenso wie Richter nennt Plott (1971) eine Funktion $f: [X] \to [X]$ *rational* genau dann, wenn sie eine *Rationalisierung* durch eine binäre Relation erlaubt; Sen (1971, p. 308) nennt eine solche Funktion *normal*.

Seite	Nr.	
148	1	In Sertel-Van der Bellen (1974) ein separater Beweis für "$\underline{3.1.11.(2)} \Rightarrow f = \tilde{f}$". Nehmen wir irgendein $A \in [X]$, und angenommen $\{x, y\} \subset \tilde{f}(A)$ mit $x \neq y$. Dann folgt aus $\underline{3.2.2}$. xFy und yFx, d.h. $f(\{x, y\}) = \{x, y\}$, ein Widerspruch zu $\underline{3.1.11.(2)}$. Daher muß gelten $x = y$ und $\tilde{f}$ ist einwertig. Da $f \subset \tilde{f}$ immer gilt ($\underline{3.2.3}$.), ergibt sich $f = \tilde{f}$. ◊
150	1	Umgekehrt kann natürlich (R2) als Erweiterung von (R2′) auf endliche Mengenfamilien verstanden werden.
161	1	Zur wissenschaftstheoretischen Literatur über Präferenzrelationen cf. etwa Hansson (1968, 1968a), Day (1971), Wright (1972), ferner Gottlieb (1968).
162	1	Der Beweis verwendet die Tatsache, daß "f erfüllt (R4) $\Rightarrow$ f erfüllt (R1)", sodaß die Implikationen von (R1) verwendet werden können. Der Beweis von $\underline{3.3.5}$. ist natürlich auch ohne (R1) möglich, nur wird er umständlicher.
165	1	Cf. auch Sen (1969a, p. 384, 1971, p. 313), Sen-Pattanaik (1969, p. 197).
173	1	Cf. auch Pattanaik (1970), Fishburn (1970e, 1973d, Chs. 8-11).
177	1	Zu Pareto-Konzepten in der Auswahltheorie cf. etwa Hansson (1969, pp. 527, 529; 1973, pp. 46-7), Gärdenfors (1973, p. 14), Sen (1970: pp. 41, 53, 69, 74), Fishburn (1970a, 1971a, 1973d: besonders pp. 83-4), Black (1969a, p. 239), Craven (1971); zur Problematik der Alternativen-Definition cf. Van der Bellen (1973b).

Seite	Nr.	
192	1	Cf. dazu Arrow (1963 pp. 80-1), Black (1958: Chs. VI und XII), Dummett-Farquharson (1961), Farquharson (1969), Luce-Raiffa (1957 pp. 359 ff.), Majumdar (1956), Rothenberg (1961), Schleicher (1971, besonders pp. 217.ff), Sen (1969 b, p. 15).
192	2	Insofern ist Musgrave's Kritik (1959, pp. 119, 123, 125) an der Mehrheitsregel nicht ganz fair, denn er identifiziert diese (und nur diese) mit einem sequentiellen Verfahren.
192	3	cf. auch Pattanaik (1971 pp. 46-8).
193	1	Cf. zum folgenden auch die Ansätze von Sertel-Van der Bellen (1974), Plott (1973).
205	1	(1) in 4.2.13. ist auch ein Korollar zu 4.2.17. mit 4.2.13. (2) und 4.2.3.
222	1	Econometrica ist einigermaßen bekannt für seine zähe Erscheinungsweise. Die Ausgabe mit Plott's Artikel (November 1973) ist im Sommer 1974 erschienen.
225	1	Unter anderem bin ich Murat Sertel für diesen Beweis sehr dankbar; mein eigener war sehr umständlich.
231	1	In der ersten Fassung dieser Arbeit (Preprint des Internationalen Instituts für Management und Verwaltung, Berlin 1974) hieß es in 4.3.10, daß Teilbarkeit nicht Absorption impliziere; ferner wurde in einer Fußnote zu 4.3.12 für möglich gehalten, daß Pfad-Unab-

Seite	Nr.	
		hängigkeit Teilbarkeit impliziere. Beides ist nicht richtig, wie sich in der gemeinsamen Arbeit mit M.R. Sertel an unserem Papier "On Choice and Elimination Functions", Preprint des IIMV, Berlin 1975, herausstellte. Daraus ergab sich auch eine kleine Änderung des Diagramms 4.3.4 auf S. 240 gegenüber der ersten Fassung.
237	1	Der Beweis zum ersten Teil lehnt sich an Plott (1973) an.
253	1	Cf. auch eine Anmerkung bei Sen (1970 p. 48); Sen's Anmerkung kann dahingehend mißverstanden werden, daß die Inklusion $f_k(A) \subset f(A)$ auch bei Azyklizität von F gilt. Wie aus **4.3.6.** hervorgeht, ist bei azyklischem F und (R1)-Erfüllung aber $f(A) \subset f_k(A)$ der Fall, und nicht unbedingt umgekehrt.
260	1	Ray (1973 p. 990) trägt allerdings seinerseits wieder zur Verwirrung bei, indem er schreibt, daß Arrow's Beispiel (hier Fig. 5.2.1. und 5.2.2.) tatsächlich eine Verletzung von (R1) illustriere (in Ray's Terminologie: eine Verletzung der "Unabhäng t von levanten Alternativen vom Radner-Marschak Typ"). Das ist nicht der Fall, da "$a \in f(A) \cap B \Rightarrow a \in f(B)$ wenn $B \subset A$" in Arrow's Beispiel erfüllt ist.

Seite	Nr.	
261	1	Die gleiche Überlegung bewog Ray (1973 p. 990) zur Formulierung der Bedingung der Zerlegten Information (Condition of Partitioned Information), die postuliert, daß für die Auswahl in $B \subset X$ nur die Präferenzen bzw. Präordnungen auf B bekannt und entscheidungsrelevant sind; diese Bedingung ist äquivalent zu (RU1). Cf auch die Bedingung der "Irrelevance of Non-Affected Outcomes" in der Entscheidungstheorie (J. Marschak 1968, p. 47).
264	1	Hansson geht von einer zweiwertigen Menge $\{x, y\}$ aus und unterscheidet 5 Gruppen, indem die erste Gruppe in unserer Definition in zwei Indifferenzklassen zerlegt wird.
277	1	Cf. Hansson (1973 p. 47).
278	1	Die Indices ω auf der linken Seite wurden weggelassen.
284	1	Die Kumulative Punkt-Funktion nimmt natürlich auch hier eine Sonderstellung ein; cf. Text zwischen 5.3.10. und 5.3.11.
285	1	Zur Neutralitätsbedingung cf. Sen (1970 pp. 68, 72), Plott (1971 p. 111), Fishburn (1973 d, besonders p. 161), Pattanaik (1971 p. 50), Hansson (1969 pp. 527, 530), ferner Luce-Raiffa (1957 pp. 357/8).

Seite	Nr.	
285	2	Der Verfasser arbeitet an einer Studie über nichtneutrale, zugunsten des status quo diskriminierende Auswahlfunktionen (Entwurf: Van der Bellen 1973 a).
285	3	Cf. Pattanaik (1971 p. 97); kritisch Berg (1965 pp. 20, 59, 100, 135), Sen (1970 pp. 78/9).
285	4	Zur Anonymitätsbedingung cf. Sen (1970 pp. 72, 78), Fishburn (1973 d, u.a. p. 161; 1970a, p. 120), Hansson (1969 p. 527); vom politologischen Gesichtspunkt: Berg (1965 pp. 124 ff.).
286	1	Cf. Fishburn (1973 d, p. 160). Zu verwandten Bedingungen cf. Sen (1970 Ch. 5*), Murakami (1968), Black (1969 a, p. 230), Pattanaik (1973 a, p. 561), Fishburn (1973 d, p. 156).
286	2	Zur Bedingung der Nicht-Diktatur cf. Arrow (1963 p. 30), Sen (1970 p. 42), Plott (1971 p. 111), Fishburn (1973 d, pp. 180, 204).
287	1	Für die Pluralen Rang-Funktionen gilt das nur bedingt: cf. 5.3.11. und Text davor; auch nur mit Einschränkungen für Verwendungen als sequentielle Eliminationsverfahren: cf. 4.4.10., 4.4.11., 4.4.13.

Seite	Nr.	
287	2	Cf. zur Terminologie u.a. Sen (1970 pp. 21/22, 30).
288	1	Cf. auch Gäfgen (1968, pp. 5/6).
289	1	Cf. Arrow (1950, 1963, 1967), Hansson (1969), Sen (1970), Pattanaik (1971), Plott (1971, pp. 113/4, 1972, p. 196), Fishburn (1970 d, 1973 d), Orosel (1974), Egle (1974 a).
291	1	Cf. auch den Schluß von Musgrave's Kapitel über Budgeting Through Voting: "While the results are inconclusive, the reader should not feel disheartened. We have examined some central problems in the theory of public finance that no serious student of the subject can afford to disregard." (1959, p. 133).
292	1	Zum Beispiel wird in der Zeitschrift Auto-Revue Nr. 4/1974 eine Borda-Auswahlfunktion verwendet, um den "besten" Autoreifen unter 8 Marken auszuwählen. Aber wie leicht nachgeprüft werden kann, erweist sich die Borda-Funktion als nicht reduktionsregulär: der beste Reifen unter den 8 Marken ist nur der zweitbeste, wenn die Alternativenmenge auf 3 Marken verkleinert wird. Anders ausgedrückt, wird der Gewinner unter 3 Alternativen zum Verlierer, wenn die Alternativenmenge um 5 Alternativen, die allesamt Verlierer sind, aufgestockt wird: die Borda-Funktion ist nicht extensionsregulär. Es ergeben sich damit gewisse Manipulationsmöglichkeiten für die Ermittlung der Auswahlmenge.

LITERATUR

In dieses Verzeichnis wurden nur Arbeiten, die im Text oder in den Anmerkungen wenigstens einmal zitiert wurden, aufgenommen.
Hat ein Autor mehrere Schriften im selben Jahr veröffentlicht, so folgt die Bezeichnung aus technischen Gründen nicht immer strikt dem Alphabet (z.B.: Fishburn 1973b, Fishburn 1973d).

ARROW, K.J. (1950): A Difficulty in the Concept of Social Welfare. In: Journal of Political Economy, Vol. 58, pp. 328-346. Wiederabgedruckt in: Arrow-Scitovsky (1969).

ARROW, K.J. (1959): Rational Choice Functions and Orderings. Economica, Vol. 26, pp. 121-127.

ARROW, K.J. (1963): Social Choice and Individual Values. John Wiley and Sons, Inc., New York.

ARROW, K.J. (1967): Public and Private Values. In: Hook (ed.) pp. pp.3-21.

ARROW, K.J. (1974): General Economic Equilibrium: Purpose, Analytic Techniques, Collective Choice. American Economic Review, Vol. 64, June, pp. 253-272.

ARROW, K.J., KARLIN, S., SUPPES, P. (1960): Mathematical Methods in the Social Sciences, Stanford University Press.

ARROW K.J., SCITOVSKY, Tibor (eds.) (1969): Readings in Welfare Economics. Richard D. Irwin Inc., Homewood, Ill.

BATRA, R.N., PATTANAIK, P.K. (1971): Transitivity of Social Decisions Under Some More General Group Decision Rules Than the Method of Majority Decision. Review of Economic Studies, pp. 295-306.

BATRA, R.N., PATTANAIK, P.K. (1972): Transitive Multi-Stage Majority Decisions with Quasi-Transitive Individual Preferences. Econometrica, Vol. 40, pp. 1121-1135.

BERG, Elias (1965): Democracy and the Majority Principle. A Study in Twelve Contemporary Political Theories. Akademiförlaget: Stockholm.

BERNHOLZ, Peter (1974): Logrolling, Arrow-Paradox and Decision Rules- A Generalization. Kyklos, pp. 49-62.

BLACK, D. (1948): On the Rationale of Group Decision Making. Journal of Political Economy, Feb., pp. 23-34.

BLACK, D. (1958): The Theory of Committees and Elections. Cambridge University Press.

BLACK, D. (1969a): On Arrow's Impossibility Theorem. Journal of Law and Economics, October, pp. 227-247.

BLIN, Jean-Marie (1973): Preference Aggregation and Statistical Estimation. Theory and Decision, Vol. 4, pp. 65-84.

BOURBAKI, N. (1966): Elements of Mathematics: General Topology, Part 1. Hermann, Paris, Addison-Wesley: Reading, Mass.

BOURBAKI, N. (1968): Elements of Mathematics: Theory of Sets. Hermann, Paris, Addison-Wesley, Reading, Mass.

BOWMAN, V.J., COLANTONI, C.S. (1972): The Extended Condorcet Condition: A Necessary and Sufficient Condition for the Transitivity of Majority Decision. Journal of Mathematical Sociology, pp. 267-283.

BOWMAN, V.J., COLANTONI, C.S. (1973): Majority Rule Under Transitivity Constraints. Management Science, Vol. 19, pp. 1029-1041.

BUCHANAN, J.M. (1962): Politics, Policy, and the Pigovian Margins. Economica, pp. 17-28.

BUCHANAN, J.M.,TULLOCK, Gordon (1962): The Calculus of Consent: Logical Foundations of Constitutional Democracy. Ann Arbor: University of Michigan Press.

CAMPBELL, Colin D., TULLOCK, Gordon (1965): A Measure of the Importance of Cyclical Majorities. Economic Journal, pp. 853-857.

CHERNOFF, H. (1954): Rational Selection of Decision Functions. Econometrica, pp. 422-443.

CHIPMAN, John S. (1971): Consumption Theory Without Transitive Indifference. In: Chipman et al. (eds.) pp. 224-253.

CHIPMAN, J.S., HURWICZ, L., RICHTER, M.K., SONNENSCHEIN, H.F., (eds!) (1971): Preferences, Utility, and Demand. Harcourt Brace Ivanovich: New York etc.

CRAVEN, J. (1971): Majority Voting and Social Choice. Review of Economic Studies, pp. 265-267.

CZAYKA, Lothar (1972): Grundzüge der Aussagenlogik. UTB: München und Berlin.

DAHL, Robert A. (1956): A Preface to Democratic Theory. The University of Chicago Press, 11th impr.

DAVIS, Otto A., DE GROOT, Morris H., HINICH, Melvin J. (1972): Social Preference Orderings and Majority Rule. Econometrica, pp. 147-158.

DAY, Richard H. (1971): Rational Choice and Economic Behavior. Theory and Decision, Vol. 2, pp. 229-251.

DEMEYER, F., PLOTT, Ch.R. (1968): The Probability of a Cyclical Majority. Behavioral Science, Vol. 13.

DeMEYER, F., PLOTT, C. (1970): The Probability of a Cyclical Majority. In: Econometrica, Vol. 38, pp. 345-354.

DODGSON, C.L. (1873): A Discussion of the Various Methods of Procedure in Conducting Elections. In: Black (1958), pp. 214-222.

DODGSON, C.L. (1876): A Method of Taking Votes on More Than Two Issues. In: Black (1958): pp. 224-234.

DUGUNDJI, James (1970): Topology. Allen & Bacon, Boston.

DUMMET, M., FARQUHARSON, R. (1961): Stability in Voting. In: Econometrica, Vol. 29, pp. 33-43.

EGLE, K. (1973): Mathematische Grundlagen der Entscheidungstheorie. Verv. Ms., Institut für Entscheidungstheorie der Universität Karlsruhe.

EGLE, K. (1974): Entscheidungsmodelle und ihre Morphismen. Verv. Ms., Institut für Entscheidungstheorie der Universität Karlruhe.

EGLE, K. (1974a): Zum Arrow'schen Unmöglichkeitstheorem. Manuskript, Universität Karlsruhe.

FABER, M. (1973): Einstimmigkeitsregel und Einkommensumverteilung. Kyklos, Vol. 26, pp. 36-57.

FARQUHARSON, R. (1969): Theory of Voting. Yale University Press, New Haven and London.

FINE, K. (1972): Some Necessary and Sufficient Conditions for Representative Decision on Two Alternatives. Econometrica, Vol. 40, pp. 1083-1090.

FINE, Kit (1973): Conditions for the Existence of Cycles Under Majority and Non-Minority Rules. Econometrica, Vol. 41, pp. 889-899.

FISHBURN, P.C. (1970): Utility Theory for Decision Making. Wiley, New York, etc.

FISHBURN, P.C. (1970a): The Irrationality of Transitivity in Social Choice. Behavioral Science, Vol. 15, pp. 119-123.

FISHBURN, P.C. (1970b): Utility Theory with Inexact Preferences and Degrees of Preference. Synthese, Vol. 21, pp. 204-221.

FISHBURN, P.C. (1970c): Intransitive Indifference in Preference Theory: A Survey. Operations Research, pp. 207-228.

FISHBURN, P.C. (1970d): Arrow's Impossibility Theorem: Concise Proof and Infinite Voters. Journal of Economic Theory, pp. 103-106.

FISHBURN, P.C. (1970e): Conditions for Simple Majority Decision Functions with Intransitive Individual Indifference. Journal of Economic Theory, Vol. 2, pp. 354-367.

FISHBURN, P.C. (1970f): Suborders on Commodity Spaces. Journal of Economic Theory, pp. 321-328.

FISHBURN, P.C. (1971): A Comparative Analysis of Group Decision Methods. Behavioral Science, pp. 538-544.

FISHBURN, P.C. (1971a): Should Social Choice be based on Binary Comparisons. In: Journal of Mathematical Sociology, pp. 133-142.

FISHBURN, P.C. (1972): Conditions on Preferences that Guarantee a Simple Majority Winner. Journal of Mathematical Sociology, Vol. 2, pp. 105-112.

FISHBURN, P.C. (1973): A Proof of May's Theorem $P(m, 4) = 2P(m, 3)$. Behavioral Science, Vol. 18, p. 212.

FISHBURN, P.C. (1973a): Transitive Binary Social Choices and Intraprofile Conditions. Econometrica, July, pp. 603-615.

FISHBURN, P.C. (1973b): Binary Choice Probabilities: on the Varieties of Stochastic Transitivity. Journal of Mathematical Psychology, Vol. 10, pp. 327-372.

FISHBURN, P.C. (1973d): The Theory of Social Choice. Princeton
University Press.

FISHBURN, P.C. (1973e): Summation Social Choice Functions. Econometrica,
Vol. 41, pp. 1183-1196.

FISHBURN, P.C. (1973 f): Voter Concordance, Simple
Majorities, and Group Decision Methods.
Behavioral Science, Vol. 18, pp. 364-376.

FISHBURN, P.C. (1974): On the Sum-of-Ranks Winner when Losers are
Removed. Discrete Mathematics, Vol. 8, pp. 25-30.

FISHBURN, P.C. (1974b): Simple Voting Systems and Majority Rule.
In: Behavioral Science, Vol. 19, pp. 166-176.

FISHBURN, P.C. (1974d): Single-Peaked Preferences and Probabilities
of Cyclical Majorities. In: Behavioral Science,
pp. 320-329.

FREY, B.S. (1970): Die ökonomische Theorie der Politik oder die neue
politische Ökonomie: eine Übersicht. Zeitschrift für
die gesamte Staatswissenschaft, 1/1970, pp. 1-23.

FURSTENBERG, G.M. von, MUELLER, D.C. (1971): The Pareto Optimal
Approach to Income Redistribution: A Fiscal Application. In: American Economic Review, pp. 628-637.

GÄFGEN, Gerard (1968): Theorie der wirtschaftlichen Entscheidung.
Mohr, Tübingen (2. Auflage).

GÄRDENFORS, Peter (1973): Positionalist Voting Functions.
Theory and Decision, Vol. 4, pp. 1-24.

GARMAN, Mark B., KAMIEN, Morton J., (1968): The Paradox of Voting:
Probability Calculations. Behavioral Science,
Vol. 13, pp. 306-316.

GOODMAN, L.A. (1954): On Methods of Amalgamation. In: Thrall-Coombs-
Davis (eds.), pp. 39-48.

GOODMAN, L.A., MARKOWITZ, H. (1952): Social Welfare
Functions Based on Individual Rankings.
American Journal of Sociology, Vol. 58,
pp. 257-262.

GOTTLIEB, Gidon (1968): The Logic of Choice. An Investigation of
the Concepts of Rule and Rationality. Allen
and Unwin, London.

GUILBAUD, G. T. (1952): Les Théories de l'Intérêt Général et le
Problèmelogique de l'Aggregation. Economie
Appliqué, übersetzt und wiederabgedruckt in
Lazarsfeld-Henry (eds.), pp. 262-307.

HANSSON, B. (1968): Choice Structures and Preference Relations. Synthese, Vol. 18, pp. 443-458.

HANSSON, B. (1968a): Fundamental Axioms for Preference Relations. Synthese, Vol, 18, pp. 423-442.

HANSSON, B. (1969): Voting and Group Decision Functions. Synthese, Vol. 20, pp. 526-537.

HANSSON, B. (1973): The Independence Condition in the Theory of Social Choice. Theory and Decision, Vol. 4, pp. 25-49.

HARARY, F., NORMAN, R.Z., CARTWRIGHT, D. (1965): Structural Models. An Introduction to the Theory of Directed Graphs. John Wiley: New York.

HENDERSON, J. M., QUANDT, R.E. (1971): Microeconomic Theory. McGraw Hill, New York etc., 2nd ed.

HOCHMAN, H.M. (1972): Individual Preferences and Distributional Adjustments. In: American Economic Review, May 1972, pp. 353-360.

HOCHMAN, H.M., RODGERS, J.D. (1969): Pareto-Optimal Redistribution. American Economic Review, pp. 542-558.

HOCHMAN, Harold M., RODGERS, James D. (1971): Is Efficiency a Criterion for Judging Redistribution? In: Public Finance, Vol. XXVI, No. 2, pp. 348-360.

HOCHMAN, H.M, RODGERS, J.D. (1971a): Utility Interdependence and Income Transfers through Charity. Urban Institute Paper: Washington D.C.

HOCHMAN, H.M., RODGERS, J.D. (1971b): Utility Interdependence: Income Redistribution and Fiscal Structure. The Urban Institute: Washington D.C.

HOOK, S. (ed.) (1967): Human Values and Economic Policy. New York University Press: New York.

INADA, K. (1969): The Simple Majority Decision Rule. Econometrica, Vol. 37, pp. 490-506.

INADA, K. (1970): Majority Rule and Rationality. Journal of Economic Theory, Vol. 2, pp. 27-40.

INTRILIGATOR, M.D. (ed.) (1971): Frontiers of Quantitative Economics. North Holland Publishing Company, Amsterdam.

JAMISON, Dean T., IAU, Lawrence J. (1973): Semiorders and the Theory of Choice. Econometrica, Vol. 41, pp. 901-912.

KAMKE, Erich (1969): Mengenlehre. De Gruyter: Berlin 1969 (Sammlung Göschen 999, 6. Auflage).

KELLEY, John L. (1955): General Topology. Van Nostrand, New York.

KELLY, Jerry S. (1974): Necessity Conditions in Voting Theory, Journal of Economic Theory, Vol. 8, pp. 149-160.

KELSEN, Hans (1929): Vom Wesen and Wert der Demokratie. Mohr, Tübingen.

KIRSCH, Werner (1970): Entscheidungsprozesse, Gabler, Wiesbaden.

KÖRTH, Heinz, et al. (1972): Lehrbuch der Mathematik für Wirtschaftswissenschaften. Westdeutscher Verlag, Opladen.

KRELLE, Wilhelm, COENEN, Dieter (1968): Präferenz- und Entscheidungstheorie. Mohr (Siebeck), Tübingen.

LANCASTER, Kelvin (1970): Mathematical Economics. Macmillan Co., Toronto & London 1968 (4th pr. 1970).

LAZARSFELD, P.F., HENRY, N.W. (1968): Readings in Mathematical Social Science. M.I.T. Press, Cambridge, Massachusetts.

LEIBENSTEIN, H. (1962): Notes on Welfare Economics and the Theory of Democracy. Economic Journal, pp. 299-319.

LUCE, Duncan R., RAIFFA, Howard (1957): Games and Decisions. John Wiley, New York.

MACKSCHEIDT, K. (1973): Zur Theorie des optimalen Budgets. Mohr (Siebeck), Tübingen.

MAJUMDAR, T.(1956): Choice and Revealed Preference. In: Econometrica, Vol. 24.

MAJUMDAR, T. (ed.) (1969): Choice and Growth. Oxford University Press, London.

MAJUMDAR, T. (1969a): Sen's General Theorem on Transitivity of Majority Decisions- An Alternative Approach. In: Majumdar (ed., 1969), pp. 26-29.

MARGOLIS, J. (ed.) (1965): The Public Economy of Urban Communities. John Hopkins Press, Baltimore.

MARSCHAK, Jacob (1968): Decision-Making: Economic Aspects. In: Sills (ed.) Vol. 4, pp. 42-55.

MAY, K.O. (1954): Intransitivity, Utility and the Aggregation of Preference Patterns. In: Econometrica, Vol. 22, pp. 1-13.

MAY, R.M. (1971): Some Mathematical Remarks on the Paradox of Voting. Behavioral Science, Vol. 16, pp. 143-151.

MCFADDEN, MOORE, SMITH (1963): Sets, Relations, and Functions. A Programmed Unit in Modern Mathematics. McGraw-Hill, New York.

MENGES, Günther (1969): Grundmodelle wirtschaftlicher Entscheidungen. Westdeutscher Verlag: Köln & Opladen.

MISHAN, E.J. (1972): The Futility of Pareto Efficient Distributions. In: American Economic Review, pp. 971-976.

MOSTOW, G.D., SAMPSON, J.H., MEYER, J.P. (1963): Fundamental Structures of Algebra. McGraw-Hill, New York.

MUELLER, D.C. (1973): Constitutional Democracy and Social Welfare. Quarterly Journal of Economics, pp. 60-80.

MUELLER, D.C., TOLLISON, R.D., WILLETT, T.D., (1973): A Normative Theory of Representative Democracy. In: Quantitative Methods of Representation, New York Academy of Sciences, New York, pp. 5-19.

MURAKAMI, Y. (1968): Logic and Social Choice. Routledge & Kegan Paul Ltd., London, and Dover, New York.

MUSGRAVE, Richard A. (1959): The Theory of Public Finance. A Study in Public Economy. McGraw-Hill, New York Toronto, London.

NICHOLSON, M.B. (1965): Conditions for the Voting Paradox in Committee Decisions. Metroeconomica, Vol. XVII, pp. 31-44.

NIEMI, Richard, WEISBERG, Herbert (1968): A Mathematical Solution for the Probability of the Paradox of Voting. Behavioral Science, Vol. 13, pp. 317-323.

NIEMI, R.G., WEISBERG, H.F. (eds.) (1972): Probability Models of Collective Decision-Making. Merrill, Columbus, Ohio.

NIKAIDO, H. (1970): Introduction to Sets and Mappings in Modern Economics. North Holland: Amsterdam.

ORE, Oystein (1967): Theory of Graphs. American Mathematical Society: Providence, Rhode Island, 3rd pr.

OROSEL, Gerhard O. (1974): A Paradoxon of the Market Mechanism. Journal of Political Economy, Vol. 82, No. 1, pp. 202-209.

PATTANAIK, P.K. (1968): A Note on Democratic Decision and the
Existence of Choice Sets. Review of Economic
Studies, pp. 1-9.

PATTANAIK, P.K. (1970): On Social Choice with Quasitransitive
Individual Preferences. Journal of Economic
Theory, Vol. 2, pp. 267-275.

PATTANAIK, P.K. (1971): Voting and Collective Choice. Cambridge
University Press.

PATTANAIK, P.K. (1973): Group Choice with Lexicographic Individual
Orderings. Behavioral Science, Vol. 18, pp. 118-123.

PATTANAIK, P.K. (1973a): On the Stability of Sincere Voting Situations.
Journal of Economic Theory, pp. 558-574.

PLOTT, C.R. (1971): Recent Results in the Theory of Voting. In:
Intriligator 1971 (ed.) pp. 109-127.

PLOTT, C.R. (1972): Ethics, Social Choice Theory and the Theory
of Economic Policy. Journal of Mathematical
Sociology, Vol. 2, pp. 181-208.

PLOTT, C.R. (1973): Path Independence, Rationality, and Social
Choice. Econometrica, Vol. 41, pp. 1075-1091.

POLINSKY, A,M. (1971): Shortsightedness and Nonmarginal Pareto
Optimal Redistribution. In: American Economic
Review, pp. 972-979.

QUINE, Willard V.O. (1974): Grundzüge der Logik. Suhrkamp, Frankfurt.

QUIRK, J., SAPOSNIK, R. (1968): Introduction to General Equilibrium
Theory and Welfare Economics. McGraw-Hill, New
York, etc.

RADNER, Roy, MARSCHAK, Jacob (1954): Note on Some Proposed Decision
Criteria. In: Thrall- Coombs- Davis, pp. 61-68.

RAY, Paramesh (1973): Independence of Irrelevant Alternatives.
Econometrica, Vol. 41, pp. 987-991.

RECKTENWALD, H.C. (ed.) (1970): Nutzen - Kosten - Analyse
und Programmbudget. Mohr, Tübingen.

RICHTER, Marcel K.(1966): Revealed Preference Theory. Econometrica,
pp. 635-645.

RICHTER, Marcel K. (1971): Rational Choice. In: Chipman et al. (eds.) 1971, pp. 29-58.

RIKER, William H. (1958): The Paradox of Voting and Congressional Rules for Voting on Amendments. American Political Science Review, pp. 349-366.

RIKER, William H. (1961): Voting and the Summation of Preferences: An Interpretive Bibliographical Review of Selected Developments During the Last Decade. American Political Science Review, Vol. LV, pp. 900-911.

ROTHENBERG, Jerome (1961): The Measurement of Social Welfare. Prentice Hall, Englewood Cliffs, New Jersey.

ROTHENBERG, J. (1973): On the Provision of Public Services to Individuals. Paper for the Berlin Symposium on Planning, August 1973.

SAMUELSON, P. (1967): Arrow's Mathematical Politics, In: Hook (ed.) pp. 41-52.

SCHLEICHER, H. (1971): Staatshaushalt und Strategie. Duncker und Humblot, Berlin.

SCHLICHT, Ekkehart (1974): Die Theorie der kollektiven Entscheidung und der individualistische Ansatz. Leviathan, Nr. 2/1974, pp. 263-280.

SEN, A.K. (1963): Distribution, Transitivity & Little's Welfare Criteria. In: Economic Journal 1963, pp. 771-778.

SEN, A.K. (1966): A Possibility Theorem on Majority Decisions. In: Econometrica, April 1966.

SEN, A.K. (1969b): A Game-Theoretic Analysis of Theories of Collectivism in Allocation. In: Majumdar (ed.), pp. 1-17.

SEN, A.K. (1970): Collective Choice and Social Welfare. Holden-Day, San Francisco, and Oliver & Boyd, Edinburgh and London.

SEN, A.K. (1971): Choice Functions and Revealed Preference. Review of Economic Studies, pp. 307-317.

SEN, A.K. (1972): Interpersonal Comparison and Partial Comparability: A Correction. Econometrica, Vol. 40, p. 959.

SEN, A.K. (1973): Behaviour and the Concept of Preference. Economica, August, pp. 241-259.

SEN, A.K. (1973a): Aggregation and Income Distribution. Paper presented at the International Seminar on Public Economics, Siena 1973.

SEN, A.K. (1973b): On Economic Inequality. Oxford University Press.

SEN, A.K., PATTANAIK, P.K. (1969): Necessary and Sufficient Conditions for Rational Choice under Majority Decision. Journal of Economic Theory, pp. 178-202.

SERTEL, Murat, Van der BELLEN, Alexander (1974): On Choice. Manuskript, International Institute of Management, Berlin.

SHUBIK, Martin (1970): On Different Methods for Allocating Resources. Kyklos, pp. 332-337.

SILLS, David L. (ed.) (1968): International Encyclopedia of the Social Sciences, Macmillan & Free Press.

SONNENSCHEIN, Hugo F. (1971): Demand Theory Without Transitive Preferences, With Applications to the Theory of Competitive Equilibrium, In: Chipman et al (eds.), pp. 215-223.

SUPPES, P. (1969): Introduction to Logic. Van Nostrand, 12th pr., Princeton, New Jersey.

THRALL, R.M., COOMBS, C.H., DAVIS, R.L., (1954): Decision Processes. Wiley, New York.

TULLOCK, Gordon (1964): The Irrationality of Intransitivity. Oxford Economic Papers, pp. 401-406.

TULLOCK, Gordon (1969): Problems in the Theory of Public Choice. Social Cost and Government Action. American Economic Review, May, pp. 189-197.

TULLOCK, G., CAMPBELL, C.D. (1970): Computer Simulation of a Small Voting System. Economic Journal, Vol. 80, pp. 97-104.

UZAWA, Hirofumi (1960): Preference and Rational Choice in the Theory of Consumption. In: Arrow-Karlin-Suppes, pp. 129-148.

UZAWA, Hirofumi (1971): Preference and Rational Choice in the Theory of Consumption. In: Chipman et al. (eds.) 1971, pp. 7-28.

Van der BELLEN, Alexander (1970): Kollektive Haushalte und gemeinwirtschaftliche Unternehmungen: Probleme ihrer Koordination. Dissertation, Universität Innsbruck.

Van der BELLEN, A. (1973): A Note on Comparative Analysis of Group Decision Methods. Manuskript, Berlin.

Van der BELLEN, A. (1973a): On Choice Rules Favoring the Status Quo. Manuskript, Berlin.

Van der BELLEN, A. (1973b): Comments zu: J. Rothenberg 1973. Manuskript, Berlin.

WARD, B. (1965): Majority Voting and Alternative Forms of Public Enterprise. In: Margolis (1965), pp. 112-126.

WEINSTEIN, Arnold A. (1968): Individual Preference Intransitivity. Southern Economic Journal, pp. 335-343.

WEISBERG, Herbert F., NIEMI, Richard G. (1973): A Pairwise Probability Approach to the Likelihood of the Paradox of Voting. Behavioral Science, Vol. 18, pp. 109-117.

WICKSELL, K. (1896): Finanztheoretische Untersuchungen nebst Darstellung und Kritik des Steuerwesens Schwedens Neudruck Aalen, 1969.

WILDAVSKY, Aaron (1970): Politische Ökonomie der Effizienz: Kosten-Nutzen- Analyse, Systemanalyse, Programmbudget. In: Recktenwald (ed.), pp. 365-388.

WILLIAMSON, O.E., SARGENT, T.J. (1967): Social Choice, A Probabilistic Approach. Economic Journal, Vol. 77, pp. 797-813.

WILSON, R. (1970): The Finer Structure of Revealed Preference. Journal of Economic Theory, Vol. 2, 348-353.

WRIGHT, G.H. Von (1972): The Logic of Preference Reconsidered. Theory and Decision, Vol. 3, pp. 140-169.

AUTORENVERZEICHNIS

Andreae II
Aristoteles 66
Arrow 33,48,5o,6o,8o,119,
   12o,125,161,173,196,21o,
   222,234,257-261,266,268,
   269,276,278,288,289-291,
   298,299,3oo,3o2,3o5,31o,
   311,313,314

Batra 297,3o2
Berg 66,3o3,3o4,313
Bernholz 3o2
Black 58,62,7o,8o,81,93,
   94,1o1,1o7,192,247,3oo,
   3o2,3o3,3o4,3o7,3o9,31o,
   313,314
Blin 3o2
Borda 8o,3o4
Bourbaki 293,294,295,296
Bowman 3o2
Buchanan 54,3o1

Campbell 3o2
Cartwright 294,298,299
Chernoff 125
Chipman 297
Coenen 26o,3o2
Colantoni 3o2
Condorcet 58,1o6,1o7,3o2
Craven 3o2,3o9
Czayka 5

Dahl 3o3,3o4
Davis 3o2
Day 3o9
DeGroot 3o2
DeMeyer 3o2
Dodgson 7o,94,3o5
Dugundji 13,22,293,295,
   296
Dummett 31o

Egle II,35,293 f.,296,3oo,
   314

Faber 3o1
Farquharson 31o
Fine 3o2,3o6
Fishburn 13,17,33,48,5o,
   59,7o,8o,81,94,1o1,1o4,
   1o5,1o8,1o9,11o f.,125,
   153,161,165,249,25o,256,
   261,276,289,294,296,297,
   298,3oo,3o2,3o3,3o4,3o5,
   3o6,3o7,3o9,312,313,314

Frey 3o1
Furstenberg 3o1

Gäfgen 297,298,3o1,3o5,
   314
Gärdenfors 5o,81,82,262,
   3o4,3o9
Garman 3o2
Goodman 79,3o5
Gottlieb 3o9
Guilbaud 3o2

Hansson 5o,81,161,26o,262,
   264-268,276,3o5,3o9,312,
   313,314
Harary 294,298,299
Henderson 33
Hinich 3o2
Hochman 3o1

Inada 171,172,173,297,3o2

Jamison 297

Kamien 3o2
Kamke 293,296
Kelley 296
Kelly 3o2
Kelsen 3o3
Kirsch 298
Kleindorfer II
Körth 5,293,295,296,298
Krelle 26o,3o2

Lancaster 296
Laski 3o3
Lau 297
Leibenstein 3o3
Leibniz 58
Luce 81,26o,298,299,3oo,
   3o5,31o,312

Mackscheidt 3o2
Majumdar 3o2,31o
Markowitz 79,3o5
Marschak 125,26o,297,311,
   312
May K.O. 3o7
May R.M. 3o2
McFadden 296
Menges 3o7
Mishan 3o1
Mostow 296
Mueller 3o1,3o5

Murakami   33,7o,73,1o8,298
     299,3oo,3o3,3o5,313
Musgrave   58,7o,26o,3oo,3o1,
     3o4,3o5,31o,314

Nicholson   3o2
Niemi   3o2
Nikaido   296
Norman   294,298,299

Ore   298,299
Orosel   314

Pattanaik   119,169,17o,173,
     174,177,178,179,297,3o2,
     3o3,3o9,31o,312,313,314
Plott   125,161,221,222,223,
     235,253,266,276,284,299,
     3o2,3o8,31o,311,312,313,
     314
Polinsky   3o1

Quandt   33
Quine   5
Quirk   33

Radner   125,26o,311
Raiffa   81,26o,298,299,3oo,
     3o5,31o,312
Ray   26o,3o5,311,312
Richter   142-144,147,148,
     153,161,163,21o,234,239,
     3o8
Riker   3o2
Rodgers   3o1
Rothenberg   26o,298,3o5,31o

Samuelson   26o,299
Saposnik   33
Sargent   3o2
Schleicher   3o5,31o
Schlicht   3oo
Sen   24,33,46,48,49,59,62,
     64,125,138,145,149,15o,
     154,161,165,169,17o,173,
     174,177,178,179,234,261,
     275,276,277,278,295,296,
     297,298,299,3oo,3o1,3o2,
     3o3,3o5,3o7,3o8,3o9,31o,
     311,312,313,314
Sertel   III,89,12o,124,186,
     277,3o8,3o9,31o

Shubik   3oo
Smekal   II
Sonnenschein   297
Suppes   5,293,294,295,296

Tollison   3o5
Tullock   54,119,3o1,3o2

Uzawa   153

Van der Bellen   89,12o,124,187,
     277,3oo,3o1,3o5,3o8,3o9,31o,
     313

Ward   3o2
Weinstein   297
Weisberg   3o2
Wicksell   3o1
Wildavsky   3oo
Willett   3o5
Williamson   3o2
Wilson   26o
Wright   3o9

SACHVERZEICHNIS

Abbildung 25,296
Absorption 2o3-2o6,2o9-213, 218-22o,233 f,24o,242 f
Abstimmungsparadoxon 59 f, 71,85,168,182,186,191 f, 196,3o2
Abstimmungsverfahren cf. Auswahlverfahren
Abtreibung 113-118
Äquivalenz 4,22,33
Äquivalenzbeziehungen 51 ff
Aggregationsbedingungen 257, 284-287
Allokation 46
Allquantor 5
Alternation 3
Alternativen 28 ff,41,44-47
Anonymität 285
Antisymmetrie 14,16,17(cf. Kette)
Armutsillusion 124,16o
Asymmetrie 14,16,17
AU-Bedingung cf.Ausscheidungs-Unabhängigkeit
Aufsaugung cf.Absorption
Ausscheidung 131-134,136, 138 f,193 (cf. auch: Elimination)
Ausscheidungs-Unabhängigkeit 235-24o,242 f
Auswahlfunktion I,28,29, 42 f (cf. binäre AF.)
Auswahlfunktion, individuelle 42,52
Auswahlfunktion, kollektive 43 ff,51 ff,166 ff,191,241 ff,255,259,267 f,284 ff, 288 ff
Auswahlkriterien 41,53,57, 78,9o,112
Auswahlmenge I,28,29
Auswahlstruktur 161
Auswahlverfahren 51-118,241 -254
Axiom 2 (Plott) 235
Azyklizität 128,137 f,14o f, 171 f,176,178-181,184,228, 248,273,311

B_e-Funktion 84,1o5,117

Begrenzte Rang-Übereinstimmung cf. BRÜ
Begrenzte Übereinstimmung cf. BÜ
begrenzt variant 128,195-197,2o1,22o,228,24o,247
bestes Element 2o f,43,295
B-Funktion 77 (cf. Borda-Funktion)
Bild eines Elements 25
binäre Auswahlfunktion 144-149,151-153,158,163,199, 2o2 f,2o6-217,22o-222,23o, 232-234,24o,271-273
binäre Relation 12
binärer Vergleich 126,134, 137-141,144,146,152-159, 184,189
B_m-Funktion 81 (cf. Borda-Funktion)
Borda-Eliminations-Funktion cf. B_e-Funktion
Borda-Funktion 7o,77-84,94, 1oo f,1o5-11o,116 f,186, 259 f,274-281,29o,3o4-3o6, 314
BRÜ-Bedingung 169-174,177-181,242 f
BÜ-Bedingung 169-174,177-181,242 f,271
Bundestag 113 ff

Cartesisches Produkt 1o
CDU 113 ff
C-Funktion 85 (cf. Copeland-Funktion)
Choice Function 49
Collective Choice Rule 48, 5o
Condorcet-Effekt cf. Abstimmungsparadoxon
Condorcet-Funktionen 56 ff, 96-98,1o2-1o8,122,168-178, 191 f,242-254,271 (cf. auch: Mehrheit)
Copeland-Funktion 84 f,1o2-1o6,1o9 f,116 f,186,276 f, 28o-283,29o,3o6
Cover(ing) 9

Definitionsbereich einer
Funktion   25
Demokratie   45,46,285,304
Dezentralisierung   46 f
Dezisivität   30,48,54,62,67,
   74,85,94,122 f,127,132,
   134,140-142,145-148,155,
   158,161-166,168-171,173,
   175-178,182-184,192,197-207,
   209,212,215-224,230,237,
   242 f,270-273,297
D-Funktion   73 f,98,100,107,
   108,116 f,182,274
Diagonale   12
Differenz von Mengen   9
Diktatur   286 f,290,303
disjunkt   8,130
Diskriminierung   123 (cf.
   Neutralität,Anonymität)
distinkt   7
Distribution   46 f,54,60,
   113,300
Double Election   70
Dual ballot voting   73 (cf.
   D-Funktion)
Durchschnitt von Mengen   8

Effizienz   111,126,149,287
Eingipfligkeit   62,168 ff
Einkommen   cf. Distribution
Einstimmigkeit   cf. Konsens
Elimination   I,190-254
Eliminations-B_m-Funktion
   84 (cf. B_e-Funktion)
Eliminationsfunktion   194
Eliminationskriterien   cf.
   Absorption,Ausscheidungs-
   Unabhängigkeit,Begrenzt
   variant,Pfad-unabhängig,
   Sequentiell ermittelbar,
   Sequentiell invariant,
   Teilbarkeit
Eliminationspfad   194,222
Eliminationsverfahren   241-
   254
Enthaltungen   62
Entscheidung   28-30,41,44 ff,
   (cf. Auswahl)
entscheidungsfähig   cf. Dezi-
   sivität
Entscheidungskriterien   cf.
   Kriterien
Entscheidungsregeln   cf.
   Auswahlverfahren

Entscheidungszergliederung
   cf. Teilbarkeit
Exhaustive Voting   192
Existenzquantor   5
Extremal Restriction   169
Extremismus   60,169 f

Familie von Mengen   6
FDP   113 ff
Freiheitsillusion   124,160
Freiwilligkeit   cf. Konsens
Funktion   26,296

Gemeinwirtschaft   300
Generator   19,37 f,116,263,
   294
Gesellschaft   I,39 ff,256
Gleichgewicht   253 f
Gleichheit   285
Goodman-Markowitz-Regel   79,
   305
Graph   34,97,298
Group Decision Function   50
Group Preference Function
   50
Gruppe   41 (cf. Kollektiv)

Illusion   124,160,224
Implikation   3
Indexmenge   6
Indifferenzrelation   20,23
induzierte Relation   13,43
Inklusion   7,51,95-112
Intensität (Präferenz-)   87,
   90,117,261,277
intransitiv   15,16
Inverse einer Relation   12
irrational   cf. Rationalität
irreflexiv   14 ff
Irrelevance of Non-affected
   Outcomes   312
isomorph   36
Iterations-B_m-Funktion   82,05

Kardinalität   cf. Mächtigkeit
Kette   24,35,70,72,74,101,108,
   136,174,182,189,194,243 f,
   278,304 f
K-Funktion   cf. Konsens
Klasseneinteilung   9,22
Kollektiv   I,31,38,41,43 ff,
   256 (cf. Auswahlfunktionen,
   kollektive)
Kollektiventscheidung   44 ff

Kollektivverhalten 119
Komplement 9
Komposition 12
Kompromiß 53
Konjunktion 3
konnex 15,16,294
Konsens(funktion) 52-54,
    96,116 f,166 f,273,280,
    3oo,3o6
konservativ 53 f,122 f
    (cf. status quo)
Konsum 119,124,134,14o,
    142 f,297
Kontradiktion 5
Kontraposition 4
Korrespondenz 25
KP-Funktion 86 (cf. Punkt-
    wahlen, kumulative)
Kriterien cf. Aggregations-,
    Auswahlkriterien, Effi-
    zienz, Eliminationskrite-
    rien, Pareto, Rationali-
    täts-, Revaluationskrite-
    rien

Limited Agreement 169
limitierte Bedingung 246 f
lineare Ordnung 24,296
    (cf. Kette)
Logrolling 3o2

Mächtigkeit 7,1o8,291,293
Manipulation 45
maximales Element 2o f,295
Mehrheit,absolute 64-66,
    96,1o7 f,116,178-181
Mehrheit(sfunktionen) 55-66,
    83,84,85,94,95,96-99,1o2-
    1o8,111,116-118,168-181,
    241-244,273,28o,29o,3o1,
    3o3 f (cf. Condorcet-F.)
M-Funktion cf. Mehrheit
Minimalgenerator cf. Gene-
    rator
Minimax-Kriterium 125
Minorität 95,1o6 f (cf.
    Mehrheit)
Modifizierte Borda-Funktion
    81 (cf. Borda-Funktion)
monoton 133,136,165,286

Nachfrage cf. Konsum
Negation 3

negativ transitiv 15-17
Neutralität 284 f
Normenkonflikt 118
Notation 1,2
Nutzen 33,54,58,79,87,9o,
    261,3o1
Nutzenvergleich 54,58,79,
    87,261,3o1

offenbarte Präferenz 43,14o,
    153,161,165
Optimalität 288 ff (cf. auch:
    Effizienz, Pareto)
Ordnung(srelation) 23,295 f

Paar, geordnetes 1o
P_a-Funktion 74,116 (cf. Plu-
    ralität)
Paradoxon cf. Abstimmungspa-
    radoxon
Pareto-Optimalität 46,177,
    249-253,277,287,29o,3o9
Partition 9
pauschale Anwendung cf. spe-
    zifische Anwendung
Pfad I,194,222
pfad-unabhängig 128,194-197,
    2o2 f,2o5,2o7-223,232-234,
    24o,242 f,247 f
P-Funktion 67,99 f (cf. auch:
    Pluralität)
P_1-Funktion 69,99 f (cf.
    Pluralität)
P_2-Funktion 7o,99 f (cf.
    Pluralität)
P_3-Funktion 72 f,99 f (cf.
    Pluralität)
P_4-Funktion 72 f,99 f (cf.
    Pluralität)
Plurale Rang-Funktion 89,
    117,186-189,246,277-283,
    29o,313
Pluralität, absolute 74
Pluralität(sfunktionen) 67T
    75,89,84,96-1oo,1o6-1o8,
    11o f, 116 f,181-185,244,
    274,28o,3o3 f
Positionalist Independence
    262
Potenzmenge 7
Präferenz 31 ff,42 f,119 f,
    14o,143,153,161,165,3o2,
    3o9 (cf. binärer Verg'eich)

Präferenzänderung   cf. Revaluation
Präferenz, kollektive   46, 119
Präferenzmanipulation   45
Präordnung   23,33
PR_1-Funktion   89 (cf. Plurale Rang-Funktion)
PR_n-Funktion   92 (cf. Plurale Rang-Funktion)
Produktmenge   1o
P_s-Funktion   74,116 (cf. Pluralität)
Punktwahlen, kumulative   78, 86-88,117,28o,312

quadratische B_m-Funktion   82
Quasi-Ordnung   295
Quasi-Teilbarkeit   226-229, 24o,3o8
Quasi-Transitivität   128, 137-14o,146,154-157,17o, 172-175,179 f,2o5-213, 217,22o,232 f,24o,271 f, 3o2
Quotientenmenge   23,33

(R 1) usw.:   cf. Rationalitätsbedingung (R 1) bis (R 4)
Rangfolge   76
Rangschema   76
Rangsummenfunktionen   76-88, 89,1oo-111,116 f,185 f, 244 f,277
rank-order method of voting   259,278
Rationalisierung   142 f,3o8
Rationalität   I,119-189,288-291
Rationalitätsbedingung (R 1)   123,126-13o,132,134-136, 14o f,145-149,151,153-155, 158-167,174-176,178,181-188, 198-2o7,21o f,215-22o,224, 227-231,24o,26o,291,3o8,311
Rationalitätsbedingung (R 2)   149-151,174-176,181-188, 21o
Rationalitätsbedingung (R 3)   155-157,174-176,181-188
Rationalitätsbedingung (R 4)   159-167,174-176,182-188, 2o9,23o,237-24o,26o,272, 289 f

reflexiv   14 ff
Relation   1o ff
Restriktion   13,26
Revaluationsbedingungen   255-283,289 f
Richter-rational   144,147,21o
(RU 1)-Bedingung   258-281, 29o
(RU 2)-Bedingung   262-265,276, 279 f,29o
(RU 3)-Bedingung   265 f,274-276,279 f,283,29o
(RU 4)-Bedingung   266-276,28o

Sequentielle Elimination   19o ff
sequentiell ermittelbar   198, 2o2 f,214,22o,24o
sequentiell invariant   191-197, 2o1 f,2o7-214,219 f,233 f, 24o
sequentiell quasi-ermittelbar   198,22o,228,24o
Simulation   1o9-111
Single Ballot Voting   7o
Single Vote   7o
Soziale Entscheidung   41,44 ff
Soziale Wohlfahrtsfunktion   48, 173,262,268 f,288,3oo
SPD   113 ff
spezifische Anwendung   76-81, 83,85,86,87 f,185 f,188,245, 276,29o
status quo   54,113,122 f,167, 178,181,184,285,291,313
Stimmenthaltung   62
Strategie   87,191 f,3o4
strikte Relation   2o,23,42,126, (cf. auch: Kette)
Strong Positionalist Independence   265
sub-additiv   13o,149,15o,228, 3o7 f
Subrelation   12
Symmetrie   14 ff

Tautologie   5
Teilbarkeit   223-234,24o,242
Transitivität   14,16 ff,119 f, 128,134,137-141,143,146,158-164,171 f,174 f,179 f,196, 2o6 f,21o-212,222,23o,24o, 252-254,273 f,297
transitiver Abschluß   18,158, 212
Tripel   11,138,169
Tupel   11

Überdeckung 9
Übereinstimmung im Kontroversen cf. ÜK
ÜK-Bedingung 169-175,177-181,242,254
Umkehrimplikation 4
Unabhängigkeit von irrelevanten Alternativen 80, 120,161,257-281,311
Unmöglichkeitstheorem 289 ff
Urbild eines Elements 25

(V) cf. Verfügbarkeit
Value Restriction 169
Vereinigungsmenge 8
Verfügbarkeit (V) 29,30, 142
Vergleich cf. binärer Vergleich
Verkürztes Eliminationsverfahren 251-254
Verteilung cf. Distribution
Veto 54 (cf. Konsens)
vollständige Relation 15, 16,17,127,134,143
Voting Function 50

Wahlen cf. Auswahlverfahren
Wahrscheinlichkeitsmodelle 62,109-111
Weak External Similarity Independence 262
Wertebereich einer Funktion 25
Wohlfahrtsfunktion cf. Soziale Wohlfahrtsfunktion
Wohlfahrtsökonomik 288

Zerlegung 9
zyklisch 141,168,175,182, 247,250

Interdisciplinary Systems Research
Birkhäuser Verlag, Basel und Stuttgart

Just published
Bisher erschienen

ISR 1
René Hirsig:
Menschliches Konformitätsverhalten — am Computer simuliert
Ein dynamisches Prozessmodell
1974, 165 Seiten, 43 Abbildungen, 3 Tabellen.
ISBN 3-7643-0712-9

ISR 2
Werner Hugger:
Weltmodelle auf dem Prüfstand
Anspruch und Leistung der Weltmodelle von J.W. Forrester und D. Meadows
1974, 178 Seiten, 51 Figuren, 2 Faltblätter.
ISBN 3-7643-0749-8

ISR 3
Claus Schönebeck:
Der Beitrag komplexer Stadtsimulationsmodelle (vom Forrester-Typ) zur Analyse und Prognose großstädtischer Systeme
1975, 129 Seiten. ISBN 3-7643-0750-1

ISR 4
Christof W. Burckhardt (Editor):
Industrial Robots — Robots industriels— Industrieroboter
Tagungsberichte der Journées de Microtechnique
1975, 224 Seiten. ISBN 3-7643-0765-X

ISR 5
Kuno Egle:
Entscheidungstheorie
Eine strukturtheoretische Darstellung
1975, 246 Seiten. ISBN 3-7643-0776-5

ISR 6
Dieter Ruloff:
Konfliktlösung durch Vermittlung: Computersimulation zwischenstaatlicher Krisen
1975, 228 Seiten. ISBN 3-7643-0777-3

ISR 7
Salomon Klaczko:
Systemanalyse der Selbstreflexion
Eine inhaltliche Vorstudie zu einer Computersimulation; mit einem Computerprogramm von Karl-Heinz Simon
1975, 358 Seiten. ISBN 3-7643-0778-1

ISR 8
John Craig Comfort:
A Flexible Efficient Computer System to Answer Human Questions
The DL* Programming Language for Artificial Intelligence Applications
1975, 145 pages. ISBN 3-7643-0779-X

ISR 9
Richard Rickenbacher:
Lernen und Motivation als relevanzgesteuerte Datenverarbeitung
Ein Computer-Simulationsmodell elementarer kognitiv-affektiver Prozesse
1975, 247 Seiten. ISBN 3-7643-0787-0

ISR 10
James Gips:
Shape Grammars and their Uses
Artificial Perception, Shape Generation and Computer Aesthetics
1975, 252 pages. ISBN 3-7643-0794-3

ISR 11
C.V. Negoita / D.A. Ralescu:
Applications of Fuzzy Sets to System Analysis
1975, approx. 192 pages. ISBN 3-7643-0789-7

ISR 12
Jean Vuillemin:
Syntaxe, sémantique et axiomatique d'un langage de programmation simple
1975, 126 pages. ISBN 3-7643-0790-0

ISR 13
George Stiny:
Pictorial and Formal Aspects of Shape, Shape Grammars and Aesthetic Systems
1975, approx. 416 pages. ISBN 3-7643-0803-6

ISR 14
Alexander Van der Bellen:
**Mathematische Auswahlfunktionen und gesellschaftliche Entscheidungen.
Rationalität, Pfad-Unabhängigkeit und andere Kriterien der axiomatischen Präferenztheorie**
1975, 343 Seiten. ISBN 3-7643-0814-1

ISR 15
Dana H. Ballard:
Hierarchic Recognition of Tumors in Chest Radiographs
1975, 212 pages. ISBN 3-7643-0800-1

ISR 16
James R. Low:
Automatic Coding: Choice of Data Structures
1975, 110 pp. ISBN 3-7643-0818-4

ISR 17
Richard Young:
Seriation by Children
A Production-System Approach
1975, 333 pp. ISBN 3-7643-0819-2

ISR 18
Helmut Maier:
Computersimulation mit dem Dialogverfahren SIMA
Konzeption, Dokumentation, Möglichkeiten und Grenzen des Einsatzes in der wirtschafts- und sozialwissenschaftlichen Forschung
Bd. 1: Konzeption.
Mit einem Vorwort von Prof. Dr. Eduard Pestel
1975, ca. 351 Seiten. ISBN 3-7643-0748-X

ISR 19
Bd. 2: Dokumentation.
1975, ca. 424 Seiten. ISBN 3-7643-0825-7

ISR 20
Hartmut Bossel / Salomon Klaczko / Norbert Müller (Editors):
System Theory in the Social Sciences
1976, 536 pp. ISBN 3-7643-0822-2

1975

Interdisciplinary Systems Research
Birkhäuser Verlag, Basel und Stuttgart

In preparation
In Vorbereitung

Wolfgang Rauschenberg:
Computereinsatz bei der Planung von betrieblichen Layouts
Kritische Analyse gegebener Algorithmen und Entwurf eines neuen dreidimensionalen Verfahrens

Rüdiger Färber:
Gewerkschaftliche Streikstrategien in der BRD
Unter spezifischer Berücksichtigung der Tarifauseinandersetzung in der Hessischen Chemie-Industrie im Sommer 1971. Eine systematische Studie.

S. Klaczko:
Vorlesungen über künstliche Intelligenz

Reinhold Siegel:
Zur Anwendbarkeit von System Dynamics in der Lagerhaltung

Charles Dunning:
Graph Theory and Games

Manfred Wettler:
Computersimulation des Verstehens von Sprache
Ein Reader über neue Forschungen auf dem Gebiet der Computational Semantics

F. Pohlers:
Computersimulation eines nationalen Bildungssystems am Beispiel der BRD von 1950 bis 2000

Salomon Klaczko (Hrsg.):
Kybernetik und Psychologie
Tagungsberichte eines Symposiums der Schweizerischen Vereinigung für Kybernetik und Systemwissenschaften an der Universität Zürich, Oktober 1974

Ulrich Moser:
Formale Modelle und Computersimulation in der Psychologie
Ein Reader mit Artikeln diverser Autoren zum affektiv-kognitiven Verhalten des Menschen

Rolf Kappel:
Überprüfung prozesspolitischer Strategien an einem Simulationsmodell
Kybernetische Ansätze zur Steuerung von Volkswirtschaften

G. Matthew Bonham and Michael J. Shapiro:
Thought and Action in Foreign Policy
Proceedings of the London Conference on Cognitive Process Models of Foreign Policy, March 1974

Dagmar Schlemme:
Vergleich verschiedener Unternehmer-Strategien in der Personalförderung
Ein dynamisches Simulationsmodell von Leistungsmotivation am Arbeitsplatz

Hans Gottinger:
Decomposition for Stochastic Dynamic Systems

Jean-Jacques Lévy:
Réductions sures dans le lambda-calcul

Gerhard Fehl / Ekkehard Brunn:
Systemtheorie und Systemtechnik in der Raumplanung
Ansätze und Erfahrungen

Henry W. Davis:
Computer Representation of the Stereochemical Features of Organic Molecules

Ramarkant Nevatia:
Structured Descriptions of Complex Curves for Recognition and Visual Memory

GPSR Compliance

The European Union's (EU) General Product Safety Regulation (GPSR) is a set of rules that requires consumer products to be safe and our obligations to ensure this.

If you have any concerns about our products, you can contact us on

ProductSafety@springernature.com

In case Publisher is established outside the EU, the EU authorized representative is:

Springer Nature Customer Service Center GmbH
Europaplatz 3
69115 Heidelberg, Germany

www.ingramcontent.com/pod-product-compliance
Lightning Source LLC
LaVergne TN
LVHW010335260326
834688LV00036B/725